Siedler

Buch

Unsere Medien werden vielfach von Sensationsgier und Meinungsmache beherrscht. Nicht erst der Skandal um gefälschte Reportagen für »stern TV« hat gezeigt, wie weit sich viele Journalisten vom Anspruch der objektiven Berichterstattung entfernt haben.
Burkhard Müller-Ullrich, selbst Journalist, hat hinter die Fassade der Medienwelt geschaut und berichtet Erschreckendes über Gesinnungsjournalisten und »Moralitäter« in den Redaktionsstuben. Ob Brandanschläge, Umweltkatastrophen oder Bürgerkriege – da wird abgeschrieben, schlampig recherchiert, verfälscht und wider besseres Wissen die Unwahrheit verbreitet. Der Autor beläßt es jedoch nicht bei der Aufdeckung von Fehlleistungen und Falschmeldungen. Mit analytischem Blick dringt er zu den Ursachen des durchgedrehten Medienbetriebes vor.
»Medienmärchen« ist nicht nur eine längst fällige Abrechnung mit der massenmedialen Infotainment-Schwemme, sondern auch eine unverzichtbare Lektüre für alle, die sich im »Informationszeitalter« einen kritischen und klaren Blick bewahren wollen.

Autor

Burkhard Müller-Ullrich, geboren 1956, hat viele Jahre als freier Mitarbeiter für Presse, Funk und Fernsehen gearbeitet. Er berichtete über kulturelle Trends hauptsächlich aus England und Frankreich. Seit 1997 leitet er die Redaktion »Kultur heute« beim Deutschlandfunk.

Burkhard
Müller-Ullrich

Medienmärchen
Gesinnungstäter im
Journalismus

Siedler

Umwelthinweis:
Alle bedruckten Materialien dieses Taschenbuchs
sind chlorfrei und umweltschonend.

Siedler Taschenbücher erscheinen im Goldmann Verlag,
einem Unternehmen der Verlagsgruppe Bertelsmann.

1. Auflage
Genehmigte Taschenbuchausgabe Mai 1998
Copyright © 1996 by Karl Blessing Verlag GmbH, München
Umschlaggestaltung: Design Team München
Satz: Uhl + Massopust, Aalen
Made in Germany
ISBN 3-442-75532-8

Es ist schon alles gesagt worden,
aber noch nicht von allen.

Karl Valentin

Inhalt

Vorwort:
Schwarze Komödien

Neueste Untersuchungen haben gezeigt, daß in den Medien gegenwärtig bis zu 46 Prozent mehr gelogen wird als vor zehn Jahren. Einzelne Sendungen und Zeitungsartikel sind sogar um das Doppelte fälscher. Alles klar? Wer solche Verlautbarungen ver- und hinnimmt, ist selbst schuld und kann sich die Lektüre dieses Buches sparen. Es richtet sich nämlich in erster Linie an diejenigen Empfänger, pardon: Rezipienten des ständig aus den Endstücken der Kommunikationssysteme sprudelnden Nachrichtenmülls, denen das Ganze auch schon spanisch vorkommt. Liebe Leidensgenossen: Wir werden bespien mit Behauptungen, die keiner überprüft hat noch überprüfen kann und die sich, wenn man mit dem Fingernagel des Durchschnittsverstandes daran kratzt, in Schall und Rauch auflösen.

Dieses Buch ist der leise Aufschrei einer geschundenen Kreatur namens Medienkonsument. Und es ist der verzweifelte Versuch, im Entenstall ein bißchen aufzuräumen, das heißt, ein paar der fettesten Enten zu schlachten. Da geht es, wie bei jedem Schlachtfest, nicht unfröhlich zu. Der destruktive Charakter ist, nach Walter Benjamin, bekanntlich jung und heiter: »Denn Zerstören (...) heitert auf...« Das aber trägt ihm die meiste Feindschaft ein. Deshalb vorweg eine Klarstellung: Ich schrieb die folgenden Kapitel ohne Häme. Doch zweifellos liegt in der Sache eine gewisse – zuweilen durchaus bedenkliche – Komik. Mancher Stoff, der in der Öffentlichkeit als Heldenepos gehandelt wird, entpuppt sich bei genauerem Hinsehen als schwarze Komödie, und mancher Thriller wird zur Farce.

Dabei geht es, das ist mir völlig klar, um ziemlich ernste Dinge. Nichts liegt mir ferner, als irgendein Unheil zu verharmlosen. Der

»Verharmlosung« beschuldigt zu werden, gehört ja in Deutschland zu den stets griffbereiten und entsprechend oft benutzten Keulenargumenten. Die Handhabung dieser Keule ist allerdings schon Teil des Themas: Wenn Taslima Nasrin meine fundierten Zweifel an ihrer Story (S. 77–90) mit dem Hinweis beantwortet, es gebe auch Deutsche, die den Genozid an den Juden leugneten; wenn mir der deutsche Verleger des unseligen Mumia Abu-Jamal aus Ärger über die Ergebnisse meiner Recherche (S. 91–103) Zitate aus »Mein Kampf« zufaxt; wenn wildgewordene deutsche Tierschützer bei ihrem Kampf für Tierrechte (S. 116–124) leichthin von »Tier-KZs« und »Holocaust der Tiere« faseln, dann darf man dies bei aller erschreckenden Maßstabslosigkeit wohl auch ein bißchen komisch finden.

Natürlich versucht jeder, für sich und seine Anliegen die größtmögliche Aufmerksamkeit zu gewinnen. Das funktioniert am besten, indem man sich an Themen mit großem emotionalen Tiefgang – wie Kindermord (S. 50–63), Weltuntergang (S. 24–49) oder Todesstrafe – hängt. Doch wehe, wenn ein Skeptiker diese emotionale Substruktur der Themen ebenso ausnutzt, wie das die Solidaritäter systematisch tun. Dann hagelt es bittere Beschwerden, von Anmaßung bis Zynismus.

Fangen wir mit der Anmaßung an. Ich gebe nicht vor, abschließende Wahrheiten zu verkünden. Aber ich nehme mir das Recht, vorschnell präsentierte Wahrheiten anzuzweifeln. In manchen der hier abgehandelten Fälle ist der Ausgang noch so offen, daß sich zwischen Drucklegung und Erscheinen dieses Buches neue Wahrheiten ergeben können. Das würde allerdings an der Kritik jenes Gesinnungsjournalismus, dem die Welt nichts ist als Wille und Vorstellung, kein bißchen ändern.

Zum Zynismus: In unserem Informationskosmos, wo es zwischen richtig und wichtig und nichtig keinerlei Unterschied mehr gibt, ist jeden Tag erster April. Echte Fälscher wie der Fernsehreporter Michael Born (S. 186–200) erweisen sich als rechte Medienpädagogen – im Augenblick ihrer Entlarvung. Verglichen mit dem heutzutage praktizierten Journalismus darf Telepathie noch als ein zuverlässiges Verfahren der Faktenübermittlung gelten.

Was helfen alle Appelle an Ethos und Moral, wenn die meisten Medienmärchen just von Überzeugungstätern mit höchsten moralischen Ansprüchen verzapft werden? Da lobe ich mir den Typus des Zynikers, der an nichts glaubt, aber wenigstens nichts propagiert.

Übrigens bringt einen auch gesunder Zweifel allmählich in geistige Schräglage. Ich merke es an mir, seitdem ich mich mit dem publizistischen Lügengezücht beschäftige: Der anfängliche Eindruck, daß etwas nicht stimmt, verdichtet sich zu der erdrückenden Vermutung, daß auch nicht etwas stimmt. Vielleicht sollte ich mich als Mitarbeiter bei der »Fortean Times« bewerben? Dieses britische Blatt pflegt eine Form von radikaler Skepsis, die so weit geht, daß pure Spökenkiekerei dabei herauskommt. Ähnlich wie in Peter Bichsels Kindergeschichte »Amerika gibt es nicht« bezweifeln die Autoren der »Fortean Times« alles, was sich ihrer direkten Nachprüfung entzieht – zum Beispiel die Mondlandungen des Apollo-Programms.

Doch bevor ich mich aus journalistischer Gewissenhaftigkeit auf den Erdtrabanten begebe, möchte ich an dieser Stelle Dank abstatten: meiner Frau, die zu Recht findet, ich sei schon im Rahmen der bisherigen Recherchen nicht gerade wenig gereist, sowie meinen Mitarbeitern Valérie Mabille für jahrelange organisatorische Unterstützung und Bernhard Sprengel für präzise Dokumentation nebst viel fruchtbarer Diskussion.

Burkhard Müller-Ullrich

Zeitgeistverstärker mit Entrüstungston

Eine Polemik zur Einleitung

Die prägnanteste Devise für guten Journalismus stammt von George Orwell. Sie war als Kompliment gedacht, und zwar an die Adresse der berühmten Londoner Wochenzeitung »The Observer«. Er bezeichnete das Blatt, dessen langjähriger Korrespondent er war, als »enemy of nonsense« – eine anspruchsvolle Formulierung, denn als »Feind des Nonsense« hat man viel zu tun. Der Humbug lauert überall, und Journalisten sind bekanntlich seine liebsten Opfer. Der Humbug möchte sich gedruckt, als Fernsehbild oder als Rundfunkreportage ausbreiten, er braucht die Massenmedien wie der Vampir die Jungfrau.

Was kann ein tapferes Schreiberlein dagegen unternehmen? Die klassische Antwort lautet: recherchieren, recherchieren, recherchieren. Doch das klassische Zeitalter des Journalismus ist vorbei. Wir leben im Desinformationszeitalter. Die tägliche Quote von Fälschungen und Fehlleistungen im Nachrichtengeschäft ist alarmierend. Anstatt ständig Meldungen in die Welt zu setzen, sollte man sich heute besser darum kümmern, welche aus der Welt zu schaffen. Es genügt nicht, die Verbreitung von Nonsense zu verhindern; der Nonsense ist derart verbreitet, daß man ihn gewissermaßen großflächig bekämpfen muß.

Das vorliegende Buch kann solches Titanenwerk nicht leisten. Aber es kann helfen, typischen Humbug als solchen wie auch das Ausmaß seiner Verbreitung zu erkennen – auf die Gefahr hin, daß der Leser darüber endgültig zum Medien-Melancholiker wird. Denn der ganze aufklärerische Impetus, von dem die Journalistenzunft seit alters ihre privilegierte Stellung herleitet, erweist sich bei näherer Betrachtung nur noch als hohle Pose. Die hehren Prinzipien der Presse- und Informationsfreiheit werden zwar ständig geschwungen und geschwenkt, ihre fundamentale Bedeutung für eine funktionierende Demokratie wird allezeit beschworen, dahinter steckt jedoch kaum mehr als eine Menge Einbildung.

Journalisten glauben gern, sie seien die »vierte Gewalt« und trügen eine nachgerade metaphysische Verantwortung. Im Unterschied zu allen anderen Gewalten sehen sie ihre Aufgabe darin, nicht nur das Tun der Menschen zu beeinflussen, sondern ihr Denken. Alles, was ihren eigenen Berufsstand anbelangt, halten sie für dermaßen bedeutend, daß sie ausführlich über jede Einzelheit berichten. Ihre Selbstreflexion ist indessen vornehmlich Bauchpinselei; das beliebte, an Umfang ständig zunehmende Genre der Medienkritik dient vor allem dazu, die eigene Wichtigkeit herauszustellen. In Wahrheit steuern die modernen Massenkommunikationsmittel zum allgemeinen Erkenntnisfortschritt ziemlich wenig bei, weil sie von Nonsense total verseucht sind. Das gilt nicht nur für das »Nullmedium« Fernsehen (um Hans Magnus Enzensbergers wunderhübschen Ausdruck zu gebrauchen), sondern auch für die dem Logos mehr verpflichteten Formen des Journalismus im Radio und in der Presse.

Dabei ist Nonsense keineswegs dasselbe wie ein Fehler oder Irrtum. Nonsense entsteht erst durch die Systematik, mit der Fehler oder Irrtümer verbreitet und verstärkt werden. Die Herrschaft des Unsinns beginnt da, wo es keine Korrektur mehr gibt, wo sich der pure Quatsch verselbständigt und kein Journalist mehr Zeit, Kraft oder Lust hat, um der Wahrheit willen den Quatsch von gestern abzukratzen, Lügen zu widerlegen oder Fehler zu berichtigen. Das Funktionieren eines Informationssystems werde nicht an der Verbreitung falscher oder ungenauer Nachrichten gemessen, sagt Etienne Mougeotte, Vizepräsident des privaten französischen Fernsehsenders TF1; was den Wert des Systems bestätige, sei die rasche und vollständige Reparatur von Irrtümern. Nur daß dieses in Frankreich, England und Amerika immerhin gängige Verfahren bei uns so gut wie nie zur Anwendung gelangt. Bei uns lagert sich, ehe die vorige beseitigt ist, bereits die nächste Humbug-Schicht im öffentlichen Bewußtsein an, so daß der Quatsch in dicken Lagen wächst, ohne Hoffnung auf Entsorgung.

Als Historiker des journalistischen Nonsense kann man diese Lagen untersuchen und über das Ergebnis solcher Medienarchäologie einen Forschungsbericht schreiben, wie ihn dieses Buch darstellt. Man kann den Nonsense auch klassifizieren. Er läßt sich grob in drei Kategorien einteilen: Gefälscht wird nämlich aus Dummheit, aus Geldgier und aus Überzeugung. Der eine schreibt über etwas, wovon er nichts versteht, faßt das wenige, was er erfährt, falsch auf und gibt es auch noch verkehrt wieder. Der andere putzt etwas, das nur halbwahr und halbwichtig ist, so gekonnt heraus, daß es sich schlagzeilenträchtig sensationell ausnimmt – und gar nicht mehr stimmt. Der dritte schließlich hat feste Ansichten und gute Absichten: Was ihnen widerspricht, wird umgedeutet, bis es paßt, oder gleich ganz unterdrückt. Natürlich lassen sich die Fälle in der Praxis nicht immer so sauber abgrenzen. Zum Beispiel gibt es auch Journalisten, die dumm, sensationsgierig und überzeugt sind, auf der richtigen Seite zu stehen.

Die technischen Grundbedingungen journalistischer Arbeit haben sich in den letzten Jahren rasant gewandelt. Bei der gedruckten Presse führte das Aufkommen elektronischer Satzsysteme zu einer wahren Revolution des Archivwesens. Wenn alle Texte im Computer gespeichert sind, kann man mit unerhörter Schnelligkeit und unter Verwendung jedes denkbaren Suchkriteriums auf sie zurückgreifen. Dank der modernen Netzwerke ist die Verbindung zu solchen Datenbanken mittlerweile von jedem Ort der Welt aus zu passablen Tarifen möglich. In der Tat kann jeder Autor, ob Redakteur oder freier Mitarbeiter, per Knopfdruck in Sekundenschnelle andere Veröffentlichungen zu seinem Thema durchsehen, und zwar aus aller Herren Länder. Daraus müßte eigentlich zu folgern sein, daß die historische Dimension der Tagesschriftstellerei ungemein erstarkt ist. Die Praxis sieht anders aus. Das Gedächtnis der Medien scheint jeden Tag zu schrumpfen.

Eine typische Form von Nonsense besteht daher im monomanischen Recycling alter Nachrichten, wobei es nicht immer so amüsant zugeht wie im Fall jener berühmten Fernseh-Neujahrsansprache des Bundeskanzlers, die aus Versehen ein Jahr später noch einmal gesendet wurde. Als Präsident Clinton sein Amt antrat, sandte ihm Kohl ein Glückwunschtelegramm, über dessen Inhalt gewohnheitsgemäß die Nachrichtenagenturen berichteten. Ein paar Wochen später ließ Kohl den Text als Gastkommentar in einer Zeitung erscheinen, und wieder berichteten die Agenturen, als sei etwas Neues geschehen.

Bei Radio und Fernsehen haben neue Errungenschaften in der Übertragungstechnik einen qualitativen Sprung bewirkt. Die Möglichkeit, Beiträge mehr oder weniger autonom per Satellitenverbindung von jedem beliebigen Punkt aus zu überspielen, macht die schwerfällige Logistik des Film- oder Bandtransports und die im Zweifelsfall zensurgefährdete Benutzung fremder Studios überflüssig. Die Golfkriegsberichterstattung des amerikanischen Senders CNN zwischen Herbst 1990 und Frühjahr 1991 markiert diesen Epochenwechsel in der TV-Technologie: Seither haben sich sogar die deutschen Rundfunkanstalten mit ihrer in der westlichen Welt einzigartigen Schwerfälligkeit dazu durchgerungen, ihren Informationssendungen so etwas Unerhörtes wie Live-Übertragungen hinzuzufügen.

Auf welche Art die Existenz des Internet die journalistische Arbeit verändern wird, zeichnet sich erst umrißweise ab. Sicher ist, daß der Weg, auf dem Informationen transportiert werden, immer weniger mit Geographie zu tun hat. Die Besonderheit des Internet, die darin besteht, daß man, allein thematischen Verknüpfungen folgend, per Tastendruck von einem Rechner in den anderen gelangt, ohne Rücksicht auf deren jeweiligen Standort, stellt beispielsweise für die journalistische Berichterstattung aus dem Ausland eine Chance und Gefahr zugleich dar. Schon heute kann ein technisch versierter Redakteur in Köln via Internet besser über die Tagesaktualität in Washington unterrichtet sein als sein Kollege, der dort als Korrespondent akkreditiert ist. Er kann zum Beispiel online die »New York Times« lesen oder die Beiträge der Morgensendung von »National Public Radio« hören – mit Hilfe des Computers auch diejenigen der vorangegangenen Tage. Er kann sogar dieselben Informationsquellen benutzen wie die meisten im Ausland tätigen Korrespondenten, nämlich die jeweiligen Radio- und Fernsehprogramme der betreffenden Orte: Sie sind ja über Satellit empfangbar. So kommt es immer weniger darauf an, wo jemand sich befindet; das einzige, was zählt, ist, was einer weiß.

Prekär wird es, wenn einer nichts weiß – und dies ist immerhin die Ausgangssituation im journalistischen Alltag. Journalisten sind von Natur aus Generalisten, Fachleute fürs Allgemeine; ihr Arbeitsinstrument ist eine versatile Intelligenz, mit der sie sich in neuen und fremden Zusammenhängen relativ rasch zurechtfinden; ihre Methode ist die Ad-hoc-Plausibilitätsprüfung. Dazu gehören freilich ein wenig Lebenserfahrung und Allgemeinbildung sowie die Kenntnis der vier Grundrechenarten. Wenn Milliarden und Millionen verwechselt werden, ohne daß es jemandem auffällt, wenn Naturgesetze in gewissen Nachrichten offensichtlich keine Geltung haben, wenn das Mittelalter bis ins 19. Jahrhundert reicht, dann gibt es nur geringe Chancen, daß die betreffenden Redakteure gegenüber echten Fälschungen rechtzeitig mißtrauisch werden.

Genau dies aber wäre nötig: Fälschungen haben in einer durch und durch öffentlichkeitsorientierten Welt enorme strategische Bedeutung. Sie werden nicht selten von hochprofessionellen Spezialisten angefertigt und lanciert. Dahinter können politische, wirtschaftliche oder kriminelle Absichten stehen. Es gibt aber auch den typischen »acte gratuit«, weil es einfach faszinierend ist, die Ausbreitung von selbstgemachten Falschmeldungen im sozialen Organismus zu verfolgen. Gleich dem Kinde, das von einer Brücke Papierschnipsel in einen Bach wirft, um zu sehen, wann und wo sie auf der anderen Seite herauskommen, macht es vielen Menschen Spaß, an Informationskanälen herumzuspielen und dabei festzustellen, wie anfällig der arrogante, glamouröse und hochtechnisierte Medienbetrieb tatsächlich ist.

An dem Faktum, daß der Nachrichtenkreislauf nahezu schutzlos jeglicher Intoxikation preisgegeben ist, kommt heute kein seriöser Journalist vorbei. Zwar werden Zeitungshäuser, Fernseh- und Rundfunkanstalten wie Festungen bewacht: Panzertüren, Eingangsschleusen und sonstige Kontrollsysteme halten Eindring-

linge fern, doch wer von außen wirklich störend in den Ablauf
eingreifen und echte Informations-Verheerung anrichten will, der
braucht nicht an der Pforte dieser Medienhochburgen Einlaß zu
begehren, sondern schickt ein Fax. Allein die Tatsache, daß dieses
zur Zeit wichtigste professionelle Kommunikationsmittel keine
Möglichkeit der Authentifizierung bietet, öffnet dem Nachrich-
tenbetrug Tür und Tor.

Und das ist nur ein Beispiel. Der Handlungsspielraum für seriösen Journalismus wird überall geringer. Erstens wegen der ungeheuer beschleunigten Zirkulation von Texten und Bildern. Der im
journalistischen Gewerbe ohnehin obsessionelle Aktualitätsbe-
griff liegt von jeher im Widerstreit mit dem Gebot gründlicher
Prüfung. Nur ein Magazin wie der »New Yorker« leistet sich noch
den Luxus, Mitarbeitern monatelange Recherchen zu bezahlen;
Hauptsache, der Text, der dann geschrieben wird, enthält keine
Fehler. Im Zeitalter der erdumspannenden Live-Schaltungen ist
dies ein Anachronismus, dessen Marktchance einzig darin liegt,
daß er eben Seltenheitswert hat.

Zweitens erzeugt die technologische Hochrüstung der Medien
völlig neue Tätigkeitsprofile. Ein Journalist muß mittlerweile
ganze Batterien von Ein- und Ausgabegeräten zu bemeistern wissen, eine Mikrophonstimme besitzen, live-fest sein, auf Werbe-
blöcke achten, das Layout kennen und tausenderlei andere Vorgaben berücksichtigen, die mit seiner eigentlichen Tätigkeit, nämlich
dem Aufspüren und Aufschreiben verheimlichter Wahrheiten,
nichts zu tun haben. Gewiß wurden von Journalisten schon immer
technische Fertigkeiten verlangt, darin liegt ja ein Reiz dieses
Berufs, aber allmählich werden sie zur Hauptsache.

Der Nachwuchs kommt mit solchen Anforderungen natürlich
ohne weiteres zurecht. Er lernt, daß es bei dem Metier in erster
Linie darum geht, einen Apparat nach Vorschrift zu bedienen. Es
geht um das routinemäßige Abfüllen von publizistischen Gefäßen
wie Zeitungsspalten oder Sendeminuten. Selbst wer hier skeptisch
ist und im Rausch des Produktionsablaufs noch nicht den End-
zweck seines Handelns sieht, zieht im Zweifelsfall systemgerecht
aufbereitete Informationen vor. Unter dem alltäglichen Zeitdruck

ist eine Meldung, die zufällig die passende Länge hat, absolut im Vorteil. Oder eine, die bereits bebildert ist. Oder eine, die mit geeignetem Vorspann geliefert wird. Während also die jüngeren Journalisten im Grunde Ingenieure für Nachrichtenverarbeitung geworden sind und ein rein technisches Kalkül zur Richtschnur ihrer Entscheidungen machen, sind die älteren in die Chefetage aufgerückt und mehr denn je mit kommerziellen Kategorien konfrontiert: Einschaltquoten, Auflagenzahlen, Sachkosten- und Personalbudget – von einem leitenden Redakteur wird heutzutage auch ein gerütteltes Maß Produktmanagement erwartet.

Es wäre allerdings geheuchelt, in den Journalisten lediglich die beklagenswerten Opfer einer Entwicklung zu sehen, die es ihnen immer schwerer macht, kompetent auf Nachrichten zu reagieren. Denn viele Journalisten, zumal hierzulande, wollen gar nicht reagieren, sondern regieren und agieren – um nicht zu sagen: agitieren. Für sie ist Journalismus vor allem eine Sache der Gesinnung, und zwar der richtigen: So wissen sie zum Beispiel meist im voraus, was sie am Ende der Recherche schreiben oder zeigen werden. Sie wissen, welche Stimmen gar nicht und welche nur in geringschätziger Absicht zitiert werden dürfen. Denn sie haben ein Projekt, das über das Sammeln und Sichten, Analysieren und Ausformulieren von Neuigkeiten weit hinausgeht: Sie wollen Betroffenheit zeigen und Betroffenheit erzeugen; sie wollen Überzeugungsarbeit leisten. Die Nachrichten müssen sich halt danach richten.

Gesinnungsjournalisten verstehen sich als Vorkämpfer des Guten in einer bösen Welt. Deshalb stoßen sie beständig Warnungen vor angeblich drohenden Mißständen oder Katastrophen aus. Warnen heißt: eine Befürchtung proklamieren. Eine Befürchtung hat etwas nicht Bewiesenes zum Inhalt. Befürchtungen sind insofern das Gegenteil von Nachrichten. Selbst in seriösen Nachrichtenmagazinen finden sich andauernd Formulierungen wie »Es wird befürchtet, daß...« oder »Es kann nicht ausgeschlossen werden, daß...« Natürlich sind dann stets ein paar Gewissenschaftler oder Unterschrift-Steller zur Hand, um die Befürchtungen zu teilen, denn mit der Angst, dieser deutschen Passion, läßt sich immer Karriere machen.

So steigern sich die Journalisten in die Wonnen der Virtualität hinein: Ein wachsender Prozentsatz aller veröffentlichten Informationen handelt von Dingen, die gar nicht stattgefunden haben, sondern bloß als Drohungen im Raum stehen. Indem jedoch dauernd neue Gefahren halluziniert werden, greift eine Art Agonie des Realen um sich, weil niemand mehr imstande ist, den Tatsachengehalt der im Dutzend aufgeblasenen Befürchtungsmeldungen zu kontrollieren. Das würde übrigens auch gar nichts ändern: Gesinnungsjournalisten haben gemäß dem alten Spruch aus dem Mai 68 »lieber mit Sartre unrecht als recht mit Aron«. Sie halten es lieber mit dem Chefredakteur der »Zeit«, Robert Leicht, und finden, wenn ihr Irrtum einmal eklatant wird, zuweilen sei »irren eben doch menschlicher« – eine Formulierung, die ihn bei jedem seriösen Blatt in England mit Sicherheit den Job gekostet hätte.

Die moralische Überhöhung des Nichtwissens und Nichtbesserwissenwollens gehört zu den besonders deutschen Ingredienzien des Gesinnungsjournalismus. Gewiß, auch anderswo gibt es gut eingespielte Mechanismen der Nachrichtenunterdrückung: In Frankreich etwa herrscht noch immer eine Form von Parteidisziplin, deren Reichweite und Wirkungskraft in allen Verästelungen des Metiers für Außenstehende kaum vorstellbar ist; das bei weitem hartnäckigste Überbleibsel der Klassenkampffolklore Galliens hält sich in den Medien. In England ist die Presse zwar zu Schmutzkampagnen fähig, deren verbale Gehässigkeit jedes kontinentale Vorstellungsvermögen übersteigt, aber schon aus purer Streitlust veröffentlichen die dortigen Journalisten zu jeder Information eine Gegeninformation und zu jedem Argument ein Gegenargument, so daß die Medien immerhin die Aufgabe erfüllen, ein breites Spektrum von Perspektiven und Facetten zu verbreiten.

Nicht so bei uns. In einem Land, zu dessen philosophischer Tradition die Erfindung des Begriffs vom »falschen Bewußtsein« zählt, braucht man sich nicht zu wundern, daß militante Ignoranz beinahe eine Frage der Ehre ist. Mit zugestopften Lüftungsschlitzen pflegen die journalistischen Gesinnungswächter ihr ebenso schlichtes wie radikales Weltbild, das in groben Zügen wie folgt aussieht: Nichtfachleute sind stets glaubwürdiger als Fachleute; der demokratische Staat ist ein Täuschungsmanöver; der wissenschaftlich-technische Fortschritt ist böse. Die zwanghafte Vorstellung von einem menschenverachtenden System, das hinter allem steckt und Orwells schlimmste Phantasien in den Schatten stellt, hat in den letzten zwanzig Jahren bekanntlich furchtbare Verwirrung angerichtet und einige prominente Todesopfer gefordert. Die Light-Version davon ist immer noch als deutscher Zeitgeist anzutreffen.

Journalisten sind natürlich von diesem Zeitgeist geprägt. Aber sie prägen ihn auch wiederum selbst; deswegen trifft ihre Arbeit auf so großes Interesse. Sie können tatsächlich zur Aufklärung, aber auch zur bloßen Aufregung beitragen. Das bedeutet in der Tat Verantwortung. Leider gibt es wenige Hinweise darauf, daß sie dieser Verantwortung gerecht werden. Die Behandlung durchaus kontroverser Themen wie Atomkraft, Umweltschutz oder Gentechnologie zeigt generell, daß die Medien hauptsächlich als Zeitgeistverstärker ohne eigenen Intelligenz-Input wirken. Viele Journalisten sind bloß noch Zirkulationsagenten für Allgemeinplätze.

Das Schlimmste jedoch ist: Sie fühlen sich in dieser Rolle wohl und wichtig. Selbst wenn sie nichts als leeres Stroh dreschen, empfinden sie sich als Abgeordnete einer höheren Moral. Diese erlaubt ihnen nicht nur, sie gebietet es, beim Umgang mit den Fakten ein ordentliches Quantum Engagement zu zeigen. In der bundesrepublikanischen Praxis bedeutet das: Meldungen von Organisationen wie Greenpeace oder dem Internationalen Schriftstellerparlament werden sofort gesendet und gedruckt, solche von Shell oder der Strahlenschutzkommission werden höchstens als Zielscheiben für hämische Kommentare gebraucht. Polizei, Industrie und Naturwissenschaftler gilt es grundsätzlich der Amoralität zu überführen.

Seitdem der Journalismus ein Tummelplatz für Friedensforscher, Menschenrechtler und Umweltschützer wurde, hat sich das Berufsbild′ drastisch geändert. Eigentlich ist das Metier etwas für Zyniker, Rauhbauze und Sprachgenies, denn es ist dem Unheil zugewandt und verfinstert auch ein bißchen den Charakter. Da nur schlechte Nachrichten wirkliche Nachrichten sind, müssen diejenigen, die damit handeln, wie Polizisten oder Feuerwehrleute auf die Entzifferung von Katastrophen spezialisiert sein. Das heißt, sie müssen intrikate Sachlagen kühl und sorgfältig in Für und Wider, Nutzen und Nachteil zergliedern und das Ergebnis ungerührt ausformulieren. Statt dessen ist es schick geworden, mit dem emotionalen Rüstzeug von Schulkindern an die Materie heranzugehen – vom sprachlichen Rüstzeug gar nicht zu reden. Nachrichten dienen jetzt hauptsächlich als Vehikel der Empörung. Mit Nachrichten wird Klage geführt. Mit Nachrichten wird Betroffenheit verlangt. Mit Nachrichten werden »Wut und Trauer« stimuliert. Und gleichzeitig phantasieren sich die Journalisten mit ihrem Nachrichten-Entrüstungston in eine infantile Unschuld hinein. Diese Pseudo-Engelhaftigkeit ist das größte Quellgebiet der Lüge. Zusammen mit Unbildung, Denkfaulheit und Herdentrieb ergibt sich daraus jene fatale Volkspädagogik, die man tagtäglich in den Gazetten, an Lautsprechern und auf Mattscheiben verfolgen kann.

Auf Klärung aus

Es ist der gemeine Fehler aller Leute
von wenig Talenten und mehr
Belesenheit als Verstand, daß sie eher
auf künstliche Erklärungen verfallen
als auf natürliche.

Lichtenberg

Das Waldsterben – Ein Holzweg

Der deutsche Wald steht grün und schweiget, anstatt zu protestieren. Deshalb können Journalisten über ihn behaupten, was sie wollen. Zum Beispiel, daß er stürbe. Anfang der achtziger Jahre ging es los. »Das stille Sterben«, titelte der »Spiegel«.[1] Aber so still war es nicht. Im Gegenteil: Das Waldsterben wurde zu einer der grandiosesten und gigantischsten Kampagnen, welche die deutsche Öffentlichkeit je erlebt hat. Die gegen Naturschäden resistenteren Franzosen merkten wieder einmal nichts von der rechtsrheinischen Katastrophe, aber sie konnten ihre Sprache um ein Wort bereichern, das ebenso wohlklingend ist wie »leitmotiv« und ebenso poetisch eine germanische Gemütsverfassung ausdrückt: »le waldsterben«.

Der Horror im Gehölz erwies sich als sprachliche Herausforderung erster Güte. Ihn zu beschreiben, ging schier über die Vorstellungskraft abgebrühter Umweltjournalisten. »Tödliche Pocken« attackierten die Bäume, ein »ökologisches Hiroshima« drohte. Der »saure Regen«, so die Theorie, transportiere die schwefelhaltigen Abgase aus Industrie und Verkehr überall hin. In den Waldböden reicherten sich die Schadstoffe an, kein deutscher Baum werde von den Giften verschont bleiben. 1983 stand fest: Binnen höchstens fünf Jahren werde sich das ganze Land in eine kahle Steppe verwandeln.[2]

Das Fabelhafte an solchen vollmundigen Prognosen besteht darin, daß es ganz egal ist, ob sie in Erfüllung gehen. Niemandem fällt es auf, niemand nimmt daran Anstoß, wenn sie sich in aller

Deutlichkeit als falsch erweisen. Denn fünfzehn Jahre nach dem Beginn der fürchterlichen Forstdämmerung wächst der deutsche Wald üppiger denn je: Die Waldfläche der alten Bundesländer ist seit 1960 um fünf Prozent größer geworden, der Anteil der über 80 Jahre alten Bäume hat sich um 30 Prozent erhöht, und auch der Holzvorrat hat zugenommen – mit 300 Festmetern Holzvorrat pro Hektar gehören Deutschlands Wälder zu den holzreichsten Europas.[3] Professor Otto Kandler, ehemaliger Direktor des Botanischen Instituts der Universität München, sagt klipp und klar: »Ein allgemeines Waldsterben über das natürliche ›Stirb und Werde‹ hinaus hat nicht stattgefunden und findet nicht statt.«[4]

Mittlerweile ist das Waldsterben selbst gestorben – als Thema in den Medien. Nur ab und zu, meist im Dezember, wenn wieder ein neuer ministerieller »Waldzustandsbericht« (bis 1988: »Waldschadensbericht«) auf den Tisch kommt, reagiert die Presse noch mit einer müden Meldung. Den Skandal, der darin besteht, daß die Bevölkerung mehr als zehn Jahre lang mit apokalyptischen Artikeln irregemacht wurde, hat so gut wie kein Vertreter der schreibenden Zunft aufgegriffen.

Doch – einer: 1995 erschien in einem Allgäuer Kleinverlag die Doktorarbeit des Agrar-, Sozial- und Literaturwissenschaftlers Rudi Holzberger, der damit an der Universität Konstanz summa cum laude promoviert wurde und den Preis der Stadt Konstanz für besondere wissenschaftliche Leistungen gewann.[5] Auf 336 engbedruckten Seiten entlarvt er den journalistischen Wahn vom Waldsterben als eine einzige morbide Orgie deutschen Gesinnungskitsches. Das für eine akademische Arbeit reichlich rasant geschriebene Opus verrät in Holzberger nicht nur den Medienpraktiker, sondern auch den Renegaten. In der Tat hatte der Autor als umweltpolitisch engagierter Mitarbeiter von Zeitungen und Zeitschriften einst selbst den Wald nach Kräften totgeschrieben.[6]

Aber dem leidenschaftlichen Waldläufer kamen alsbald Zweifel, die er, statt ihnen mit professionellem Abwehrreflex zu begegnen, produktiv zu nutzen wußte. So erkannte er, daß die ganze umfangreiche Waldsterben-Publizistik von vorn bis hinten auf Klischees beruht: Die Metaphern, die Motive, die Methoden –

alles stammt aus dem Fundus traditioneller Zivilisationskritik, deren linksgewendeter Phänotyp der Nach-Achtundsechziger-Zeit hingebungsvoll das Denkbild der strafenden Natur pflegte und es mit einer aktionistischen Notwehr-Philosophie verknüpfte. Die Umweltbewegung kämpfte gegen eine übermächtig erscheinende Atomindustrie, die Dritte-Welt-Bewegung sah die armen Länder unausweichlich in der Schuldenfalle der reichen Industrieländer, die Friedensbewegung warnte unentwegt vor dem Atomkrieg. Globale Gefahren lauerten allerorten, und jeweils schien die Uhr auf fünf vor zwölf zu zeigen. Und vor allem die braven Bürger der friedlichen Bundesrepublik zeterten über die gewaltigen Risiken des modernen Lebens.

Die Rezeption von Holzbergers Erkenntnissen fiel ziemlich dürftig aus. In den Redaktionsstuben sprach es sich zwar alsbald herum, daß man mit dem Waldsterben wohl auf dem Holzweg war, und die »Woche«, offenbar um engagierte Haltung bis zum Schluß bemüht, erklärte wisserisch und gleichsam nebenbei: »In den vergangenen Monaten hat sich eine bemerkenswerte Koalition aus Biologen, Journalisten, Medienwissenschaftlern und Vertretern der Autoindustrie gebildet, die nachzuweisen sucht, das Verschwinden des Waldes sei nur Klischee einer Generation in Endzeitstimmung.«[7] Aber gerade dieser Tonfall, der suggeriert, man setze sich mit etwas Altbekanntem auseinander, ist falsch: Die volle Wahrheit über das Waldsterben, die da lautet: Es war nur ein Rauschen im Zeitungsblätterwald, ist kaum je gedruckt worden.

Mit der ihr eigenen Sorgfalt und Gediegenheit zog einzig die »Neue Zürcher Zeitung« schon 1986 den angekündigten Untergang in Zweifel. Mehr noch, sie konstatierte »Unredlichkeit in der Waldsterbeforschung«[8] und erklärte: »Unter dem Druck und der Verlockung der Öffentlichkeit haben verschiedene Waldsterbeforscher Daten verbreitet, die inzwischen durch Nachuntersuchungen widerlegt worden sind. Allerdings haben die Widerlegungen bisher kaum Beachtung in der Öffentlichkeit gefunden.«

Die Widerlegungen galten einer Theorie des Göttinger Forstwissenschaftlers Bernhard Ulrich, derzufolge die Luftverschmutzung durch Industrie- und Verkehrsabgase zum »sauren Regen« führe, der das großflächige Absterben des Waldes, selbst in kaum industrialisierten Regionen, bewirke. Ulrich hatte zunächst nur das 1976 beobachtete Tannensterben erforschen wollen, bezog sich dann aber auf sämtliche Baumarten und -sorten. Seine erstmals 1978 in einer forstwissenschaftlichen Zeitschrift vorgestellte Theorie fand in der Fachwelt geteilte Aufnahme: Widerspruch kam vor allem von der »Freiburger Schule«. Unterstützung fand Ulrich hingegen beim Münchner Forstwissenschaftler Peter Schütt, dessen Statement von da an ebenfalls in keinem Artikel über das Waldsterben fehlen durfte.

Dem »Spiegel« genügte die graue Theorie allerdings nicht. Aus dem »sauren Regen« wurde flugs ein »Säureregen«. Die anderen Medien zogen nach, ohne die Behauptungen des führenden Nachrichtenmagazins jemals zu hinterfragen. Die entsprechenden Aussagen von Wissenschaftlern wurden von Artikel zu Artikel in einem endlosen Kreislauf rezykliert. Recherchiert wurde dagegen wenig. Zitate der Experten Ulrich und Schütt garnierten so gut wie jede Veröffentlichung, während die Meinungen anderer Wissenschaftler einfach nicht vorkamen. »Sogar Fachzeitschriften verweigerten den Abdruck von Beiträgen, die den Tod der Wälder bezweifelten«[9], erinnert sich Professor Heinz Zöttl vom Freiburger Institut für Bodenkunde und Walderernährungslehre, der gegen die übermächtigen Horrorszenarien der Medien vergeblich mit gesicherten Fakten aufzuwarten suchte.

Der Zusammenhang zwischen dem vermeintlichen Waldsterben und der Luftverschmutzung ist nämlich sehr viel komplizierter. Wie alle Lebewesen sind Bäume anfällig für Krankheiten, die ganz verschiedene Ursachen haben. Schädlinge, Frost, Dürre, Stürme beeinträchtigen das Wachstum, und auch das Alter der Bäume spielt eine Rolle. Gerade in Gebirgsregionen werden Wälder nur selten abgeholzt. Doch Bäume, die älter als 60 Jahre sind, erkranken dreimal so häufig wie jüngere Artgenossen.[10]

Problematisch ist vor allem die Art der Schadenserhebung. Dabei wird jährlich zu einer vereinbarten Zeit der Zustand der Bäume, insbesondere der Baumkronen, eingeschätzt. Gradmesser ist ein fiktiver Normalzustand. Bei einem Blatt- oder Nadelverlust von mehr als 25 Prozent gilt ein Baum bereits als schwer geschädigt. Tatsächlich können viele Bäume mit einem derartigen Verlust aber gut leben. Die Messungen beruhen weitgehend auf Luftaufnahmen, bei denen die Kronenverlichtung festgehalten wird. Aber von welchem Verlichtungsgrad an ein Baum als krank zu gelten hat, ist nach wie vor umstritten. Untersuchungen der Schweizer Eidgenössischen Forschungsanstalt für Wald, Schnee und Landschaft aus dem Jahr 1994 haben keinen Zusammenhang zwischen Kronenschädigung und dem Waldsterben belegen können. Die Baumsterblichkeit schwankte bei den Schweizer Stichproben zwischen 0,3 und 0,5 Prozent pro Jahr – eine Quote, die ungefähr der natürlichen Absterberate entspricht.[11]

Professor Achim Gussone, Herausgeber der Zeitschrift »Forst und Holz«, kritisiert, daß bei der Beurteilung der Waldschäden die Befunde unterschiedlicher Baumarten und Wuchsgebiete zusammengerechnet werden. Das Verfahren der Benadelungseinschätzung sei für die flach wurzelnde Fichte eingeführt worden, seine Übertragung auf andere Baumarten führe zu falschen Ergebnissen. Auch Professor Heinrich Spiecker vom Institut für Waldwachstum in Freiburg hält es für undifferenziert, aus dem Grad der Kronenverlichtung der Bäume auf Schadstufen zu schließen. Für diese Phänomene kämen eine Vielzahl natürlicher und anthropogener Ursachen in Frage. Zum gegenwärtigen Zeitpunkt sei es jedenfalls nicht möglich, Zusammenhänge zwischen Umwelteinflüssen und Schadsymptomen zu erkennen.[12]

Viele Forstwissenschaftler, die anfänglich ans Waldsterben geglaubt hatten, sind längst davon abgerückt. Fritz Schweingruber zum Beispiel, Professor an der Universität Basel, räumt ein, für die Verlangsamung des Baumwachstums nach 1956 sei der damalige strenge Winter verantwortlich gewesen und nicht die Luftverschmutzung, wie er zuvor behauptet hatte. Roberto Buffi vom Forstwissenschaftlichen Institut Birmensdorf bei Zürich hat seine Meinung ebenfalls geändert. Er glaubt inzwischen, daß die Luftschadstoffe vor allem die um Licht und Nährstoffe konkurrierenden Pflanzen des Untergehölzes schädigen und dadurch das

Wachstum der Bäume beschleunigen.[13] Letzteres läßt sich tatsächlich unschwer feststellen: Mag sein, daß es sich hierbei endlich um eine Folge der Luftverschmutzung handelt, denn jene Stickoxide, die Mensch und Tier vergiften, wirken für die Pflanzen als Dünger; jedenfalls wuchert das Holz neuerdings so stark, daß die Förster darin das eigentliche Waldproblem der Gegenwart erkennen. Die Holzvorräte in Europa sind so groß wie nie zuvor, der Absatz des Rohstoffes wird immer schwieriger. Womit wir vom stillen Sterben immerhin zum wilden Wachsen gelangt wären.

Die Welt als Wald

Daß der Menschen Tun und Lassen sich auf ihre Umwelt auswirkt, stand freilich noch nie in Zweifel. Auch war man sich schon vor dem deutschen Waldsterben bewußt, daß Bäume zwar langlebige, aber keineswegs gegen jederlei Gefahr gefeite Gewächse sind. Bereits um Christi Geburt hatte der griechische Geograph Strabo auf den Zusammenhang zwischen dem Absterben der Bäume in Spanien und den dort betriebenen Erzröstereien hingewiesen. Im Mittelalter erließ man erste Schutzbestimmungen. So wurde 1341 den Schmieden im sächsischen Zwickau verboten, Steinkohle zu verwenden, weil die Abgase die Vegetation schädigten.[14] 1850 wurde in Sachsen der erste Lehrstuhl für Pflanzenchemie eingerichtet, an dem die Ursachen des Waldsterbens im Thüringer Wald, im Erzgebirge, dem Frankenwald und dem Fichtelgebirge erforscht werden sollten. 1872 veröffentlichte der englische Wissenschaftler Robert Angus Smith sein Buch »Air and Rain«, in dem zum ersten Mal der Begriff »acid rain« auftauchte.

Von da an konstatierten die Forscher in der Nähe von Industrieanlagen immer wieder das Absterben von Bäumen. Um 1900 gingen an Saar, Ruhr und in Oberschlesien viele Laub- und Nadelbäume ein, 1910 waren es die Eichen in Westfalen, Sachsen und Pommern, 1919 die Ulmen in weiten Teilen Europas. Allerdings scherten sich Politik und Industrie damals recht wenig um ökologische Desaster. Erst in den sechziger und siebziger Jahren, als erneut Waldschäden durch Industrieabgase beobachtet wurden, forderten Naturschutzverbände und der Deutsche Forstverein die Bekämpfung der Luftverschmutzung.

Die deutsche Waldsterben-Hysterie der achtziger Jahre trat jedoch aus dieser Tradition heraus. Sie war ein publizistischer Paroxysmus. Die morbiden Metaphern, mit denen die Autoren ihre apokalytischen Visionen dem Publikum vermittelten, verraten die schiere Sprachlust, die in dem Thema steckt. Baumleichen, Waldfriedhöfe und »Angsttriebe« schmückten jeden Text – letztere sollten die verzweifelte Reaktion der Pflanzen auf den »Umweltstreß« sein. Natürlich war immer »über allen Wipfeln Ruh'«, natürlich wurde stets »oh Tannenbaum« geseufzt, über »Kahlschlag« getrauert und die ganze Waldhaftigkeit der deutschen Kultur beschworen, um dem scheinbar Unabwendbaren, dem absoluten Horror, dem drohenden, nein: dem bevorstehenden Weltuntergang[15] eine verbale Dimension zu verleihen. Den Gipfel des Kitsches erklomm Bartholomäus Grill in der »Zeit«, als er einschlägige Zeichnungen des Forstexperten Günter Grass besang: »Eichenleichen, Fichtenskelette, Stämme kreuz und quer durcheinander gestürzt wie Mikadostäbe. Die Rinden geplatzt, Bast quillt, Harztropfen kriechen. Totes Gehölz, Geäst, Gezweig, Gestrüpp. [...] Sendboten des Todes, ehe die Tiere aus dem Wald fliehen und die Menschen nicht mehr kommen; ehe über allen Wipfeln Ruh herrscht und das Waldkleid licht wird und fadenscheinig wie des Bettelmannes Rock.«[16]

Andere boten medizinisches und militärisches Vokabular auf, schrieben von der »Säuresteppe« oder davon, daß der Wald sich »wie eine Armee unterm Trommelfeuer« lichte. Rudi Holzberger, der sich früher selbst zu Formulierungen wie »Waldsterben wird zum Flächenbrand«[17] verstieg, analysiert dergleichen jetzt mit viel Gespür – etwa den Satz des »Stern«, Deutschland sei in Gefahr, zu einer »Pershing-geschützten Dioxidsteppe zu verkommen«[18]: »Mehr war 1984 nicht in eine journalistische Pointe aus sechs Worten zu verpacken. Mit Dioxid war wohl Dioxin gemeint.«[19]

Die Theorie vom sauren Regen als Waldkiller traf einfach die

Bewußtseinslage vieler kritscher Zeitgenossen und Journalisten. Die Industriegesellschaft hatte demnach etwas Selbstzerstörerisches. Überall zeigten sich die todbringenden Wirkungen, nicht nur in den Ballungszentren, sondern auch in entfernt liegenden, unberührten Gebieten. Die Umweltschützer kämpften nicht einfach für den Erhalt der Natur, sondern für das Leben schlechthin. Der Wald war zu einem Symbol des bedrohten Lebens geworden. In zähem Kleinkrieg verteidigten ihn Frankfurter Bürgerinitiativen gegen den Ausbau des Flughafens. Der unsichtbare saure Regen war das Pendant zum radioaktiven Fallout, dessen lebensbedrohende Wirkung über Tausende von Kilometern reichte.

Dem Widerstand gegen die Umweltzerstörung haftete etwas Heroisches an, gab es doch kaum noch Hoffnung. Die Katastrophe schien besiegelt. Kein Wunder, daß die Natur jetzt selbst zurückschlug. Das Waldsterben war die »Rache der Natur« für das ungebremste Profitstreben des Menschen. »Erst wenn der letzte Baum gestorben ist, der letzte Fisch gefangen, der letzte Fluß vergiftet, werdet Ihr begreifen, daß man Geld nicht essen kann«, lautete das Motto, das in Form eines Aufklebers besonders gern auf katalysatorlosen Altautos spazierengefahren wurde. Die düstere Prophezeiung, von Greenpeace zur Liturgie erhoben, stammte angeblich von einer alten Cree-Indianerin. Belegen läßt sich ihre Äußerung natürlich nicht.[20]

Über die Forstwissenschaftler ergoß sich unterdessen kein saurer, sondern ein warmer Geldregen.[21] Auf den sauren Regen selbst war man auch gar nicht mehr angewiesen. Man fachsimpelte zum Beispiel darüber, ob die von Kernkraftwerken ausgehende Strahlung am Siechtum der Bäume schuld sei. Auch sonstige Bedrohungen globaler Art wurden beschworen: 1994 stellte der Schweizer Forstwissenschaftler Ernst Fürst ironisch fest, daß nun »das berühmte Ozonloch das Waldsterben abgelöst« habe.[22] Mehr an konkreten Einzelheiten orientierte Studien über direkte Rauchschäden durch Braunkohlekraftwerke im Erzgebirge, über Schädlingsbefall von Monokulturen im Harz oder über Wachstumsschäden durch extreme Witterungsbedingungen fielen allerdings samt und sonders durch den Rost. Schließlich handelte es sich ja um eine

Umweltkatastrophe größten Ausmaßes, und die konnte nicht von ein paar Minusgraden oder einer Horde Borkenkäfer ausgelöst werden.

Im blindwütig-verbissenen Zusammenspiel von Politik, Wissenschaft und Medien erhärten die verblasensten Vermutungen zu anerkannten Axiomen. Von da an sind sie so unumstößlich wie die Wahrheit und gelten deswegen als Wahrheit. Wenn zum Beispiel irgendein Rumor zum Radau wird und die kritische Schwelle öffentlicher Aufgeregtheit überschreitet, stellt sich der zuständige Minister automatisch an die Spitze der Bewegung. So erlangen jene verblasenen Vermutungen auf einmal höchste Weihen: Da sich Politiker ohnehin gern mit drastischen Umweltschutzmaßnahmen profilieren, beschloß Bundeslandwirtschaftsminister Ertl 1982, alljährlich einen Waldschadensbericht vorzulegen. Die Forstwissenschaftler publizierten die von ihnen erwarteten Ergebnisse. Die Medien kommentierten jede Maßnahme, jedes Forschungsergebnis in vermeintlich kritischer Manier. »An den Zahlen der Waldschadenserhebung«, schrieb die »Zeit«, gebe es »nichts zu deuteln. Am Ausmaß des Waldsterbens könne heute nicht einmal der ungläubige Thomas zweifeln, allenfalls ein pathologischer Ignorant.«[23]

Mit Worten und Zahlen versuchte man aufzuwiegen, was Bilder nicht hergaben. Denn das Waldsterben bereitete den Journalisten eine Schwierigkeit: Es war nicht zu sehen. Tote Bäume ließen sich mit etwas Mühe zwar finden, aber tote Wälder kaum. In ihrer Not griffen die Photoredaktionen schon mal zu kleinen Tricks. Kahle Bäume vor einem Kernkraftwerk, abgelichtet von der Agentur Associated Press, identifizierte ein »Stern«-Leser aus der Nachbarschaft des Kraftwerks als völlig gesunde Gewächse – sie waren bloß des Winters wegen laublos.[24] Die abgestorbenen Bäume auf den Höhen des Harzes, mit denen unzählige Magazine ihre Reportagen illustrierten, waren – wie manche kleinlaut eingestanden – Opfer des Borkenkäfers geworden. Um das Waldsterben aufs Zelluloid zu bannen, war kein Mittel zu abwegig und kein Aufwand zu groß; es mußten sogar im Vietnamkrieg erprobte Infrarotkameras her, um die Baumkronen zu photographieren.[25] Wenn solche exquisiten Wärmebilder nicht verfügbar waren, blieb nur die klassische Methode, das unsichtbare Phänomen mit Hilfe von Karten und Graphiken zu illustrieren. Dazu gehörte freilich die Erklärung, daß sich der Exitus des Waldes weitgehend unmerklich vollziehe; erst im Endstadium, wenn von den Bäumen nur noch Skelette übrig seien, trete die Katastrophe deutlicher zutage.[26] Daß es an photogenen Skeletten so sehr mangelte, ließ sich aber auch mit der Heimtücke der Förster erklären: Die fällten kranke Bäume angeblich so rasch, um das Desaster zu verschleiern.

Beide Erklärungen hatten den Vorteil, das politische Empörungspotential zu steigern. Denn wenn man den Waldschaden nicht sah, dann konnten die amtlichen Waldschadensberichte ja nur unerhörte Verharmlosungen enthalten. Und daß auch die Förster zu dieser Vertuschung beitrugen, war ein Beweis für die Notwendigkeit des Eingreifens der Medien. Falls all diese Argumente nicht genügend griffen, konnte man sich immer noch aufs Warnen verlegen: Mangels manifester Schäden beschrieb man dann die künftigen. So wußte der »Spiegel« Mitte der achtziger Jahre, daß bald jedes deutsche Gewässer, ob Baggersee oder Bodensee, mit Flößen bedeckt sein werde, weil man die vielen Baumskelette an Land gar nicht mehr lagern könne.[27] Ein paar Vertreter der holzverarbeitenden Industrie Schwedens nahmen die Reportage für bare Münze und begaben sich nach Deutschland, um die gigantischen Mengen des billigen Holzes aufzukaufen. Enttäuscht und unverrichteter Dinge mußte die Delegation wieder nach Skandinavien zurückkreisen.[28]

Ungeachtet aller augenscheinlichen Tatsachen und wissenschaftlichen Erkenntnisse geht das Waldsterben in den Köpfen immer weiter. Vielleicht, so lautet mittlerweile die zynische Begründung mancher engagierter Naturschutzpublizisten, mußte man ja übertreiben, um überhaupt Gehör zu finden. Von dieser Art Volkspädagogik braucht man freilich keine einzige korrekte journalistische Information zu erwarten.

Doch wir sind noch nicht am Ende. Denn wie man in den Wald auch hineinruft, es schallt immer gleich heraus: das richtige Wald-

sterben, verkündete der »Spiegel« Anfang 1994, sei erst im An-
zug. Das derzeit festzustellende Wachstum der Bäume sei bloß
dessen Vorbote, sozusagen ein letztes Aufbäumen. Der Wald rase
gewissermaßen Amok in den Tod, denn er werde von einer »gigantischen Stickstoffdusche« aus der Landwirtschaft erstickt; na-
mentlich die in die Luft entweichenden Ammoniumverbindungen
der Vieh-Fäkalien trügen zu der Erscheinung bei, in »Spiegel«-
Sprache: »zum Himmel stinkende Rinderfürze«[29]. Dieses »zweite
Waldsterben« beweist zumindest, daß der deutsche Wald mehrere Leben hat und wahrscheinlich noch öfter sterben wird. Im
Grunde eine beruhigende Nachricht.

Tschernobyl – Der Medien-GAU

Milch strahlt. Quark strahlt. Molke strahlt. Alles, was der liebe Gott hat werden lassen, ist ein bißchen radioaktiv. Die natürliche Aktivität unserer Umwelt läßt sich messen in Becquerel oder Curie, und wenn man noch die Granitplatten an Häusern oder die Emissionen mancher Heilquellen in Betracht zieht, kommt man zu ganz ansehnlichen Werten. Mit Strahlenschutz hat das alles nichts zu tun, denn der liebe Gott hielt sich bei der Erschaffung der Welt offensichtlich nicht an die Empfehlungen der Internationalen Strahlenschutzkommission (ICRP).

Doch in sämtlichen zivilisierten Ländern gibt es genaue Vorschriften darüber, welcher Stoff auf welche Weise wie stark strahlen darf, um als gesundheitlich unbedenklich zu gelten. Diese Grenzwerte sind das Ergebnis eines mitunter ziemlich faulen Kompromisses zwischen Wissenschaft und Politik; sie werden willkürlich festgelegt, weil es strahlenbiologisch keine absoluten Grenzen gibt. Alle Organismen sind verschieden, und stets kommt es auf die Umstände im einzelnen an. Der Gesetzgeber braucht hingegen feste Vorgaben, sonst leidet die Rechtssicherheit.

Milch enthält von Natur aus ein radioaktives Kaliumisotop, das im Durchschnitt 100 Becquerel je Liter auf den Zähler bringt. Nach dem Reaktorunfall in Tschernobyl, als ein anderer radioaktiver Stoff, nämlich Jod-131, vom Himmel regnete, wurde der international gängige Grenzwert von 3700 Bq/l (Becquerel pro Liter) um der größeren Aufregung willen flugs herabgesetzt: In Finnland waren nur noch 2000 Bq/l zulässig, in Deutschland 500, in Österreich 74 und in Hessen 20. Der Wert von 20 Becquerel entsprach also einem Fünftel der ohnehin in jedem Liter Milch vorhandenen natürlichen Aktivität. Daraus folgte logischerweise, daß der gesamte Kuhsaft zu vernichten war.

Die größte Vernichtungsaktion von Nahrungs- und Futtermitteln in der deutschen Geschichte hat rund 452 Millionen Mark gekostet. Sie betraf nicht nur Milch, sondern fast alle landwirtschaftlichen Produkte, die im Sommer 1986 unter freiem Himmel gewachsen und entstanden waren. Und sie war im Grunde völlig überflüssig. Zum Beispiel galt auch die bei der Käseherstellung anfallende, zur Kälbermast verwendete Molke als »verseucht«. Sie enthielt verschiedene Cäsiumisotope, die bewirkten, daß das Molkenpulver eine Aktivität von 5000 Bq/kg aufwies.

Die Zahl löste Alarm aus. In jenen Sommermonaten fachsimpelten die Medien über jedes Becquerel. Da die alte Rechnungseinheit Curie gerade abgeschafft worden war und die neue gleich neun Nullen mehr besaß, stieg auch die öffentliche Entsetzens- und Entrüstungsaktivität stark an. Was 5000 Becquerel pro Kilogramm tatsächlich bedeuten und bewirken, spielte so gut wie keine Rolle, Hauptsache, ein angeblicher Experte hatte irgendwelche Warnungen ausgestoßen. Selten wurde die wissenschaftliche Kompetenz solcher Experten von Journalisten kritisch überprüft; nie kamen andere zu Wort, die der irrationalen Angst entgegentraten.

So nahm die Sache ihren Lauf. Zu den Verheerungen der Tschernobyler Strahlenwolke zählte fortan auch die Strahlenmolke: Niemand wollte das Zeug haben, nicht einmal zu Dumpingpreisen. 5000 Tonnen davon gab es, sie wurden, in Papiersäcken verpackt, wochenlang in Güterzügen durch die Republik gefahren. Dann wurden sie beschlagnahmt und bei der Bundeswehr in Meppen (Niedersachsen) sowie Straubing (Bayern) eingelagert. Die hohe Politik nahm sich des Falles an und ließ aus Bundesmitteln im stillgelegten Kernkraftwerk Lingen eine Anlage bauen, mit der das Pulver »entseucht« werden sollte. Elftausend Lingener protestierten zwar gegen die Behandlung der sowieso harmlosen Substanz in ihrer Gemeinde, doch bis zum Dezember 1990 waren die 200 000 Säcke Molke derart dekontaminiert, daß man sie endlich verkaufen konnte. Der Erlös betrug 600 000 Mark, die Kosten lagen bei 70 Millionen Mark. Die Molkewaschanlage wurde anschließend als Schrott verkauft, da die Sowjetunion sie nicht einmal geschenkt haben wollte.

Mit der Molke, resümierte der Strahlenbiologe Professor Albrecht Kellerer von der Universität München, »verschwand der letzte Rest der Verhältnismäßigkeit in der Reaktion auf eine technische Katastrophe. Wird die Bevölkerung einmal so aufwendig vor dem millionsten Teil der natürlichen Strahlenexposition geschützt, so wird nie mehr irgendeine Technik (...) gerechtfertigt sein.«[30] Doch als er diese Sätze schrieb, war das Abenteuer Atommolke noch längst nicht ausgestanden.

Bei dem milchverarbeitenden Großbetrieb Meggle im Allgäustädtchen Wasserburg hatte man noch zehn Jahre nach der Explosion des sowjetischen Kernreaktors Sorgen mit der Entsorgung eines »verstrahlten« Kontingents von 1900 Tonnen. Es handelte sich um weniger »belastetes« Molkenpulver aus dem Winter 1986/87, als die Bauern den zweiten Schnitt von nach-tschernobylischem Heu verfütterten. Die Cäsium-137-Aktivität des Molkenpulvers lag knapp über oder sogar unter der amtlichen Verkehrsfähigkeitsgrenze von 1850 Bq/kg. Auf Wunsch des bayerischen Umweltministeriums nahm die Firma den Stoff auf Lager, was jedes Jahr Kosten von mindestens 100 000 Mark verursachte.

Im Frühjahr 1996 war die Radioaktivität auf 1200 Bq/kg abgeklungen, und man hätte das inzwischen steinhart gewordene Pulver mahlen und verfüttern können. Doch an eine solche Verwendung war angesichts der besonderen Sensibilität der Bevölkerung in bezug auf ionisierende Strahlung nicht zu denken, und »der Vorschlag, die Molke nach Afrika zu exportieren, rief einen Sturm der Entrüstung hervor«[31]. Der Stoff war also nur noch Müll. Aber was für Müll? Man hätte ihn auf Feldern und Wiesen verstreuen können und wäre dabei weit unter den von jedem handelsüblichen Dünger erreichten Werten geblieben: Das in Phosphat enthaltene Uran-238 strahlt immerhin mit einer Intensität von bis zu 9200 Bq/kg. Allein, auch dies war »mit der Bevölkerung nicht zu machen«, wie die Geschäftsleitung wußte.[32]

Eine Entsorgungspflicht für den Staat bestand andererseits auch nicht, denn als Gefahrengut hätte das Molkenpulver nach den Strahlenschutzbestimmungen erst ab einer vierzigmal stärkeren Cäsium-137-Aktivität, nämlich 50 000 Bq/kg, gegolten. Um ganz sicherzugehen und jeden Anstoß zu vermeiden, beschloß die Firma, ihr Produkt in die bayerische Sondermüllverbrennungsanlage Ebenhausen zu geben (Kosten: 2 Millionen Mark). Flugs bildete sich dort eine Bürgerinitiative, die mit 5000 Unterschriften den Plan zu vereiteln suchte. Der Umweltminister reiste an und versuchte auf einer vierstündigen Diskussionsveranstaltung vergeblich, die Ebenhausener davon zu überzeugen, daß bei der Verbrennung eines an sich schon ungefährlichen Stoffs in einer mit besonderen Filtern ausgerüsteten Anlage wirklich kein Radiocäsium in die Luft gelangt. Man glaubte weder ihm noch den ebenfalls anwesenden Fachleuten.[33]

Wissenschaft und Glaubenskraft

Das Tamtam um die Strahlenmolke war eine Burleske, verglichen mit dem Trauerspiel der sonstigen Tschernobyl-Folgen hierzulande. Wie zielstrebig und konsequent dabei die Medien das Volk hysterisierten, wurde beim zehnten Jahrestag des Unglücks im Frühjahr 1996 noch einmal überdeutlich, als Presse, Funk und Fernsehen nicht nur die damalige Panik lustvoll und eindrucksstark vergegenwärtigten, sondern auch mit krassen Falschmeldungen Stimmung machten. Die Lust an der Katastrophe war, zehn Jahre danach, eine doppelte: Sie entsprang dem Übermut der Davongekommenen sowie dem rechthaberischen Hochgefühl der eingeschworenen Atomkraftgegner. Die Katastrophenlust durchtränkte all die kommemorativen Texte und spiegelte sich noch in der Wut, mit der sachliche Informationen über die Strahlenwirkung unterdrückt wurden.

So hatte die deutsche Strahlenschutzkommission im Februar

1996 einen Bericht vorgelegt, der an den Journalisten einfach abprallte, weil er der gängigen Nachrichtengebung widersprach. Darin heißt es zum Beispiel: »Mögliche gesundheitliche Effekte für die Bundesrepublik Deutschland sind vielfältig nach der Reaktorkatastrophe diskutiert worden. So sind Berichte über die Erhöhung von Mißbildungen, Sterberaten bei Frühgeborenen und genetische Effekte (Mongolismus) veröffentlicht worden. Eine sorgfältige Überprüfung dieser Daten hat aber ergeben, daß gesundheitliche Effekte bei der Bevölkerung in Deutschland durch die Strahlendosen, die durch die Reaktorkatastrophe in Tschernobyl verursacht wurden, nicht festzustellen sind. Dieses gilt auch für Krebserkrankungen bzw. Krebstodesfälle. Aufgrund der strahlenbiologischen Erkenntnisse und klinischen Erfahrungen mit ionisierenden Strahlen waren bei den aufgetretenen Strahlendosen derartige Effekte auch nicht zu erwarten.«[34]

In der Tat hatten die Wissenschaftler ausgerechnet, daß die Bevölkerung der Bundesrepublik durch den Reaktorunfall im Lauf der nächsten 50 Jahre eine Gesamtstrahlendosis aufnehmen wird, die knapp dem Wert entspricht, dem jeder Durchschnittsbürger jedes Jahr ohnehin ausgesetzt ist[35] – von Flugreisenden, die sich der Höhenstrahlung aussetzen, ganz zu schweigen. Man kann diese Forschungsergebnisse natürlich bestreiten, und eifrigen Journalisten gelingt es immer, irgendwo einen Wissenschaftler aufzutreiben, der allen Kollegen widerspricht. Doch eine getreue Darstellung der fachlichen Diskussion fand und findet in den Medien nicht statt. Ungerührt tischte RTL noch Wochen nach Erscheinen des Berichts der Strahlenschutzkommission in einer Fernsehdokumentation, die in Zusammenarbeit mit sechs Sendern in Japan, Polen, Schweden, Weißrußland, Frankreich und der Ukraine entstand, die längst als unzutreffend erledigte Mär von den durch Tschernobyl verursachten Erbschäden bei Berliner Kindern auf.[36]

»Durch mehrere vergebliche Versuche in der Vergangenheit nicht gänzlich entmutigt«, schrieb der Berliner Professor Klaus Becker in einem Leserbrief an die FAZ, möchte er der Stimme der Vernunft Ausdruck zu verleihen. Was folgte, war selbst für gut informierte Zeitungsleser, Fernseher und Radiohörer neu und erstaunlich: In den »verstrahlten Gegenden« der ehemaligen Sowjetunion seien bisher (April 1996) 28 Personen an akutem Strahlensyndrom verstorben, »möglicherweise auch ein oder zwei von etwa 700 Schilddrüsenkarzinomfällen, die im übrigen zu 90 bis 95 Prozent permanent heilbar sind«. Und eine Erhöhung der Sterblichkeit unter den »Liquidatoren«, jenen unmittelbar nach dem Unfall zum Aufräumen in das Sperrgebiet geschickten Soldaten und Arbeitern, sei »ebenfalls weder beweisbar noch aufgrund der Dosiswerte wahrscheinlich«.[37]

Der Gegensatz zwischen dieser Aussage und allen früheren Meldungen über das Thema konnte krasser nicht sein. Noch ein Jahr zuvor hatte der ukrainische Gesundheitsminister die atemberaubende Zahl von 125 000 Strahlentoten ausgegeben, die ein Kommentator der »Süddeutschen Zeitung« sogar noch auf 180 000 erhöhte.[38] Der niedersächsische Ministerpräsident Gerhard Schröder behauptete in einer Fernsehsendung: »In Weißrußland besteht die Gefahr, daß eine ganze Generation von Kindern stirbt als Folge des Unglücks in Tschernobyl.«[39] Andere Quellen lieferten andere Zahlen: 5000, 7000 oder 20 000 Tote.[40]

In jedem Falle war die Diskrepanz enorm, und die Journalisten hätten allen Grund gehabt, den Unstimmigkeiten nachzugehen und sich die Hintergründe des gesamten Datenmaterials von qualifizierten Fachleuten darlegen zu lassen. Von Professor Becker hätten sie dann beispielsweise erfahren, daß es sich bei den 125 000 ukrainischen »Strahlenopfern« schlicht und einfach um die Gesamtzahl der in den betroffenen Gegenden seit 1986 verstorbenen Menschen handelt und daß diese Zahl sogar etwas unter den deutschen Vergleichswerten liegt. Sie hätten erfahren, daß in der hochbelasteten Gomel-Region während der letzten acht Jahre vor dem Unfall 100 Leukämiefälle, in den acht Jahren danach 103 registriert wurden – ein Anstieg, der innerhalb der normalen statistischen Schwankungsbreite liegt und daher überhaupt nicht interpretierbar ist. Sie hätten außerdem erfahren, daß in den am stärksten kontaminierten Bezirken der Ukraine zwischen 1988 und 1993 fünfzehn Kinderleukämiefälle aufgetreten sind; nach den Durchschnittswerten vor dem Unfall wären dreizehn zu erwarten gewesen.[41]

Aber von einem Professor Becker wollten die Journalisten grundsätzlich nichts wissen. Und in diesem Grundsatz steckt das Grundproblem: Nach einem Vierteljahrhundert soziologisch zugerichteter »Wissenschaftskritik« in Deutschland sind Repräsentanten des naturwissenschaftlich-technischen Forschungsbetriebs in der öffentlichen Meinung zu Generalverdächtigen geworden. Klaus Becker, seit 1975 Geschäftsführer des Normenausschusses Kerntechnik im Deutschen Institut für Normung, gilt »kritischen« Journalisten natürlich als ein Vertreter der Atomlobby par excellence. Sein Wissen – geschweige denn seine Meinung – ist daher nicht gefragt, genausowenig wie das der übrigen Koryphäen der Strahlenbiologie oder der Kerntechnik.

Statt dessen floriert in der medialen Aufbereitung der Materie die pure Scharlatanerie. Allein die Liste der nach dem GAU von Tschernobyl aktiv gewordenen und zum zehnten Jahrestag von der »Frankfurter Rundschau« als »wichtigste Informationsadressen« empfohlenen Vereine und Verbände gibt hinsichtlich ihrer szientifischen Qualifikation zu denken: Heinrich-Böll-Stiftung, Netzwerk Friedenskooperative, Aktionsgemeinschaft Friedenswoche, Bundesinfostelle der Initiativen gegen Atomanlagen, Leben nach Tschernobyl e.V., Mütter gegen Atomkraft[42] . . . Nach dem Zusammenbruch der Kommunikation zwischen Sachverständigen und Laien haben im öffentlichen Diskurs eindeutig die Laien das Sagen. Daß dies auf die Dauer nützlich sei, ist nicht unbedingt anzunehmen.

»Wem soll man glauben?« fragte ein (anderer) Kommentator der »Süddeutschen Zeitung«, nachdem die deutsche Strahlenschutzkommission unter ihrem Vorsitzenden Professor Christian Streffer gegen die willkürliche und politisch motivierte Zahl von 125 000 »Strahlentoten« Einspruch erhoben hatte. Doch die Frage blieb rhetorisch, da Streffer wohl zu jenen anrüchigen Fachleuten gehört, die im selben Kommentar als die »Verharmloser in der Atomindustrie der ehemaligen Sowjetunion und die ihnen Gleichgesinnten in Deutschland«[43] apostrophiert wurden. So ist es immer – entweder man berichtet von vornherein nur darüber, was die eine Seite kundtut, oder wenn es sich einmal gar nicht vermeiden läßt, auch die Stimme wissenschaftlichen Zweifels zu berücksichtigen, dann deckt man sie mit moralischer Empörung ein: »Ein zynisches Zahlenroulette«[44], heißt es dann, würden die Wissenschaftler veranstalten, und: »Wissenschaftler sind an der herrschenden Verwirrung nicht unschuldig.«[45] Ein Leserbriefschreiber der »Süddeutschen Zeitung« wünschte sogar, es sollte – wie beim Holocaust – strafbar sein, die Zahlen der Strahlentoten und Geschädigten nach der Tschernobylkatastrophe anzuzweifeln.[46]

Spalten und Risse

Der zehnte Jahrestag des Reaktorunglücks von Tschernobyl im Frühling 1996 warf seine Schatten weit voraus. Noch ehe sich Politiker und Umweltschützer in deutschen Städten und Gemeinden mit der Frage auseinandersetzten, auf welche Weise des Ereignisses am besten zu gedenken sei – Traktor-Sternfahrt oder Verkehrsstillstand, Glockenläuten, Benefizkonzerte oder Demonstrationen? –, bereiteten die Medien eine springflutartige Berichterstattung vor: Keine Fernsehanstalt gab es, die nicht mehrere Sondersendungen ins Programm genommen, und keine Zeitung, die nicht gleich etliche Seiten dem Thema gewidmet hätte.

Um all die vielen Programmplätze plangemäß zu füllen, schwärmten Heerscharen von Journalisten beizeiten in die betroffenen Regionen Weißrußlands und der Ukraine aus und ließen sich durch die »verstrahlte«, »verseuchte« und angeblich menschenleere »30-Kilometer-Zone« karren. Für die Ukraine erwies sich dieser Reportertourismus als willkommener Devisenbringer: Allein der Eintritt in das Sperrgebiet kostete pro Person und Tag 200 Dollar in bar; bei einem dreiköpfigen Fernsehteam ergab das in zwei Tagen immerhin 1200 Dollar. Für die Genehmigung eines Überflugs mit Helikopter waren noch einmal 1200 Dollar zu bezahlen.

Bei der staatlichen Agentur Tschernobyl-Inter-Inform herrschte wochenlang Hochbetrieb, um die zumeist westlichen Besucher zu leiten, zu begleiten und mit Informationen zu versorgen. Doch die sogenannten Informationen hatten es in sich: Sie bestanden hauptsächlich aus Widersprüchen, Ungereimtheiten und Propaganda. Wer sich dem Pilgerzug anschloß und das Geschehen aufmerksam verfolgte, der konnte zweierlei feststellen: Erstens, es gab überhaupt keine verläßlichen Statistiken über Anzahl, Verbleib und Gesundheitszustand der Menschen, die in den betroffenen Gebieten lebten oder leben; kein einziges Mal stimmten zwei von verschiedenen Stellen gemachte Angaben über dieselbe Sache überein. Zweitens, die wissenschaftlich-technischen Kenntnisse der allermeisten Journalisten, die sich auf diese Tschernobyl-Berichterstattung vor Ort einließen, waren minimal; folglich waren auch die in Interviews und auf Pressekonferenzen gestellten Fragen in der Regel unqualifiziert.

Der Fallout dieser Kenntnislosigkeit schlug sich in allen Medien nieder; die Fehlinformationen bildeten selbst eine kritische Masse. Schon die in unzähligen Artikeln erwähnten »Spalten und Risse«, die den »Sarkophag« (die Betonhülle des explodierten Reaktors Nr. 4) angeblich durchziehen, zeugten von geringem Sachverstand: Spalten sind konstruktiv bedingt, Risse entstehen durch Belastung. Die von jedem Betrachter leicht zu erkennenden Spalten in den Betonwänden dienen in der Tat dem Zweck, die Wärme abziehen zu lassen. Um die Verwirrung der Leser, Zuschauer und Hörer noch zu steigern, erschienen dosimetrische Angaben stets kunterbunt in allen möglichen Maßeinheiten, gesetzlich oder nicht: Mal wurde in Rem, mal in Millisievert, mal in Mikroröntgenstunden gerechnet. Genauso achtlos wurden die monströsesten Zahlen in bezug auf den Gesundheitszustand der Bevölkerung referiert und obskure neue Krankheiten wie »Atom-Aids« oder »chronische Strahlenkrankheit« postuliert, deren Bezeichnungen jeder strahlenbiologischen Grundlage entbehren.

Was jeder Besucher sehen konnte, war indes, daß es der Bevölkerung generell nicht gut geht. Schlechte Ernährung, Vitaminmangel, Alkoholismus und andere Folgen der Armut – bis hin zu einer erschreckend hohen Selbstmordrate – wurden aber von den nur auf Strahlenfolgen fixierten Presseleuten kaum in die Berichterstattung einbezogen. Das gilt erst recht für die Effekte des seit dem Unfall unternommenen medizinischen Diagnoseaufwands: Nachdem große Teile der Bevölkerung in der Zeit nach der Reaktorkatastrophe erstmals gründlich untersucht wurden, war gar nichts anderes zu erwarten als der traurige Befund, daß ein hoher Prozentsatz nicht gesund im Sinne der WHO-Definition ist. Nur: dasselbe trifft auch auf viele andere Gebiete der ehemaligen Sowjetunion zu, die von jeder Tschernobyl-Strahlung verschont geblieben sind.

Die grelle Unverhältnismäßigkeit zwischen der tatsächlichen Bedeutung eines Phänomens und der Aufmerksamkeit, die es bei Journalisten findet, wurde mit dem Herannahen des Gedenkdatums immer dramatischer. Als dann drei Tage vorher in der Sperrzone zwei Feuer ausbrachen, waren die Medienleute ganz aus dem Häuschen. In der Nähe der Dörfer Towsti Lis, 35 Kilometer von Tschernobyl entfernt, und Nowoschepelitschi, nördlich von Pripjet, brannten ein paar Hektar Wiese. Für die dortige Feuerwehr gehörte der Einsatz zur Routine. Aber die Nachrichtenagenturen versorgten die ganze Welt stündlich mit Bildern und Berichten. Eine durchreisende Gruppe deutscher Umweltschützer der Heinrich-Böll-Stiftung konnte sogar »den Rauch sehen und riechen« – das war der Deutschen Presse-Agentur natürlich eine Meldung wert. Da die Experten eine Gefährdung der Bevölkerung durch freiwerdende Radioaktivität infolge der Brände einhellig abstritten, zitierte Associated Press (AP) lieber die Meinung einer 32jährigen Verkäuferin in Kiew: »Ich *fühle* die Gefahr überall«, sagte sie der weltweit größten Nachrichtenagentur.

Bei soviel Gewissenhaftigkeit ist es kein Wunder, daß die Agenturen gleichzeitig, nämlich am 25. und 26. April 1996, lauter verschiedene Zahlen von Toten nannten: Laut dpa »hat die Ukraine etwa 2500 mit Tschernobyl verbundene Todesfälle gezählt«; Reuters meldete:»Nach Angaben der ukrainischen Behörden starben 4300 Menschen an den direkten Folgen des Unfalls«; AP zufolge gab es »150 000 Todesfälle in der Ukraine, die direkt auf den Unfall zurückzuführen sind«. Der Münchner Strahlenmediziner Professor Eduard Lengfelder, dessen Beliebtheit bei den Massenmedien in umgekehrt proportionalem Verhältnis zu seiner wissenschaftlichen Publikationstätigkeit steht, schlug einen Kompromiß vor: 25 000 Tote.[47]

Am zehnten Jahrestag des Unglücks von Tschernobyl schlug die Stunde der Statistiker. Doch Statistik ist eine mathematische Disziplin; zu den Stärken der meisten Journalisten zählt sie nicht. Multipliziert man beispielsweise sehr kleine Strahlenrisiken mit sehr großen Bevölkerungsmengen, kann man zwar für ganz Europa etliche tausend Krebsfälle errechnen, doch sind solche Hochrechnungen prinzipiell weder beweis- noch widerlegbar. Sie gehen nämlich von der unter Wissenschaftlern umstrittenen Annahme aus, daß sich bei der Verdünnung der Radioaktivität die Wirkung nicht verändert, sondern lediglich die Häufigkeit der Folgen linear abnimmt. Das heißt, aus der Tatsache, daß die Bestrahlung von 100 Personen mit einer Strahlendosis von 1 Sv (Sievert) in der Regel einen tödlichen Krebsfall verursacht, läßt sich keineswegs schließen, daß eine Dosis von 0,001 Sv (1 Millisievert) einen Krebstoten unter 100 000 Menschen fordert.

Das Hoch- und Niederrechnen von Katastrophenschäden folgt natürlich auch politischem Kalkül: Dabei steht der »Atomlobby«, die sicherlich nicht dazu neigt, die Risiken der Kerntechnik zu überschätzen, eine andere Lobby gegenüber, die Gutachten, Meßgeräte und Solartechnik verkaufen will. Von freihändig aufgestellten Schadensvermutungen, Befürchtungen und Behauptungen des Typs »Es läßt sich nicht ausschließen, daß...« leben mittlerweile Forschungsinstitute in stattlicher Anzahl. Doch vielen Journalisten ist anscheinend noch nicht aufgefallen, daß es neben den von ihnen ständig denunzierten »Vertuschern« auch professionelle »Aufbauscher« der Wirkungen von ionisierender Strahlung gibt.

Letztere konnten sich im Wintersemester 1995/96 sogar akademisch fortbilden. An der Bauhaus-Universität in Weimar hatte ein Projekt des Studiengangs Visuelle Kommunikation folgendes Thema: »Öffentlichkeit schaffen für die tickende Zeitbombe Tschernobyl«. Die Studenten sollten unter der Leitung von Pro-

fessor Werner Holzwarth, ehemals Geschäftsführer einer Werbeagentur, eine »Social-Marketing-Kampagne« entwickeln, die geeignet wäre, Druck auf Politiker auszuüben. So entstanden acht
Zeitschriftenanzeigen und sechs Werbefilme, die sogar mehrfach
im deutschen Fernsehen gezeigt wurden – Filme, deren Ziel und
Zweck wie bei jeder Reklame in reiner Agitation bestand. Professor Holzwarth war von seinen Studenten begeistert: Sie waren »so
aufgeladen, daß sie am liebsten gleich mit Kampagnen gegen die
gesamte Atomlobby angefangen hätten«.[48]

Foto-Fake mit Fetus

Eine Woche vor dem Tschernobyl-Jahrestag wartete das Magazin
der »Süddeutschen Zeitung« mit einer zehn Seiten langen »Bild-
strecke« auf, die einige dramatische Momente des Reaktorunglücks zeigte – authentische Aufnahmen eines tollkühnen Photo-
reporters namens Igor Kostin, der in leitender Stellung bei der
sowjetischen Presseagentur Novosti beschäftigt war. Die Bilder
kamen auf einem merkwürdigen medialen Mäanderweg ins Blatt,
was die Tatsache erklärt, daß sie technisch recht mangelhaft erscheinen, obwohl sie von einem Profi stammen. Und zwar hatte
Alexander Kluge den Photographen für eine seiner DCTP-Sen-
dungen interviewt und dabei auch dessen Dokumente abgefilmt.[49]
Interview und Bilder verarbeitete Kluge sodann zu einem Buch,
das im April 1996 unter dem Titel »Die Wächter des Sarkophags«
erschien. Die Vorab-Publikation einiger dieser Photos in aktuellen
Magazinen wie demjenigen der »Süddeutschen Zeitung« oder der
Wochenendbeilage des Wiener »Standard« war wiederum eine
Nebenverwertung des Buchs.

Mit sicherem Gespür für Schockwirkung setzten die Beteiligten
ans Ende der im »SZ-Magazin« gedruckten Folge von sieben
Farbaufnahmen die doppelseitig aufgemachte Großansicht eines
menschlichen Fetus, der in einer Erwachsenenhand liegt. Die da-
zugehörige Bildunterschrift war denkbar knapp, doch um so eindrucksvoller: »Fehlgeburt. Die Verkümmerungen sind Folge ra-

dioaktiver Verseuchung.« Die gleiche Behauptung wurde im Buch erhoben, wo dasselbe Bild, sechzehnmal kleiner und in Schwarz-weiß, reproduziert war. Erschüttern konnte der Anblick dieser »Fehlgeburt« allemal – zumindest jenen Teil des Publikums, der nicht in der Gynäkologie tätig und an das bizarre Aussehen von Feten und Embryonen nicht gewöhnt ist. Das tierschnauzenartige Gesicht, die übergroßen Augenhöhlen, die dürren, wie verkrüppelt wirkenden Gliedmaßen, der grotesk gewölbte Leib – alles an diesem kaum mehr als zeigefingerlangen Wesen war dazu angetan, bei einem fachkenntnislosen Betrachter die Verbindung »Fehlgeburt – Verkümmerungen – Strahlenfolgen« als evident zu etablieren.

Dabei war größte Skepsis angebracht, nicht nur wegen des Fehlens jeglicher Orts- und Zeitangabe, sondern vor allem, weil für Experten gar keine »Verkümmerungen« zu erkennen waren. Der drei Monate alte männliche Fetus besaß alle vier Extremitäten und war, soweit sich das trotz der Unschärfe der Aufnahme ausmachen ließ, auch sonst nicht mißgebildet. Auch der Freiburger Pädopathologe Professor Norbert Böhm, der in Deutschland führend bei der Untersuchung vorgeburtlicher Schäden ist, vermochte auf dem ihm vorgelegten Photo keine Anomalie zu sehen. Keinesfalls, erklärte er, decke das Bild die Aussage, daß es sich um eine Fehlgeburt mit Verkümmerungen infolge radioaktiver Verseuchung handele. Gerade die Erforschung der Ursachen von Mißbildungen ist ein äußerst schwieriges Unterfangen. Denn bei Mißbildungen läßt sich wie bei Krebs die Behauptung von Strahlenfolgen nur im epidemiologischen Vergleich erhärten. Es gibt aber keine verläßlichen Daten, die einen Anstieg der Mißbildungs-häufigkeit nach dem fatalen Apriltag des Jahres 1986 in Weißruß-land und der Ukraine ausweisen.

Was also trägt das bis zur Unkenntlichkeit vergrößerte Photo einer toten Leibesfrucht, dargeboten auf einer Farb-Doppelseite des angesehenen »SZ-Magazins«, zur Aufklärung über die Atom-kraft bei? Die Frage scheint Alexander Kluge jäh durchzuckt zu haben, als ihn die Bitte um nähere Angaben zu Herkunft und Zustandekommen dieses Bilds erreichte. Leider, so teilte er mit, habe er seit anderthalb Jahren keinen Kontakt mehr mit dem Photographen Kostin in Kiew gehabt und auch gegenwärtig (im Mai 1996) sei es ihm nicht möglich, ihn zu erreichen. Allerdings könne einzig Kostin Auskunft geben, wann und wo die Aufnahme entstanden sei, denn er selbst, erklärte Alexander Kluge, sei »nicht auf die Idee gekommen, [sich] da abzusichern«.[50]

So kommt es, daß ein unscharfes Photo, von dem niemand weiß, was darauf eigentlich abgebildet ist, unter der Firma eines renommierten Schriftstellers und Filmemachers als dokumentarisches Beweisstück für eine These durchgeht, die allen wissenschaftlichen Erkenntnissen und Feststellungen widerspricht. Greenpeace mußte 1994 immerhin eine Anzeige zurückziehen, auf der ein Kind mit einem Wasserkopf abgebildet war und die Behauptung stand, dies seien Folgen von sowjetischen Atomversuchen in Kasachstan. Die englische Advertising Standards Authority hielt dagegen, daß Atomversuche alle möglichen genetischen Schäden bewirken könnten, aber keine Wasserkopf-Mißbildungen. Die in der Reklamebranche übliche Vorsicht bei der Verwendung schriller Sätze zu schrillen Bildern scheint jedoch im Falle »dokumentarischer Berichterstattung« keineswegs üblich zu sein. Statt sich in einer so heiklen Angelegenheit doppelt und dreifach zu versichern, setzten Kluge und die Redaktion auf die ästhetische Suggestion. Da hat sogar die Unschärfe des Photos eine Funktion: vermittelt sie doch die flirrende Atmosphäre des Grauens und die Hektik des verbotenen Blicks.

Dabei bestand, als der Reporter Igor Kostin diesen Fetus knipste, zur Hektik gar kein Grund. Die »Fehlgeburt«, wenn es denn eine war (und keine Abtreibung), ereignete sich vier Jahre nach der Reaktorexplosion. Kostin, der übrigens in Kiew ganz leicht zu erreichen ist, wenn man nur seine Telephonnummer wählt, gibt zu dem Photo aber noch eine viel interessantere Auskunft: es handele sich nicht um eine mißgebildete Fehlgeburt, und nicht Strahlenschäden, sondern die Sozialmisere hätte den Abort verursacht. Damit ist Alexander Kluges Tschernobyl-Berichterstattung nicht nur extremer Nachlässigkeit überführt, man muß sie mit dem Prädikat »Fälschung« belegen.

Zweifelsohne gab es in den Monaten und Jahren nach der Reaktorkatastrophe Fehlgeburten, Abtreibungen sowie Mißbildungen in der engeren und weiteren Umgebung von Tschernobyl. Die Wahrheit ist, daß es sie auch vor dem Unfall gab. Nur wenn eine statistisch signifikante Erhöhung solcher Vorkommnisse nachweisbar wäre, könnte man gerechtfertigterweise von »Folge der Strahlung« sprechen. Dies ist nicht der Fall und nach den in Hiroshima und Nagasaki gewonnenen strahlenbiologischen Erfahrungen angesichts der in Tschernobyl freigesetzten Dosis auch nicht zu erwarten.[51] Aber das stumme Bild einer persönlichen Katastrophe (der tote Fet), und Kluges beredte Erinnerung an sein persönliches Erleben (»Wo bekommt man Milchpulver her, das garantiert aus der Zeit stammt, bevor der Regen kam?«) lassen jede rationale Überlegung schal und faul erscheinen. So entsteht mit Leichtigkeit eine Bild-Legende.

Kluge, auf die Fragwürdigkeit dieser visuellen Sensation angesprochen, gibt inzwischen zu, »daß man eine Distanz dazu hätte einbauen können im Text«.[52] Daß er sich allerdings scheut, zu diesem Thema selber Kostins Auskunft einzuholen, und den Kontakt mit dem Photographen als unmöglich hinstellt, hat einen durchaus banalen Grund: Der deutsche Filmemacher hat den ukrainischen Reporter über die Verwendung seiner Photos in Buch-, Zeitungs- und Zeitschriftpublikationen gar nicht unterrichtet, geschweige denn um Erlaubnis gebeten. Kostin, der nur zufällig davon erfuhr,[53] war außer sich und kündigte an, wegen der Urheberrechtsverletzung Klage gegen Kluge einzureichen.

Ersatzteilkinder – Die Legende vom Organraub

Zu den weltbekannten Kinderstars der Mattscheibe zählt seit 1993 der Kolumbianer Wenis Yeison Cruz Vargas. Wenngleich sein Name nur wenigen Fernsehzuschauern erinnerlich sein dürfte, werden viele sein Gesicht und seine furchtbare Geschichte nicht vergessen haben. Yeison, damals zehn, war in einem Film der französischen Journalistin Marie-Monique Robin zu sehen. Die Kamera verweilte lang auf seinem augenlosen Antlitz, denn das diente als bildlicher Beweis für eine schauderhafte These: Yeisons Augen, klagte seine Mutter, seien im Krankenhaus gestohlen worden.

Dabei, so lautete der Grundtenor des Films, habe der blinde Yeison Glück gehabt. Denn vielen Kindern in Kolumbien, Lateinamerika oder generell der Dritten Welt würden von verbrecherischen Ärzten nicht nur die Augen herausoperiert, sondern auch Organe wie Nieren, Leber oder Herz entnommen, um dann reichen Patienten in den USA eingepflanzt zu werden. Die Kinder würden von einer teuflischen Mafia gekidnappt, geschlachtet und ausgeweidet, mit ihren Organen werde ein schwunghafter Schwarzhandel getrieben.

Der Film, eine Koproduktion der französischen Gesellschaft Capa mit zwei kommerziellen Sendern in Spanien und Frankreich, hatte enormen Erfolg. Mehr als ein Dutzend Fernsehanstalten strahlten ihn aus, so auch die ARD im Abendprogramm am 29. Oktober 1993.[54] Marie-Monique Robin erhielt dafür mehrere Auszeichnungen, zuletzt, im Mai 1995, den renommierten »Prix

Albert Londres«[55]. Nur etwas widerspricht dem Bild einer ebenso mutigen wie profunden, wenngleich in ihren Ergebnissen entsetzlichen Reportage: Nichts daran ist wahr, die ganze Story ist purer – allerdings gefährlicher – Humbug.

»Es steht mit Sicherheit fest, daß das von uns untersuchte Kind noch seine Augäpfel besitzt und daß diese während des gesamten Verlaufs seiner Krankheit zu keinem Zeitpunkt herausgenommen wurden«, erklärten drei Pariser Mediziner, nachdem sie Yeison im August 1995 untersucht hatten. Professor Gilles Renard ist Ophtalmologe am Pariser Hôtel-Dieu, Professor Marc Gentilini Spezialist für Infektions- und Tropenkrankheiten am Krankenhaus Pitié-Salpêtrière und Professor Alain Fischer Immunologe am Kinderkrankenhaus Necker. Sie bestätigten, daß der Junge im frühen Kindesalter durch eine beidseitige Augeninfektion erblindet sei, wie es aus den Krankenakten des kolumbianischen Krankenhauses Salazar de Villeta hervorgeht.

Yeison war am 23. Januar 1983 im Alter von knapp vier Monaten mit schwerer Diarrhöe, Bronchopneumonie und Unterernährung dritten Grades eingeliefert worden. Solche Krankheitsbilder sind in Entwicklungsländern alles andere als selten. Die Ärzte in Villeta behielten Yeison drei Wochen lang, doch als sich trotz Penicillinbehandlung eine eitrige Hornhautentzündung zeigte, bestellten sie am 11. Februar einen Krankenwagen und schickten die Mutter mit dem Kind zur Universitäts-Kinderklinik von Bogotá. Dort erfuhr die Frau, daß wahrscheinlich das Augenlicht ihres Sohnes nicht zu retten sei. Bis zum 24. Februar blieb Yeison in stationärer Behandlung.

In den Worten der preisgekrönten Journalistin Marie-Monique Robin klingt die Geschichte freilich etwas anders: »Die Familie lebt in einem Slum, 200 Kilometer südlich von Bogotá. Mit acht Monaten [!] erkrankt Yeison an Diarrhöe. Luz [seine Mutter] bringt ihn ins öffentliche Krankenhaus von Villeta. Ein Arzt schlägt ihr vor, den Säugling »für eine Transfusion« dazulassen. Am nächsten Tag [!] hat er über der Stelle, wo einmal seine Augen waren, einen Verband; die Wunde blutet stark. Die Mutter protestiert; man antwortet ihr, das Kind werde »sowieso sterben«. Luz nimmt Yeison und bringt ihn nach vierstündiger Busfahrt [!] in ein öffentliches Krankenhaus nach Bogotá. Dort erklärt man ihr, daß der Kleine zwar geheilt werden könne, aber für immer blind bleibe. – ›Wir konnten nichts tun, wir hatten kein Geld, um einen Anwalt zu bezahlen‹, sagt Luz mit gebrochener Stimme. ›Als ich zurückkehrte, um Yeisons Krankenakte zu verlangen, erklärte man mir, sie sei verbrannt.‹«

Das medizinische Dossier, für das sich die ungebildete Frau aus dem Slum erstaunlicherweise interessierte, ist nicht verbrannt. Nachdem Yeisons Geschichte in immer phantastischeren Abwandlungen um die Welt ging, ordnete der Generalstaatsanwalt von Kolumbien 1993 eine amtliche Untersuchung des Falles an, bei auch die Originaldokumente der betreffenden Krankenhäuser herangezogen wurden – sehr zum Ärger von Marie-Monique Robin, die sich darüber beschwert, daß ihr nicht von vornherein freier Zugang zu den Patientenakten gewährt worden sei.

Es passiert relativ selten, daß journalistischer Humbug so vollständig und schlagend widerlegt wird. Es darf sogar als ausgesprochener Glücksfall gelten, daß es möglich war, ein amtliches Dossier vorzulegen und den Jungen nach Paris zu fliegen, um ihn von drei Fachärzten, deren Ruf über jeden Zweifel erhaben ist, untersuchen zu lassen. Man sollte annehmen, daß sich die Story vom kriminellen Augenklau im Falle Yeisons damit ein für allemal erledigt hätte. Doch weit gefehlt! Am 18. März 1996 erhielt die 27jährige Brasilianerin Ana Beatriz Magno da Silva aus der Hand des spanischen Königs Juan Carlos den nach ihm benannten und von der amtlichen Nachrichtenagentur EFE finanzierten Journalistenpreis für eine sechsteilige Artikelserie in der Zeitung »Correio Braziliense«.

Deren Chefredakteur Ricardo Noblat hatte im Vorspann dazu angekündigt: »Das, was Sie auf dieser und den folgenden Seiten in den nächsten Tagen lesen werden, ist ein fürchterlicher, schockierender, aber völlig wahrer Bericht über eines der perversesten Verbrechen, das routinemäßig in allen Teilen der Dritten Welt begangen wird: der Kinderhandel, die Entführung im Dienste einer Organtransplantationsindustrie, die aufgebaut wurde, um in Europa und den USA solchen Kranken zu helfen, die für eine Niere, eine Hornhaut oder ein Herz viel Geld bezahlen können.«[56]

Natürlich kam in dieser sensationellen Serie auch der kleine Yeison vor. Doch jetzt klang seine Geschichte etwas anders: »Der Junge war zehn Jahre alt, als er sein Augenlicht verlor. Mit seinem letzten Blick sah er seinen Henker. Es geschah im April 1993 im Krankenhaus von Villeta, einer kleinen kolumbianischen Stadt unweit von Bogotá. Er war mit Brechdurchfall und Schmerzen eingeliefert worden, aber er war ein normales Kind. Als er entlassen wurde, hatte er keine Augen mehr. Anstatt seinen Durchfall zu heilen, hatten ihm die Ärzte die Hornhäute geraubt.«

1993 stand Yeison zwar ohne Brechdurchfall und Schmerzen vor Marie-Monique Robins Kamera, aber das war für die brasilianische Nachwuchsjournalistin ebenso unerheblich wie die Tatsache, daß die ganze Story zu der Zeit, als sie ihr grelles Rührstück schrieb, längst dementiert war. Die preisgekrönte Brasilianerin Magno hatte, wie sie später eingestand, Yeisons Fall denn auch gar nicht selbst recherchiert, sondern sich von ihrer preisgekrönten Kollegin Robin in Paris erzählen lassen. Durch dieses Verfahren verlor die Geschichte zwar die letzten Bezüge zur raumzeitlichen Realität, aber dafür gewann sie enorm an Präzision in Nebensächlichkeiten. Zum Beispiel erfuhren die brasilianischen Leser, daß Yeison »mit der den Blinden eigenen Sensibilität« auf der Flöte spielt. Und was spielt er? Den Schlußchoral von Beethovens Neunter.

Marie-Monique Robin vermarktete indessen ihr Augen-Opus munter weiter, zuletzt sogar in Buchform.[57] Im November 1994 erschien eine schriftliche Fassung in der spanischen Ausgabe der Zeitschrift »Marie Claire«, wo Yeison zur Abwechslung als Achtjähriger sein Augenlicht verlor. »Die Hornhäute von Kindern unter sieben Jahren«, erklärte sie dazu beflissen, »sind einfach von schlechterer Qualität. Deswegen haben die meisten der zu diesem Zweck gekidnappten Kinder dieses Alter.« Ebenfalls um acht Jahre daneben lag Ana Beatriz Magno mit ihrer Schilderung des »Falles Pedro Reggi«. Auch ihm sollen die Augen herausgenommen und die Hornhäute entfernt worden sein, und zwar in einer psychiatrischen Anstalt in Argentinien. Auch diese Geschichte ging zunächst in Form einer Fernsehreportage um die Welt.[58] Auch hier folgte ein ebenso entschiedenes wie weitgehend folgenloses Dementi.

Vier Tage nach der BBC-Sendung wies Reggis Halbbruder im argentinischen Fernsehen die ganze Horrorstory zurück und teilte mit, Pedro sei an einer Infektion erblindet, was die Ophtalmologin Dr. Patricia Rey vom Lagleyze-Krankenhaus in Buenos Aires, wo er als Kind behandelt worden war, gestützt auf die Patientenakte, bestätigen konnte. Nachdem Marie-Monique Robin den blinden Argentinier aus der psychiatrischen Andtalt ebenfalls als Zeugen für die niederträchtigen Machenschaften der Hornhaut-Mafia aufgeboten hatte, verhedderten sich die journalistischen Abschreibspuren vollends – bis dann schließlich in dem spanischen Blatt »Diario 16« Pedro Reggi als Flötenspieler auftauchte, wobei die Leser nicht im unklaren darüber gelassen wurden, welche Musik er spielt: den Schlußchoral von Beethovens Neunter.[59]

Bei der amerikanischen Informationsbehörde USIA (United States Information Agency) in Washington beschäftigt sich seit zehn Jahren ein Mann mit den Verbreitungswegen der Legende vom Organdiebstahl. Er heißt Todd Leventhal und trägt den eindrucksvollen Titel »Program Officer for Countering Disinformation and Misinformation«. Seit zehn Jahren versucht er etwas im Grunde Unmögliches: nämlich die Nichtexistenz einer Sache zu beweisen. Sein Arbeitsfeld ist das Spiegelkabinett des internationalen Medienbetriebs, wo die Dinge, jeglicher Faktizität enthoben, phantastisch verzerrt und unendlich vervielfältigt, zu puren kommunikationsästhetischen Erscheinungen werden. Diesen Erscheinungen geht Leventhal nach, ortet Quellen, besucht Zeugen und spricht mit Multiplikatoren. Das Ergebnis war in zehn Jahren intensiven Forschens stets dasselbe: Kein einziger der vielen schrecklichen Berichte über die international organisierte Babymetzgerei zum Zwecke der Organgewinnung hielt einer Überprüfung stand.

Freilich wird gerade dieser Mangel an Beweisen oft als besonderes Indiz für eine Verschwörung gigantischen Ausmaßes genommen. Denn »die unendliche Legende« (»Die Zeit«[60]), »the global lie that cannot be silenced« (»The Sunday Times«[61]), ist die modernisierte Version einer uralten Sage. In ihr verbinden sich, wie die französische Volkskundlerin Véronique Campion-Vincent ausführlich dargestellt hat,[62] archetypische Ängste vor Tod und Verbrechen mit allgemeinen Aversionen gegen die High-Tech-Medizin sowie gegen die Macht des Geldes. Kein Wunder, daß diese Legende im Kalten Krieg ein prächtiges Instrument antikapitalistischer Propaganda abgab. Kein Wunder auch, daß man sich in den Vereinigten Staaten damit so gründlich auseinandersetzt. Denn die Vorstellung von »reichen Amerikanern« als Nutznießern des Innereienraubs in der Dritten Welt ist von Anfang an integrierender Bestandteil der Legende.

Nachdem die Story 1987 erstmals in Honduras aufgetaucht war, erkannte der KGB ihr fabelhaftes Agitationspotential und kümmerte sich um alles weitere. Im Geheimdienstler-Jargon heißt so etwas »psy-op« (»psychological operation«). Dabei waren es keineswegs nur kommunistische Organe, welche die gruselige Organ-Geschichte druckten, aber sie sorgten als Relaisstationen dafür, daß die Zirkulation nicht unterbrochen wurde, und versahen sie von Zeit zu Zeit mit neuen Ausschmückungen.

Auch in Honduras begann alles mit den Augen. Ein gewisser Leonardo Villeda Bermudez, ehemaliger Sekretär des staatlichen Wohlfahrtsrates, hatte am 2. Januar 1987 in einem Zeitungsinterview behauptet, amerikanische Adoptiveltern ließen Kindern aus Honduras die Augen herausnehmen »und an andere Kinder weitergeben, die neue Augen brauchten«.[63] Tags darauf stellte er klar, daß er sich mißverständlich ausgedrückt und bloß ein ihm von Sozialarbeitern zugetragenes Gerücht wiedergegeben habe, für dessen Wahrheit er keinerlei konkrete Anhaltspunkte besitze. Doch da war es bereits zu spät: Die unerhörte Meldung lief via Reuters in die Welt hinaus, und der Widerruf fand bei weitem nicht dasselbe Echo. In Kuba und Nicaragua stürzte sich die Presse sofort auf Bermudez' angebliches Bekenntnis; ein paar Wochen später griff die »Prawda« die Geschichte auf und ließ ihren Korrespondenten aus Mexiko vermelden, daß »Tausende von Kindern in die USA verfrachtet wurden, wo sie für die Kinder reicher Eltern als Organspender herhalten: Augen, Nieren, Herzen – alles, was sich transplantieren läßt, wird feilgeboten«.[64] Noch eine Woche später spann »L'Humanité«, die Parteizeitung der französischen Kommunisten, die Geschichte unter dem Titel »Kinderherzen zu verkaufen«[65] weiter; der Text stammte von der Kuba-Korrespondentin des Blattes, Maite Piñero.[66]

Zwischen diesem Artikel und jenem, den Maite Piñero 1992 in der Augustnummer von »Le Monde Diplomatique« veröffentlichte, liegen mehr als fünf Jahre. Doch die inzwischen nach Paris zurückgekehrte Journalistin erzählte all die alten Schauermärchen unverändert noch einmal – angefangen mit den vermeintlichen Äußerungen des Leonardo Villeda Bermudez. Als Autorin der angesehenen Monatsschrift »Le Monde Diplomatique« wurde Maite Piñero nachgerade zu einer Autorität in Sachen Organdiebstahl. Jedenfalls berief sich Ana Beatriz Magno in ihrer zwei Jahre später erschienenen »Correio Braziliense«-Serie ausdrücklich auf sie als Informantin. Und wiederum zwei Jahre später bekam Ana Beatriz Magno, deren wild zusammenphantasierte Texte von der USIA bloßgestellt worden waren,[67] nicht nur den Journalistenpreis des spanischen Königs, sondern auch entschiedene Rückendeckung durch eine alte KP-Connection: Jean-François Téaldi, leitender Redakteur im Landesstudio Nizza des französischen Fernsehens »France 3« und Vizepräsident der »Internationalen Journalisten-Organisation« (IOJ) mit Sitz in Prag, gab ein gepfeffertes Kommuniqué heraus, in dem er insinuierte, die Vereinigten Staaten hätten in bezug auf Organraub wohl doch etwas zu verbergen, wenn sie gegen die Auszeichnung von Frau Magno protestierten. Daß die »Internationale Journalisten-Organisation« im Frühjahr 1996 überhaupt noch in Prag firmierte, ist übrigens verwunderlich genug: Bereits 1992 hatte der Innenminister dieser einst vom KGB und dem tschechoslowakischen Geheimdienst aufgezogenen »Journalisten-Organisation« die Niederlassungsbewilligung entzogen.

Daß Falschmeldungen um die Welt gehen, indem ein Journalist vom anderen abschreibt, daß durch falsches Abschreiben gelegentlich noch etwas Komik in die Sache kommt und daß kompletter Humbug gegen nachfolgende Richtigstellungen nahezu immun ist, gehört zu den Grundtatsachen des Medien-Metiers. Doch bei der Legende vom Baby-Organhandel kommt als Besonderheit in der Verbreitungskette das Wirken offizieller Stellen und internationaler Organisationen wie des Europaparlaments oder der UN-Menschenrechtskommission hinzu.

Am 14. September 1993 verabschiedete das Europäische Parlament eine Resolution, in deren Präambel von »Beweisen« die Rede ist, »daß Ungeborene, Kinder und Erwachsene in manchen Entwicklungsländern verstümmelt oder ermordet werden, damit man an ihre Organe zum Zweck des Exports in reiche Länder gelangt«. Die Resolution beruhte auf einem Kommissionsbericht, für den der französische Abgeordnete Léon Schwartzenberg verantwortlich zeichnete. Schwartzenberg, ein Medizinprofessor, dem der »Ordre des médecins«, die Standesorganisation der französischen Ärzteschaft, die Zulassung entzogen hatte und der als Gesundheitsminister unter dem sozialistischen Regierungschef Rocard einen Rekord für die kürzeste Amtszeit aufstellte – er mußte nach neun Tagen zurücktreten, weil er gleich auf seiner ersten Pressekonferenz höchst unausgegorene Reformprojekte (freier Aktenzugang für Patienten, Abgabe von Ersatzdrogen an Abhängige) verkündet hatte[68] –, Schwartzenberg schöpfte sein sicheres Wissen über die diabolischen Machenschaften an Dritte-Welt-Babys zugunsten »reicher Länder« allerdings aus einer ziemlich trüben Quelle. Es war – nach seinen eigenen Angaben – der Artikel in »Le Monde Diplomatique« von Maite Piñero. Doch da Gewißheiten oft umgekehrt proportional zum sicheren Wissen wachsen, fügte Schwartzenberg in seinen Bericht ans Parlament gleich ein starkes Bekenntnis ein: »Die Existenz dieses Organhandels zu bestreiten kommt der Leugnung der Existenz von Gaskammern während der Nazizeit gleich.«

Durch die Resolution des Europäischen Parlaments gewann die finstere Legende natürlich neues Renommee. Beispielsweise stützte sich darauf der Genfer Jurist Eric Sottas, der in seiner Eigenschaft als Vorsitzender der »Internationalen Organisation gegen die Folter« einen substanzlosen, aber vielzitierten drei-zehnseitigen Report über Organhandel[69] verfaßte und – natürlich – der Filmemacherin Marie-Monique Robin mit einer Ehrenerklä-rung beisprang, als nach der Vergabe des »Prix Albert Londres« doch einige Zweifel laut wurden, ob man mit ihr wirklich die »beste Reporterin« des Jahres gekürt habe.

Unterdessen war der thailändische Rechtsanwalt Professor Vitit Muntarbhorn nach gut vierjähriger Arbeit mit seinem Schlußbe-richt über die weltweite Ausbeutung von Kindern an die UN-Menschenrechtskommission fertiggeworden. Als »Special Rap-porteur« der Vereinten Nationen hatte er schon 1991 geschrieben: »Die Gerüchte [über Organraub] mehren sich und die Dementis ebenfalls« – als könne man beides auf eine Stufe stellen: das bloße Hörensagen und die Resultate intensiver Nachforschungen. Für eigene Recherchen verfügte sein Büro im übrigen gar nicht über die nötigen Mittel.[70] So verließ sich Vitit Muntarbhorn im wesent-lichen auf das durch Presse, Funk und Fernsehen wohlbekannte Repertoire von Falschmeldungen und kam 1994 zu dem fatalen Schluß: »Es besteht zunehmend Gewißheit, daß ein Markt für Kinderorgane existiert.«[71]

Mit dieser völlig aus der Luft gegriffenen Behauptung eines Mitglieds einer Kommission des Rates für wirtschaftliche und soziale Fragen (Ecosoc) der Vereinten Nationen (deren Dienst Vitit Muntarbhorn nach der Erstellung seines Schlußberichts quit-tierte), bekam die ewige Legende ein weiteres offizielles Gütesie-gel, das einerseits auf nichts als Zeitungsenten beruhte und ande-rerseits weiteren Zeitungsenten Vorschub leistete. Selbst vor Ge-richt erwies sich dieses Gütesiegel als recht nützlich: Im Januar 1996 wies das Pariser »Tribunal de Grande Instance« eine Klage der kolumbianischen Augenklinik »Instituto Barraquer de Ame-rica« gegen Marie-Monique Robin mit dem Hinweis zurück, daß »der Organhandel eine von internationalen Stellen anerkannte Realität« sei.[72] Die Fernsehjournalistin habe daher durchaus be-rechtigterweise die Frage nach der Herkunft von in der Klinik verwendeten Hornhauttransplantaten gestellt. Auch daß sie dabei statt Tatsachen nur Suggestionen bot – sie filmte die Klinik von außen, bezeichnete sie als »Bunker« und zeigte einen Stacheldrahtverhau, der in Wirklichkeit zum Parkplatz gehört – fand das Gericht in Ordnung: Die Verantwortlichen des Weltruf genießenden »Instituto Barraquer de America« seien an der verzerrten Darstellung selbst schuld, da sie sich geweigert hätten, Frau Robin zu empfangen.

Sollte diese Auffassung nicht von einer höheren juristischen Instanz korrigiert werden, hätte der Fernsehjournalismus – zumindest in Frankreich – eine neue Qualität erreicht: Wer sich nach dreimaliger Aufforderung nicht der Kamera stellt, hätte demnach seinen guten Leumund und seine bürgerlichen Ehrenrechte verwirkt.

Kolumbien ist, was die Augenheilkunde betrifft, mitnichten ein Entwicklungsland. Gerade für Hornhautverpflanzungen gibt es dort berühmte Fachleute: zum Beispiel den heute 84jährigen Gründer des »Instituto Barraquer de America«, Professor José Ignacio Barraquer-Moner. Viele der knapp 200 Ophtalmologen, die in Kolumbien Transplantationen durchführen, waren seine Schüler. Es ist absurd zu glauben, irgend jemand in Kolumbien hätte für die eitrig infizierten Augenhornhäute eines knapp vier Monate alten Säuglings eine kommerzielle Verwendungsmöglichkeit gehabt, da nur vollkommen gesundes Gewebe für Verpflanzungen in Frage kommt und Hornhäute von Kindern unter sechs Jahren sowieso nicht geeignet sind. Noch absurder ist es, den oder die Endabnehmer in den Vereinigten Staaten zu vermuten. Denn die USA exportieren menschliche Hornhäute, anstatt sie zu importieren – die Hälfte davon nach Lateinamerika und in den meisten Fällen gratis.[73]

Auf diese Hilfe ist Kolumbien inzwischen nicht mehr angewiesen. 1988 wurde ein Transplantationsgesetz verabschiedet, das die Möglichkeiten medizinischer Organentnahme von Toten beträchtlich erweiterte. Nach dem (auch in manchen US-Bundesstaaten und anderen Ländern gültigen) Prinzip der impliziten

Zustimmung gilt jeder Verstorbene, von dem kein gegenteiliger Wille bekannt und kein Angehöriger mit einer entsprechenden Erklärung aufgetreten ist, als potentieller Organ- beziehungsweise Gewebespender. Da in Kolumbien durchschnittlich 40 000 Menschen pro Jahr durch Gewalttaten umkommen, ist das Land mit transplantierbaren Hornhäuten jeder gewünschten Art und Qualität recht gut versorgt. Im Unterschied zu inneren Organen lassen sich Hornhäute auch noch Stunden nach Eintritt des Todes von der Leiche gewinnen. Dies alles bedeutet, daß es keinerlei Sinn machen würde, Kinder auf der Straße einzufangen – von Krankenhauspatienten ganz zu schweigen –, um ihnen »die Augen zu entfernen«.

Aber dann vielleicht Herz, Nieren oder Leber? Die preisgekrönte Reporterin Ana Beatriz Magno berichtet aus Brasilien folgendes: P. Oliveira, vier Jahre alt, Sohn von Francisco und Lucia Oliveira, wurde am 21. Dezember 1993 vom Spielplatz des Kaufhauses »Barrashopping« in Rio de Janeiro entführt. 25 Stunden später, am 22. Dezember gegen fünf Uhr nachmittags, teilte eine Frau mit ausländischem Akzent den Eltern telephonisch mit, daß ihr Sohn von einer Putzfrau des Kaufhauses gefunden worden sei. Die Eltern fanden ihren Sohn sehr müde vor und entdeckten an ihm eine Narbe. Eine Röntgenaufnahme bestätigte ihren schlimmen Verdacht: Dem Kind fehlte eine Niere. Weil sie in der Folge Drohungen per Telephon erhielten, unterließen sie es, die Polizei einzuschalten, und zogen vor Angst aus Rio de Janeiro weg.

Dies ist eine klassische Erzählung. Sie findet sich mit nur unwesentlichen Abwandlungen im modernen Sagenschatz vieler Länder und Kulturen.[74] Auch aus Istanbul oder Bangkok bringen westliche Touristen ähnliche Kunde heim, meist in Form einer »FOAF-Tale«, wie Gerüchte aus dritter Hand in der Volkskunde genannt werden: eine »Friend-of-a-friend-Geschichte«. Oft handeln sie von reiselustigen Teenagern, denen an einer fremden Straßenecke ein paar Stunden oder Tage abhanden kamen. Oft ist auch von einem Bündel Dollarnoten, die ein solches Kind plötzlich in Händen hält, die Rede. Allein das sollte stutzig machen: Angenommen, die Betreffenden wären tatsächlich einer Mafia von Organräubern, von deren Existenz Journalisten, humanitäre Organisationen und Pariser Richter überzeugt sind, zum Opfer gefallen, angenommen, man hätte ihnen auf verbrecherische Weise ein inneres Organ entfernt, so würden sie von solchen Gangstern wohl kaum lebend und mit einer kleinen Summe Bargeld als Entschädigung entlassen werden.

Freilich gibt es Menschen, die bereit sind, eine Niere zu verkaufen. In Indien und anderen Ländern, wo die medizintechnologische Infrastruktur fehlt, um etwa die Organe Unfalltoter in brauchbarem Zustand zu erhalten und in die entsprechenden Kliniken zu transportieren, ist dies gängige Praxis.[75] Die meisten auf dem Subkontinent verpflanzten Nieren stammen von Lebenden, die nicht selten aus Armut zu Gebern wurden – was sicherlich ethisch bedenklich ist. Doch gerade weil sich dort auf eine simple Zeitungsannonce hin jede Menge freiwillige »Verkäufer« melden, hat es mit Sicherheit kein Arzt nötig, zu dem auch in medizinischer Hinsicht riskanten Mittel von Raub und Gewalt zu greifen.

Denn eine Nierentransplantation ist eine komplizierte Sache. Allein die Extraktion der Spenderniere dauert mindestens vier Stunden, an die hundert Blutgefäße müssen dabei verschlossen werden. Die serologischen Vortests nehmen nochmals mehrere Stunden in Anspruch. Auf keinen Fall kann die Operationswunde nach einem Tag vernarbt sein kann. Selbst eine Woche würde nicht ausreichen. Insgesamt sind bei einer Organverpflanzung zehn bis zwanzig Personen zugegen – Chirurgen, Krankenschwestern und Hilfspersonal. Die kriminalistische Erfahrung lehrt, daß ein verbrecherisches Tun mit so vielen Mitwissern, welches zudem – legt man die in der Presse gängigen Vermutungen über Organdiebstahl zugrunde – so häufig vorkommt, nicht lange verborgen bleibt.

Was würden gerissenere Journalisten, gestützt auf mächtigere Recherche-Instrumente, als diejenigen, die sich des scheußlichen Themas stets so liebevoll annehmen, nicht darum geben, einen einzigen der unzählig vielen vermuteten Fälle von Verstümmelung und Nierenklau in den letzten zehn Jahren hieb- und stichfest nachweisen zu können? Allein, sämtliche Anstrengungen waren vergeblich, und die Gründe dafür liegen in der Sache selbst. Um hinter die Wahrheit zu kommen, braucht man nicht mit einer Filmcrew nach Indien oder Kolumbien zu fliegen. Es genügen logisches Denken und medizinisches Wissen. Jedenfalls gehört schon eine große Portion Ahnungslosigkeit dazu zu glauben, daß man Menschen auf gut Glück eine Niere entnehmen und sie dann zwei Tage später an irgendeiner Straßenecke wieder aussetzen könne.

Literarisch mag die Vorstellung einiges hergeben, zumal in der lateinamerikanischen Tradition des »magischen Realismus«.[76] Doch damit hatte Jutta Ditfurth überhaupt nichts im Sinn, als sie unlängst ihren ersten Roman schrieb. Er handelt von Babymord und Organraub, und »um juristischen Auseinandersetzungen vorzubeugen, weist die Autorin darauf hin, daß die Ereignisse in diesem Buch – abgesehen von gewissen [...] Einzelheiten [...] über Kinderhandel und Organraub – reine Phantasie sind. In Wahrheit sind einige der grausamsten Vorkommnisse keineswegs aus der Luft gegriffen, sie sind derzeit nur nicht beweisbar«.[77] Die Journalistin, Ex-Abgeordnete des Deutschen Bundestags und Galionsfigur der »Ökologischen Linken«, kann, obwohl sie angeblich »sehr viel Informationen darüber hatte, [...] nicht alles belegen. Sowohl was den Handel als auch die Experimente an Säuglingen angeht«.[78]

So geht Volksaufklärung in den Medien endlich doppelt krumme Wege: Reportagen erweisen sich als Fiktionen, und Fiktionen wollen als Tatsachenberichte gelesen werden. Auf die Mattscheibe kommt schließlich beides: Aus Jutta Ditfurths Thriller wird ein zweiteiliger Fernsehfilm. Das einzige, was nicht Fiktion ist, sind die Folgen dieser in die nobelsten moralischen Gewänder gekleideten Gegenaufklärung: In Frankreich gingen nach der (zweimaligen) Ausstrahlung des Robin-Werks die Hornhautspenden um 90 Prozent zurück. In Guatemala wurde eine Amerikanerin halbtot geprügelt, weil der Mob glaubte, sie wolle ein Kind entführen. Internationale Adoptionen, die – das ist wahr – in den USA von kommerziellen Agenturen vermittelt werden, kamen in einigen der ärmsten Länder zeitweise fast zum Erliegen. Die Kinder, für die bereits wohlsituierte amerikanische Familien gefunden waren, blieben in den Waisenhäusern der Dritten Welt.

Die Solidaritäter

[...] alles, was sich heute als »guter
Mensch« fühlt, ist vollkommen
unfähig, zu irgendeiner Sache anders
zu stehn als unehrlich/verlogen,
abgründlich/verlogen, aber unschul-
dig/verlogen, blauäugig/verlogen,
tugendhaft/verlogen.

Nietzsche

Wenn auf dem Mond ein Unrecht geschähe, wüßte man wahrscheinlich in Berlin zuerst davon. In Berlin oder in Frankfurt, in Darmstadt oder Heidelberg – oder wo immer die Deutsche Gesellschaft gegen Unrecht auf dem Mond ihr Domizil hat. Denn die Deutschen kümmern sich wie niemand sonst um Übelstände anderswo; ihre Sensibilität für Menschenrechtsverletzungen, Umweltsünden und soziales Elend ist weltberühmt.

Außerdem sind sie in der Regel gut organisiert. Die Franzosen glauben zwar noch immer, sie hätten die Verteidigung der Menschenrechte seit 1789 exklusiv gepachtet, doch trotz ihrer brillanten Rhetorik kommen sie gegen den unerbittlichen teutonischen Betroffenheitsfuror nicht an. Die Medien spielen dabei eine wesentliche Rolle. Der Wert des modernen Menschen bemißt sich nach seiner Bekanntheit in der Öffentlichkeit. Edelmut alleine reicht nicht, er muß auch allgemein auffallen. Deshalb entlädt sich das Potential des Guten in immer spektakuläreren Aktionen. Und deshalb bekommen wir in letzter Zeit immer exotischere Fälle vorgeführt.

Zwei Namen mögen verdeutlichen, was damit gemeint ist: Taslima Nasrin und Mumia Abu Jamal. Die beiden haben eigentlich so gut wie nichts gemeinsam: Die eine stammt aus Bangladesch, der andere aus den USA; die eine kämpft gegen den Islam, der andere gegen die bürgerlichen Freiheiten des Westens; die eine bekam Morddrohungen, der andere ist ein Mörder. Doch eine Verbindung gibt es, ihren Beruf: Sie sind beide Journalisten, beziehungsweise – was viel besser klingt – Schriftsteller.

Als solche wurden sie – auch das ist eine Gemeinsamkeit – binnen kürzester Zeit zu internationalen Superstars, und zwar sozusagen aus dem Nichts. Niemand außer den Hörern eines Lokalradios in der amerikanischen Provinz oder den Angehörigen der lesenden Bevölkerungsschicht Bangladeschs hatte den Vorzug, sie zu kennen, bis daß ihnen ein Unrecht widerfuhr, das ihnen fernab in Europa eine – höflich gesprochen – inkommensurable Aufmerksamkeit verschaffte. Diese erstaunliche und faszinierende Tatsache führte in der Folge zu solch grotesken Konstellationen, daß man ein wenig weiter ausholen muß, um den methodischen Wahnsinn unseres Kommunikationszeitalters wenigstens in groben Linien zu verdeutlichen.

Der Mechanismus des guten Gewissens angesichts von schlechten Nachrichten ist so alt wie die Menschheit. Neu ist aber die globale Dimension dieses Meldewesens. Die alberne Vorstellung mancher Soziologen, die ganze Welt werde durch moderne Kommunikations- und Transportsysteme zu einem Riesendorf zusammenwachsen, verwirklicht sich höchstens insofern, als nutzlose Nullbotschaften in einem noch nie dagewesenen Ausmaß zirkulieren. Das ist nicht nur in bezug auf Menge oder Tempo wahr, sondern auch und vor allem geographisch. Da das Entlegene stets großen Sensationswert hat, berichten Presse, Funk und Fernsehen über weit entferntes Unrecht ausführlich und gern; es gilt sogar: je ferner, desto gerner. So kommt es, daß die Leser, Hörer sowie Zuschauer sofort über die furchtbaren Zustände auf der erdabgewandten Seite des Mondes unterrichtet würden, sollte sich dort ein Unrecht anbahnen. Da ihre Einwirkungsmöglichkeiten auf die lunaren Mißstände jedoch ziemlich begrenzt sind, entsteht aus einem vagen Unbehagen und einer ganz handfesten Ignoranz so etwas wie ethischer Überdruck.

Das läßt sich an einem Fallbeispiel eindrücklich demonstrieren. Die Ärztin und Autorin Taslima Nasrin, die sich in ihrer Heimat Bangladesch so unbeliebt gemacht hat, daß sie es vorzog, von Südasien nach Europa zu entfliehen, wo sie seitdem Vorträge hält, als Ehrengast an Konferenzen teil- und Preise und Stipendien entgegennimmt, war für die vielen Aktivisten, die ihr durch emsige Medienarbeit Prominenz verschafften, bis vor kurzem eine Unbekannte. Aber nach der Methode »Unbekannte helfen Unbekannten« (und werden dadurch selbst bekannt), krallten sich professionelle Solidaritäter in ihre eher armselige Karriere und verkauften sie als große Unrechtsstory. Wer sich erdreistete, die Story mit den gewöhnlichsten Mitteln des Journalistenhandwerks nachzurecherchieren, der beging ein ungeheures Sakrileg und erntete hysterische Halluzinationen wie die, er mache sich mit Mördern gemein und arbeite mit denselben Schemata wie finstere Fundamentalisten.[79]

Es gibt eine Art von Menschenrechtslogik, welche die ernsthafte Erörterung der Wahrheit zum Beispiel über die Zustände in Bangladesch gar nicht mehr zuläßt. Und es gibt eine Art von Menschenrechtskitsch, der darin besteht, sich mit der Gefährlichkeit des Schriftstellerberufs zu brüsten.

Gewiß, es ist nicht auszuschließen, daß irgendein Fanatiker das Fürchterliche tut. Zweifellos stünde dann der Kritiker mindestens als geistiger Mittäter da. Vor dieser »Deadline« im buchstäblichen Sinn kann man als Journalist nur zittern. Doch was passiert, wenn diese Deadline zur bestimmenden Perspektive der ganzen Arbeit wird, das sieht man mittlerweile deutlich: Die meisten Redakteure, denen eine x-beliebige Meldung über irgendein angebliches Unrecht auf dem Mond in die vor Betroffenheit klamm werdenden Finger kommt, haben nichts Eiligeres zu tun, als sie in Satz und Druck zu geben – nicht etwa, weil sie sich auf dem Mond auskennten, sondern weil sie das Gefühl haben, dadurch eine gute Tat zu vollbringen.

Da der Mut bekanntlich mit dem Abstand zur Gefahr wächst, sind die Solidaritäter wahre Helden. So sehr sie mit dem Risiko ihres Engagements kokettieren, wissen sie doch ganz genau, daß es nicht um Gewalt geht, sondern um Gesinnung. Die Solidaritäter verteidigen ihre Schützlinge nicht gegen Killerkommandos, sondern gegen Kollegenkritik. Da wandelt sich das branchenübliche Duckmäusertum auf einmal in kosmische Interventionsbereitschaft. Und was das Schönste ist: Wer die Moral hat, hat die Macht.

Nie läßt es sich besser gängeln, schikanieren, denunzieren als im Hochgefühl, damit Gutes zu tun, Verfolgten zu helfen, solidarisch zu sein. Man kommt auf diese Weise manchmal sogar in die Nähe prominenter Zeitgenossen, etwa als Unterzeichner eines gemeinsamen Appells. Und vielleicht wird man dann sogar selbst ein wenig prominenter. So wie man vielleicht auch etwas mehr Schriftsteller wird, indem man sich für Schriftsteller einsetzt. Jedenfalls herrscht in der Zunft der Schreibenden ein Solidaritätsandrang wie nirgends sonst. Von einem internationalen Bäckerparlament in Straßburg hat die Welt noch nicht gehört, ein internationales Schriftstellerparlament hingegen gibt es: Es soll Leuten, deren Beruf es ist, sich öffentlich zu artikulieren, die außerordentliche Chance bieten, sich öffentlich zu artikulieren. Wie pflegte doch unser liebster Philister, der alte Friedrich Theodor Vischer, zu schreiben? »Das Moralische versteht sich immer von selbst.«

Sprachlose, Ohnmächtige, Verfolgte –
Das Schriftstellerparlament

Die Ehre vieler Schriftsteller besteht darin, dem Fanatismus feind zu sein, indes sich viele andere Schriftsteller durchaus als Fanatiker hervortun. So war es schon immer. In der Antike legten sich manche Literaten mit ihren Regierungen an, und manche anderen betrieben mit Regierungshilfe die Eliminierung ihrer Konkurrenz. In der Neuzeit brachten manche die Aufklärung voran, und manche anderen hinderten sie daran. Auf die Idee, daraus eine Art parlamentarischer Legitimität abzuleiten, kam allerdings niemand – bis zu jenem Novembertag des Jahres 1993, als in Straßburg ein nettes Stelldichein von Autoren, das gerade zum fünften Mal stattfand, wegen Geldmangels aufgegeben werden mußte.

Der »Carrefour des littératures européennes« war wie so viele Literaturverantaltungen in der Provinz eine Mischung aus peinlicher Ambition und charmanter Atmosphäre. Im Zelt auf der Place Kléber ging es so laut zu, daß man von den Dichterlesungen kein Wort verstand; in der »Aubette«, einem Saalbau schräg gegenüber, fanden Diskussionen statt, bei denen schüchterne Studenten und rauschebärtige Revolutionäre die Autoren auf dem Podium zur Verzweiflung trieben. Doch abends verteilte man sich auf die gastlichen elsässischen Kneipen und kam bei Edelzwicker und Bäckeoffe zufällig und zwanglos neben Anthony Burgess oder Bohumil Hrabal zu sitzen.

1993 hatten die Veranstalter jedoch ihr Budget dermaßen überzogen und zudem so hohe Schulden aus früheren Jahren angehäuft, daß die Behörden die Notbremse zogen. Da dachte sich der

Direktor des »Carrefour«, Christian Salmon, ein neues subventionserheischendes Projekt aus: ein »Internationales Schriftstellerparlament«, für das der wegen einer »Arte«-Sendung gerade in Straßburg anwesende Salman Rushdie einen idealen Präsidenten abgab: Da er aus bekannten Gründen nur gelegentlich als Amtsträger in Erscheinung treten kann, hat der Generalsekretär der Institution weitgehend freie Hand. Und Generalsekretär wurde der in Paris ansässige Christian Salmon.

Das schriftstellerische Werk des Generalsekretärs des Internationalen Schriftstellerparlaments nimmt sich bescheiden aus. Nur ein Band von ihm ist in Frankreich lieferbar: Er besteht aus Interviews mit Václav Havel und Bohumil Hrabal. Ansonsten schreibt Salmon hin und wieder Zeitungsartikel wie jenen, in dem er den Holocaust mit der Vertreibung der Sudetendeutschen gleichsetzte und suggerierte, die Tschechen hätten 95 Prozent der mehr als drei Millionen Menschen zählenden deutschen Volksgruppe nach 1945 abgeschlachtet.[80] Bei seinen hochfliegenden Parlamentsplänen konnte Salmon, der zeitweise Milan Kunderas Assistent gewesen war, auf einen prominenten Pariser Unterstützerkreis zählen, zu dem vor allem Pierre Bourdieu gehört, ein Soziologe, der ein ganzes Buch lang darzulegen vermochte, daß Zahnärzte ihre Wohnungen anders einrichten als Industriearbeiter.

Die konstituierende Sitzung dieses von niemandem gewählten »Schriftstellerparlaments«, das somit in seiner demokratischen Qualität etwa der Volkskammer der DDR entspricht, verlief einigermaßen chaotisch. Man konstatierte »ständig zunehmende Aggressionen gegen Intellektuelle« und forderte, die Literatur solle sich frei von allen Pressionen politischer und wirtschaftlicher Macht entfalten und allen Formen der Orthodoxie widerstehen. Juan Goytisolo und Susan Sontag schlugen vor, die nächste Sitzung im belagerten Sarajewo abzuhalten. Friedrich Schorlemmer äußerte sich der ganzen Sache gegenüber skeptisch, Patrick Chamoiseau verließ türenknallend den Saal. Bourdieu, der einerseits ständig vor den Medien warnt und andererseits gern Chefredakteur sein möchte (seine erzlangweilige Kulturzeitschrift »Liber« wurde nach einigen in Italien, Frankreich, England und Deutschland vertriebenen Ausgaben wieder eingestellt) empfahl, die Modernität der Medien – bis hin zum Videoclip – zu nutzen.

Im Umgang mit den Medien zeigte Salmon ein Jahr später sein ganzes Talent: Als das Internationale Schriftstellerparlament im Februar 1994 in Lissabon (das gerade »Europäische Kulturhauptstadt« war und deshalb über ein Budget für derlei Initiativen verfügte) tagte, schloß er die mit Name-dropping und fabelhaften Vorankündigungen angelockte Presse in einem kleinen »coup de théâtre« von den Sitzungen aus – angeblich, weil Taslima Nasrin, von der die Welt in den folgenden Monaten noch hören sollte, keinen Presserummel duldete. Es bedurfte des geharnischten Protests von José Saramago, um die Maßnahme rückgängig zu machen, doch in den Korrespondentenberichten blieb ein bitterer Ton spürbar: Viele Journalisten stellten die Frage, wozu die neue Institution neben dem PEN-Club eigentlich diene.

In der Tat sind die Statuten der Organisation äußerst vage und ihr Aktionsprogramm mehr als diffus. Zum Beispiel wurde in Lissabon die Schaffung eines »internationalen Fax-Netzes« angekündigt, über das die Mitglieder kommunizieren könnten, als ob nicht jeder Faxgerätebesitzer ohnehin mit jedem anderen in Verbindung zu treten vermöchte. In den Zeitungen aller Länder, so verlautete ebenfalls, sollten »konzertierte freie Foren« eingerichtet werden, wobei niemand erklären konnte, was das sei. Es wurde nichts daraus, und die Zeitungen in allen Ländern hätten sich wohl auch dafür bedankt. Die Liste der großsprecherischen Nonsense-Vorhaben war allerdings noch länger; sie enthielt auch die Idee, das französische Dorf Ferney-Voltaire (7000 Einwohner) zusammen mit Amsterdam, Berlin, Helsinki sowie – natürlich – Straßburg und Lissabon zu »internationalen Asylstädten« zu erklären.

Dieses Projekt, auch »Städte der Zuflucht« genannt, entwickelte sich seither zum Arbeitsschwerpunkt des Schriftstellerparlaments. Es besteht aus einer moralisch veredelten Form von Literaturstipendien und Stadtschreiberposten, von denen es heutzutage so viele gibt, daß ihr einst bezweckter PR-Effekt für die geldgebenden Gemeinden längst nachgelassen hat. Das Label einer »Stadt der Zuflucht« für verfolgte Künstler ist den meisten Zeitungen hingegen noch einen Bericht wert. Das hatten die Vertreter von 400 Städten aus den damals 34 Mitgliedsstaaten des Europarats richtig erkannt, als sie am 31. Mai 1995 auf einem Kongreß über Fragen der Lokalverwaltung auch die von Salmon präsentierte »Charta der Zufluchtsstädte« annahmen. Darin finden sich so groteske Behauptungen wie die, in der Vergangenheit sei »Verfolgung selten gegen Schriftsteller als Personen gerichtet gewesen«.[81] Dies sei eine ganz neue und aktuelle Bedrohung.

Um dem Netzwerk der Zufluchtsstädte beizutreten, verpflichtet sich die betreffende Gemeinde, für ihren schreibenden Asylanten eine Wohnung und ein Stipendium von mindestens 2000 Mark (netto) bereitzustellen sowie einen Jahresbeitrag von knapp fünftausend Mark für die organisatorische Abwicklung ans Schriftstellerparlament zu zahlen, das im übrigen noch von allerlei anderen Stellen gefördert wird – zum Beispiel von der EU-Kommission in Brüssel, vom französischen Kulturministerium, von der Stadt Straßburg und der Europäischen Kulturstiftung in Amsterdam. Das ergibt immerhin ein Jahresbudget von etwas über 300 000 Mark, aus dem sich die Gehälter für Christian Salmon und seine beiden Assistentinnen bestreiten lassen.

Hinzu kommen indirekte Förderungen wie die Benutzung von Räumlichkeiten, Briefpapier und Presseabteilung, die der Europarat gewährt, oder der Druck der Hauspostille »Littératures« in einer Auflage von 50 000 Exemplaren durch die »Dernières Nouvelles d'Alsace«. Hinzu kommen ebenfalls beachtliche Reisespesen, denn der Generalsekretär ist nicht nur ständig zwischen seinem Wohnsitz Paris und seinem Amtssitz Straßburg unterwegs, sondern jettet pausenlos um die Welt, um all die Städte, die sich für einen Beitritt interessieren, zu besuchen. Nach den vollmundigen Kommuniqués aus Straßburg zu urteilen, steht das Schriftstellerparlament zum Teil seit Jahren mit Metropolen wie Los Angeles, São Paulo, Nagasaki, Kopenhagen, Quebec, Barcelona, Frankfurt, Wien und Minneapolis in Verhandlungen. In regelmäßigen Abständen wird die bevorstehende Aufnahme diesen oder jenen Ortes in den erlauchten Kreis der Zufluchtsstädte angekündigt – doch es geschieht in der Regel wenig.

Auf fast jeder Pressekonferenz blendete Salmon die Journalisten mit falschen oder ungefähren Angaben zum Funktionieren seines »Netzwerks«. Er beherrscht die Kunst, unter vielfacher Verwendung des Wortes »konkret« jede konkrete Aussage zu vermeiden. Fragte man ihn, wie viele verfolgte Schriftsteller sich denn schon um Aufnahme in einer der Asylstädte beworben hätten, antwortete er: zahlreiche. Fragte man, wie viele Asylstädte es denn schon gebe, zählte er die Namen derer auf, die dereinst vielleicht dazugehören werden. Es lag also nahe, zu tun, was kein Berichterstatter tat, nämlich die offiziell verteilte Liste Punkt für Punkt zu überprüfen: beginnend mit A wie Almería. Dort war zu erfahren, daß der frühere Bürgermeister sich zwar für den Beitritt eingesetzt habe, daß aber seither nichts geschehen sei und die neue Stadtverwaltung keineswegs beabsichtige, dieses Projekt weiter zu verfolgen. Auch das norwegische Städtchen Stavanger ist angeblich von Anfang an dabei und hat, wie einem treuherzig versichert wurde, längst einem verfolgten Schriftsteller Asyl gewährt. Doch der dafür ausersehene Mansur Rajih sitzt in Wirklichkeit seit 1983 in einem jemenitischen Gefängnis, und es bestehen – trotz der Appelle des Schriftstellerparlaments für ihn und trotz seiner immer schlechter werdenden Gesundheit – wenig Chancen, daß er von heute auf morgen nach Norwegen entlassen wird. Auch Venedig, Swansea, Göteborg und Helsinki, die längst als Vollmitglieder des Verbundes präsentiert werden, haben überhaupt noch keinen Residenten.

Wenn allerdings nicht einmal für die bereits geschaffenen Plätze genügend Kandidaten zur Verfügung stehen, scheinen Not und Verfolgung doch nicht so groß sein. Freilich trügt dieser Anschein. Es ist unstreitig, daß unzählige Autoren in der ganzen Welt dem Terror Andersdenkender ausgesetzt sind. Nur hat sich das Schriftstellerparlament bis jetzt davor gedrückt, sowohl die in Frage kommenden Autoren als auch den Terror zu klassifizieren und klare Kriterien für die Vergabe der Asylplätze zu erarbeiten. Denn zweifellos kann man von dem prekären Problem der literarischen Qualität nicht gänzlich absehen, ohne Gefahr zu laufen, einer noch viel heikleren Segregation Vorschub zu leisten: Dann nämlich erhöbe sich die Frage, ob Schriftsteller grundsätzlich asylwürdiger seien als etwa Ärzte oder Handwerker. Daß sie in jedem Fall »verfolgter« seien, erscheint im Lichte der Tatsache, daß sich auch Gabriel García Márquez erfolgreich als Verfolgter, der aus Kolumbien habe fliehen müssen, inszenierte, etwas zweifelhaft, und auch die energische Intervention des Schriftstellerparlaments im Herbst 1995 für den von seinen deutschen Kritikern »verfolgten« Günter Grass hilft hier nicht unbedingt weiter.

Solche Kritik weist Salmon natürlich wortreich von sich. Doch die Namen der vom »Netzwerk der Asylstädte« tatsächlich aufgenommenen Schriftsteller mochte er nicht nennen – aus Sicherheitsgründen, wie er behauptete. Dabei hatte er sie selbst in seiner Zeitschrift »Littératures« veröffentlicht. Im März 1996, mehr als zwei Jahre nach der Gründung dieser weitverzweigten Organisation, waren es genau sechs an der Zahl. Sie verteilten sich auf genau vier Orte: Berlin, Caen, Straßburg und Valladolid. Bei genauerem Hinsehen erwies sich die Angabe von Sicherheitsbedenken als pure Angabe. Die spanische Stadt Valladolid machte nämlich mit ihrer algerischen Asylantin Aicha Lemsine hemmungslos Reklame. Als Mitarbeiterin von amerikanischen und ägyptischen Zeitschriften, Ehefrau des ersten algerischen Botschafters in Spanien, Mitglied mannigfacher internationaler Gremien und Trägerin zahlreicher Auszeichnungen gehört sie durchaus zum publizistischen Establishment. Auch Taslima Nasrin bezog nicht gerade unauffällig ihren Schutzplatz in Berlin. Im Gegenteil, ihr Kommen wurde mit Pressekonferenzen und Agenturmeldungen verkündet und während ihres ganzen mehr als einjährigen Aufenthalts von geschickt gesteuerter Medienaufmerksamkeit begleitet. Daß sie in der den Journalisten ausgehändigten Liste des Schriftstellerparlaments geheimnisvoll mit »T.N.« umschrieben wurde, grenzte an Unverfrorenheit.

Oder steckte bloß das unter wohlbehüteten westlichen Intellektuellen neuerdings übliche Verschwörerspiel dahinter? Die wesentliche Änderung, die Rushdies Schicksal am europäischen Kulturklima bewirkt hat, besteht ja in einer kindischen Lust am selbsterlebten Krimi: Noch die harmlosesten Schöngeister sind es sich mittlerweile schuldig, gleichsam mit hochgeklapptem Mantelkragen umherzulaufen – in geheimer Mission für irgendwelche von finsteren Mächten verfolgte Kollegen. Sie agieren konspirativ und klandestin und halten es für eine Entdeckung von lebensgeschichtlicher Tragweite, daß Mord und Totschlag in der weiten Welt Realitäten sind. Darin unterscheiden sich die medienkeuschen Schriftstellerparlamentarier um Christian Salmon kein bißchen von dem mediengeilen Einzelgänger Bernard-Henri Lévy, auf dessen verbale Züchtigung sie mindestens ebensoviel Energie verwenden wie auf ihre eigentliche Arbeit.[82]

Einen Höhepunkt dieser Arbeit stellte der zweitägige Kongreß der Zufluchtsstädte am 21./22. März 1996 in Straßburg dar. Nicht daß es an Teilnehmern gemangelt hätte: Selbst aus Tokyo und Rio de Janeiro waren welche angereist, von Dornbirn, Graz und Salzburg ganz zu schweigen. Doch dank der genialen Gesprächsführung Salmons, die es geschickt vermied, irgendetwas auf den Punkt zu bringen, ging man am Ende unschlüssig darüber auseinander, ob das Schutzkonzept der Schriftstellerorganisation auf andere Künstler und Kulturschaffende (wie Übersetzer) ausgeweitet werden, ob man von »Asylregion« statt von »Asylstadt« reden und vielleicht auch einen Literaturpreis stiften solle.

Auf der improvisierten Pressekonferenz zum Schluß entwickelte Salmon eine auf die grandiose Erfolglosigkeit des Zufluchtsstädtenetzes abgestimmte These: Man wolle das Wachstum der Organisation ein wenig bremsen, verkündete er, und nicht zuviele Orte aufnehmen, um keinesfalls der Quantität die Qualität zu opfern. Beschlossen und bekanntgemacht wurde derweil der Aufbau weiterer potemkinscher Dörfer, etwa eines »Observatoriums für Schaffensfreiheit« mit Sitz in Barcelona oder Ferney-Voltaire, die Kooperation des Netzwerkes mit dem »Europäischen Zentrum für weltweite Gegenseitigkeit und Solidarität des Europarats« in Lissabon sowie die Gründung einer Internationalen Agentur der Zufluchtsstädte.

Falsche Märtyrerin – Taslima Nasrin und ihre Freunde

Bangladesch interessiert eigentlich niemanden. Jahrein, jahraus gibt es dort Tausende von Toten, wenn schlimme Überschwemmungen das Land heimsuchen. Dergleichen kommt in unseren Medien nur am Rande vor. Auch 1995 gab es wieder eine solche Flutkatastrophe. Die meisten Menschen starben ohne ärztliche Versorgung an Diarrhöe, 60 Prozent der Opfer waren Kinder. Doch eine Dame aus Bangladesch, Ärztin von Beruf und außerdem Autorin, die ihr Land kurz zuvor verlassen hatte, beherrschte auf geradezu groteske Art die Schlagzeilen.

Was immer sie der Presse mitteilte, fand sofortige Verbreitung. Jede Änderung ihres Aufenthaltsorts schlug sich in Agenturmeldungen nieder. Und jede Meldung über das in Dhaka laufende beziehungsweise mehr als ein Dutzend Mal hinausgeschobene Gerichtsverfahren gegen sie wurde in den deutschen Zeitungen gedruckt. Denn der deutsche Kulturbetrieb, vom Außenminister bis zum Feuilleton, hatte offensichtlich vor, an Taslima Nasrin ein weithin leuchtendes Exempel in Sachen Mut und Moral zu statuieren, nachdem Frankreich bereits 1994 vor Ehrerbietung kopfgestanden hatte. Während ihres Paris-Besuchs im November 1994 zogen die Medien mit ihr die große Show ab, da die Regierung sechs Wochen zuvor – ausgerechnet während der Frankfurter Buchmesse – den furchtbaren Fauxpas begangen hatte, ihr die Einreise zu verweigern. Der Kabinettschef des damaligen Premierministers Balladur soll sich, wie sein Pressereferent berichtet, ziemlich drastisch ausgedrückt haben: »Es kommt nicht in Frage, daß diese Nervensäge unser Land betritt. Sie will nichts als provozieren. Soll sie sich sonstwo aufhängen lassen.«[83] Um die Groteske auf die Spitze zu treiben, hatte Innenminister Pasqua zu ihrem Schutz nicht weniger als 1200 Polizisten abkommandiert. Doch selbst das feierten die Nasrin-Unterstützer in ihrer grenzenlosen Naivität als Sieg des freien Wortes.

Daß es sich allerdings um eine Übung am falschen Objekt handelte, dämmerte zwar hier wie dort manchem kritischen Beobachter, doch die Erkenntnis auszusprechen, war absolut tabu. Schließlich hatten die Solidaritätsbezeigungen für die angeblich verfolgte Schriftstellerin ein Maß und eine Qualität erreicht, denen man sich nicht ohne weiteres entgegenzustellen wagte. Zum Beispiel lebte sie auf Einladung des Präsidenten des Deutschen Akademischen Austauschdienstes (DAAD) in Berlin. Vermittelt hatte die Einladung der Börsenverein des Deutschen Buchhandels. An der Finanzierung beteiligt war auch der Berliner Senat. Das sind schließlich Institutionen, von denen man nicht leichthin annehmen mag, sie fielen auf jeden Blödsinn herein. Und richtig: Wer beim DAAD nach den Regeln und Kriterien für die Vergabe dieses Stipendiums fragte, löste anscheinend Alarm aus. Man wurde so lange aus Berlin und Bonn mit teils barschen, teils freundlichen Unzuständigkeitserklärungen abgespeist, bis eines klar war: Der Aufenthalt von Taslima Nasrin verdankte sich humanitären, nicht literarischen Erwägungen. Das war auch gut so, denn sonst hätte man allen Ernstes über die Schriften dieser Schriftstellerin diskutieren müssen, und zwar inhaltlich, statt mit dem harm- und kenntnislosen Ästhetizismus der Romanrezensenten, die das Buch »Scham«[84] allenfalls – und ziemlich einheitlich – schlecht geschrieben, aber auf alle Fälle – das kostet nichts – interessant, informativ und »wichtig« fanden.

Dieses Buch (Originaltitel: »Lajja«), dessen dokumentarischen Charakter die Autorin bei jeder Gelegenheit betont, stellt nämlich nicht nur einzelne Tatsachen, sondern das ganze Bild von Bangladesch auf den Kopf. Es ist eine einzige Geschichtsfälschung in höchst parteiischer Absicht. Nicht von ungefähr erschien der Text ursprünglich (Anfang 1993) in einem militanten Kleinverlag. In

Indien, wo wenig später eine um das Doppelte (!) erweiterte Ausgabe herauskam, hatte die extremistische Hindu-Partei BJP gleich gute Verwendung für den »Roman«: Sie verteilte ihn massenweise als Propagandamaterial.

»Lajja« ist eine wirre Kompilation aus fremden Zeitungsartikeln, Meldungen von Schlägereien und Zerstörungen sowie einer Rahmenhandlung, die sich sprachlich und inhaltlich auf dem Niveau von Aktenvermerken bewegt. Den Hintergrund des ganzen Geschehens bilden Straßenkrawalle, mit denen die Muslims in Bangladesch für die Zerstörung der in Indien gelegenen Babri-Moschee durch fanatische Hindus Rache nehmen wollten. Damals befand sich der ganze Subkontinent in einem wochenlangen Aufruhr. Die Beziehungen zwischen Pakistan und Indien waren zum Zerreißen angespannt; in Indien gab es bei den Auseinandersetzungen zwischen Muslims und Hindus Hunderte, möglicherweise sogar tausend Tote. In Bangladesch, wo sowohl die Regierungschefin als auch die Oppositionsführerin entschieden zur Mäßigung mahnten, wurden immerhin »nur« eine Handvoll Todesopfer gezählt.

Doch Bangladesch erscheint in Nasrins Perspektive als eine Mischung aus Ruanda und Iran: ein Land der Massaker und des Grauens, das dem muslimischen Extremismus in seiner gewalttätigsten Form anheimgefallen ist. Es geht um Hunderte und Aberhunderte zerstörter Hindutempel, um Familien, die bedroht, verprügelt und enteignet werden, um ungezählte Vergewaltigungen und andere Grausamkeiten, niedergebrannte Dörfer, mordende und folternde Polizisten sowie Richter, welche die (muslimischen) Täter laufenlassen und willkürlich die armen Hindus einsperren. Die Quellen dieser bestürzenden Nachrichten werden in der deutschen Buchausgabe nicht genannt. Es sind durchweg politisch extrem ausgerichtete Publikationen wie die kommunistische Zeitung »Ekata« oder ein Blättchen mit dem Namen »Glani« – zu deutsch »Die Schande«. Zwar müssen die Fakten nicht deswegen falsch sein, weil sie von einschlägig interessierten Gruppierungen gesammelt wurden, doch die zahlreichen Passagen, in denen die Autorin Behörden und Gerichtsbarkeit von Bangladesch als total unglaubwürdig hinstellt, erscheinen so in einem anderen Licht.

Der Versuch, all diese Vorfälle, die sich samt und sonders auf zwei weit auseinanderliegende Jahre (nämlich 1979 und 1988) beziehen, zu verifizieren, ist nicht nur für den einfachen Leser im Westen, sondern auch für Menschenrechtsexperten nahezu unmöglich. So hat Amnesty International Bangladesch zwar einen ausführlichen Länderbericht gewidmet, in dem von Ausschreitungen, »extralegalen Hinrichtungen« und sonstigen Übergriffen durch Polizei und Militär die Rede ist, und man darf generell annehmen, daß die Zustände in den Gefängnissen Südasiens nicht rosig sind, aber den von Taslima Nasrin präsentierten Untatenkatalog beglaubigt Amnesty nicht.

Dies ist auch nicht möglich, weil die Schriftstellerin Begebenheiten von höchst unterschiedlicher Art und Schwere zusammenwirft, um eine ganz bestimmte Stimmung zu erzeugen. Daß zum Beispiel am 30. September 1979 die Durga-Statue des Tempels bei der Bushaltestelle von Kaliganj (Distrikt Satkshira) »vollständig zerstört« wurde, ist ein vergleichsweise läppisches Delikt: Hindu-Tempel gibt es in manchen Gegenden von Bangladesch wie Marienstatuen in Bayern. Aber die Fülle solcher »Informationen« dient dem Zweck, Bangladesch als einen Terror-Staat zu denunzieren, wo Hindus »Bürger zweiter Klasse« sind.

Es wäre sicherlich verfehlt zu glauben, die 111 Millionen Einwohner des Landes, das zu den ärmsten auf der Welt zählt, seien frei von jenen Gewaltausbrüchen, die in Deutschland, England, Frankreich usw. an der Tagesordnung sind. Auch von der Bundesrepublik ließe sich leicht ein Bürgerkriegs-Bild zeichnen, in dem von zerstörten Telephonzellen bis zu niedergebrannten Asylantenheimen alles seinen Platz und seine Funktion hätte. Doch die behauptete Rechtlosigkeit und Armut der Hindus in Bangladesch, die mehrheitlich zur begüterten Schicht gehören, entspricht genau der Propaganda der indischen BJP (Bharatiya Janata Party), die ihren Glaubensbrüdern im Nachbarstaat unter jedem Vorwand zu Hilfe kommen möchte.

Die Hindus in Bangladesch machen eine (abnehmende) Minderheit von rund zwölf Prozent der Bevölkerung aus, wie Nasrins Romanheld Sudhamay »entdeckt«. Doch »Sudhamay schätzt, daß in Bangladesch 20 Prozent Hindus leben«. So einfach ist das: Eine Romanfigur »schätzt« die Tatsachen anders, und die Autorin arbeitet mit dieser neuen Schätzung »dokumentarisch« weiter: »Fast 25 Millionen Menschen in diesem Land gehören zu religiösen Minderheiten.« Nach allen verfügbaren Statistiken sind es nur halb so viele. Das schiefe Bild, das durch diese ständigen Tatsachenverbiegungen entsteht, ist aber nicht nur ein Charakteristikum des Buches, sondern auch der Grund für seine grandiose Rezeption im Westen. Nur indem Taslima Nasrin Bangladesch als einen Unrechtsstaat präsentierte, konnte sie sich in Europa als Verfolgte akkreditieren. Im öffentlichen Bewußtsein hat sich das, was sie in »Lajja« beschreibt, und das, was ihr seit der Publikation von »Lajja« widerfuhr, längst zu einem skandalösen Amalgam verbunden.[85]

Dabei gehen Kenntnislosigkeit und Kampfgeist, Einäugigkeit und Edelmut wieder einmal Hand in Hand. Die Einreden der wenigen Südasien-Experten, die sich in der Angelegenheit zu Wort gemeldet haben, drangen im Nachrichten- und Interviewgetöse schwer durch. Nicht von ungefähr erregte der »Fall« Taslima Nasrin in Großbritannien, das unter allen europäischen Ländern mit Bangladesch historisch am engsten verbunden ist, das geringste Aufsehen (nicht einmal ein englischer Verlag fand sich für ihren Roman; wer das Werk in London erstehen will, muß sich mit indischen Penguin-Importen behelfen): In Großbritannien weiß man über die Lage in Bangladesch einfach zu gut Bescheid, als daß man auf den Schwindel hereingefallen wäre.

Die Lage ist nämlich folgende: Das Land, das 1991 zum parlamentarischen System zurückkehrte, ist nach allen anwendbaren Maßstäben demokratisch verfaßt: Das zeigte nicht zuletzt die Wahl im Juni 1996, bei der die bisherige Ministerpräsidentin Khaleda Zia von der Oppositionsführerin Sheikh Hasina abgelöst wurde. Allein die Tatsache, daß zwei Frauen solche Führungspositionen innehaben, ist für ein offiziell islamisches Land erstaunlich. Das allein besagt zwar wenig über die wirkliche Lage der Frauen, doch es relativiert den angeblichen Befreiungskampf, den Taslima Nasrin für ihre Geschlechtsgenossinnen dort führt. Im Iran oder in

Saudi Arabien wäre es undenkbar, daß eine Frau irgendeine öffentliche Rolle spielt. Im Parlament von Bangladesch jedoch sind 30 Sitze für Frauen reserviert: Das spricht schon deutlicher für ihre tatsächliche Partizipation. Die von dem Wirtschaftswissenschaftler Muhammad Yunus in Bangladesch gegründete und von den Vereinten Nationen sowie vielen anderen internationalen Organisationen unterstützte Grameen Bank verleiht speziell an Frauen Geld, um ihnen eine Existenzgründung zu ermöglichen: In dieser Hinsicht ist das Land vorbildlich für die gesamte Dritte Welt. Auch die dem modernen Denken so anstößig erscheinende islamische Scheidungsprozedur, nach der ein Mann bloß dreimal eine bestimmte Formel aussprechen muß, um seine Frau loszuwerden, gilt in Bangladesch nicht: Ehescheidungen müssen beim Familiengericht beantragt werden. Die Verfassung garantiert übrigens Männern und Frauen die gleichen Rechte; in sämtlichen Lebensbereichen werden die Belange der Frauen gefördert: Zehn Prozent der Führungspositionen in der gesamten Staatsverwaltung sind ihnen vorbehalten.

Solche Fakten verdunsteten natürlich in der heißen Mediensonne des mutigen Engagements für die arme verfolgte Autorin. Doch im Unterschied zu dem vom iranischen Staatsoberhaupt gegen den englischen Schriftsteller Salman Rushdie erlassenen Mordaufruf handelt es sich bei der Fatwa gegen Taslima Nasrin um das Geschrei einer zahlenmäßig kleinen Gruppierung islamischer Fundamentalisten, die überdies von der Bevölkerung verachtet wird, weil sie während des Unabhängigkeitskriegs auf der Seite Pakistans gestanden hatte. Bei den letzten Wahlen errang ihre Partei Jamaat-i-Islami gerade drei von 300 Abgeordnetenmandaten.

Diese religiösen Fanatiker versuchen vor allem abseits der Hauptstadt, das islamische Recht, die Scharia, auf eigene Faust durchzusetzen, und schrecken dabei nicht vor Greueltaten zurück. Doch die Behörden schreiten in solchen Fällen durchaus ein – und zwar so hart, daß Amnesty International als Gegner der Todesstrafe wiederum Arbeit bekommt. Jedenfalls wurden lokale Mollahs von der Justiz sehr wohl dafür zur Rechenschaft gezogen,

daß sie zum Beispiel Mädchen und Frauen auspeitschen oder sogar
steinigen ließen.

Taslima Nasrin war solcher Gewalt nicht ausgesetzt, sondern
wurde in Dhaka von der Polizei beschützt, bis sie es vorzog »unter-
zutauchen«, was in der Neun-Millionen-Stadt einfach bedeutet:
in einem anderen Appartment zu wohnen. Doch der Status des
Gejagtseins verschaffte ihrer internationalen Märtyrerkarriere
zweifellos ungleich günstigere Startbedingungen. Für diese Karriere war es nämlich nötig, sich als Opfer staatlicher Verfolgung zu
präsentieren. Die Literaten und Intellektuellen Bangladeschs gingen derweil eher auf Distanz zu Taslima Nasrin, was außenstehen-
den Beobachtern zumindest eine gewisse Vorsicht hätte nahele-
gen sollen. Doch da lief unsere ganze Menschenrechts-Maschine-
rie bereits auf vollen Touren, um die tapfere Taslima zu retten. Zu
retten aus einem durch fundamentalistische Finstermänner nicht
nur terrorisierten, sondern beherrschten Bangladesch, das freilich
mit der Wirklichkeit gar nichts zu tun hat, sondern einer Wahn-
vorstellung westlicher Wohltäter entspringt. Selbst die sonst so
seriöse »Spiegel«-Redaktion faselte in einer Pressemeldung Mitte
Mai 1995 vom »fundamentalistischen Regime in Bangladesch« –
eine Bodenlosigkeit, die »Spiegel«-Redakteur Tiziano Terzani
drei Wochen später allerdings mit einer profunden Reportage
wiedergutmachte. Dort fand sich denn auch der von kaum jemandem zur Kenntnis genommene Schlüsselsatz: »Intellektuelle in
Dhaka glauben, daß Nasrin nie wirklich in Gefahr schwebte.«[86]

Die reflexhafte Reaktion vieler europäischer Journalisten und
Schriftsteller auf die Kunde von der furchtbaren Fatwa gegen eine
Kollegin im fernen Bangladesch war zweifellos auch etwas Schö-
nes. Unschön war bloß, daß sich niemand die Mühe machte, den
wirklichen Stellenwert der »Fatwa« zu ergründen. Von jedem
Orientalisten wäre zu erfahren gewesen, daß es sich um einen
beliebigen Bannspruch eines belanglosen Dorfgeistlichen handeln
kann. Unschön war, daß keine kundige Gegendarstellung der
wirklichen Situation in Bangladesch erfolgte. Die Unprofor-Sol-
daten aus Bangladesch durften in Bosnien für die europäische
Zivilisation den Kopf hinhalten, aber in den europäischen Feuille-

tons hatte Bangladesch eine schlechte Presse. Gebetsmühlenartig wiederholten die Agenturen, daß der geflüchteten Autorin in ihrem Land ein Prozeß wegen Gotteslästerung gemacht werden solle.

Von wegen. Gegen Taslima Nasrin war in der Tat ein Strafverfahren eröffnet worden, weil sie sich in einem Interview mit dem »Statesman« von Kalkutta (das sie wie so viele andere von ihr gegebene Interviews später dementierte) in einer für Muslime anstößigen Weise über den Koran geäußert hatte. Das Verfahren beruhte jedoch keineswegs auf einem obskuren Blasphemiegesetz, sondern auf dem Paragraphen 295a des von den Engländern konzipierten Strafgesetzbuchs. Diese Vorschrift zielt auf die Sicherung des Religionsfriedens und entspricht ziemlich genau dem Paragraphen 166 Abs. 1 des deutschen Strafgesetzbuchs. In Deutschland sind für entsprechende Delikte Geld- oder Freiheitsstrafe bis zu drei Jahren vorgesehen, in Bangladesch höchstens zwei Jahre. Sollte das Verfahren wirklich eines Tages durchgezogen und Taslima Nasrin zu einer vermutlich ganz unspektakulären Geldstrafe verurteilt werden, würde die Weltöffentlichkeit vielleicht merken, welchem grandiosen Schwindel sie aufgesessen ist.

Vielleicht aber auch nicht. Denn der Taslima-Taumel ihrer abendländischen Gönner und Geschäftspartner hat sich längst zum Selbstläufer entwickelt. Wütend schmähten sie die öffentlich geäußerten Bedenken einiger weniger Skeptiker[87] als »zynisch«, »schäbig« und »dreist«. Sie stilisierten die Autorin zur Symbolfigur verfolgter Frauen empor und ließen ihr staatliche Ehren angedeihen, die der als Person ungleich stärker gefährdete, als Autor ungleich schätzenswertere Salman Rushdie (der den Buchtitel »Shame« lange vor Nasrin verwendet hat) nie genoß: Er wurde nicht von Mitterrand empfangen, er bekam nicht den »Edikt-von-Nantes-Preis«, nicht den Sacharow-Preis des Europäischen Parlaments, keine DAAD-Einladung nach Berlin et cetera. Dafür wurde er von Frau Nasrin mit äußerst abfälligen Bemerkungen bedacht: Der große Unterschied zwischen ihm und ihr bestehe darin, erklärte sie in einem Interview, »daß er sich bei den Fundamentalisten entschuldigt hat«. Sie würde das nie tun.[88]

Als sie dieses Interview gab, wurde sie in Dhaka bereits von der Polizei geschützt. Die Weltkarriere der Schriftstellerin Taslima Nasrin begann nämlich am 6. Oktober 1993 mit einer Meldung der amerikanischen Nachrichtenagentur Associated Press. Sie besagte, daß ein Gericht in Bangladesch für die damals 31jährige Autorin Polizeischutz angeordnet habe, weil muslimische Extremisten sie bedrohten. In der Tat hatten Fanatiker von »Sirat Majlish«, einer kleinen Gruppe muslimischer Fundamentalisten in der Stadt Sylhet (im Nordosten des Landes), gegen die Verfasserin von »Lajja« eine Todes-Fatwa erlassen – angeblich, denn dieselbe Gruppe bezeichnete dies auf einer Pressekonferenz später als unwahr, worauf allerdings andere Organisationen auftraten und die Morddrohung bekräftigten.

Das Durcheinander gehört in Bangladesch freilich zum Alltag; Fatwas gegen kritische Intellektuelle werden von religiösen Eiferern immer wieder ausgesprochen, ohne daß sich jemand darum kümmert. Ferner kann von menschenrechtswidrigen Repressalien des Staates gegenüber einer wehrlosen Schriftstellerin (dem einzigen möglichen Grund für politisches Asyl) keine Rede sein. Selbst die imposanten Demonstrationszüge, mit denen sich die Fundamentalisten gern in Szene setzen, zeichnen sich gleichermaßen durch Radau wie durch relative Folgenlosigkeit aus. Im übrigen demonstrierten die Gegner der Fundamentalisten ebenfalls auf den Straßen; Ende Juli 1994 riefen sie sogar einen Generalstreik aus. Der Generalstreik – »Hartal« – gehört wiederum zu den beliebtesten Beschäftigungen der Bewohner Bangladeschs; wenn es die Versorgungslage zuläßt und politische Veränderung verspricht, legen sie ihr Land wochenlang lahm und nehmen die daraus resultierenden praktischen Schwierigkeiten mit ziemlicher Gleichmut hin. Daß sie von ihrem Naturell her friedlich und phlegmatisch sind, ist ein Eindruck, den jeder Besucher gewinnt. Genauso wie es jedem auffällt, daß der Umgang mit religiösen Symbolen beim Gros der Bevölkerung recht leger ist: So hört man von Muslimen ohne weiteres den Hindu-Gruß – und umgekehrt.

Doch dieses Bild wollen Taslima Nasrins westliche Wohltäter nicht wahrhaben; es widerspricht ja der Höllen-Idylle, die sie sich von dem fernen fremden Bangladesch zurechtgezimmert haben und an der sie festhalten, um weiter in Errettungs-Vorstellungen zu schwelgen. FAZ-Herausgeber Frank Schirrmacher wies derweil nüchtern auf die mit diesem manichäischen Mechanismus verbundene Gefahr hin:»Es ist wahr, jene Staaten, die den wirklichen Fundamentalisten ausgeliefert sind, bedürfen der unablässigen Kritik, der nachdrücklichen Aufklärung darüber, was eine Weltzivilisation duldet und was sie verurteilt. Aber wahr ist auch, daß wir, die Teilnehmer des abendländischen Unternehmens, dieser Aufklärungen ebenso dringend bedürfen. Sonst werden wir nicht erkennen können, welche Kulturen nur anders und welche die Gegner unserer Überzeugungen sind.«[89]

Schirrmachers Intervention brachte die Solidaritäter fast noch mehr in Rage als der kurz vorher unter dem provokativen Titel »Falsche Märtyrerin« in der »Süddeutschen Zeitung« erschienene Artikel des Verfassers über die Hypokrisie des Nasrin-Rummels. Vom »Spiegel«[90] bis zur »Zeit«[91] und von »Emma«[92] bis zur »taz«[93], ja sogar bis hin zu französischen Medien wie »Le Point«[94] und »Le Monde«[95] erscholl ein Echo der Empörung, dessen Grundton durch zwei Annahmen bestimmt wurde: erstens sei es in Bangladesch doch gefährlich und zweitens komme es auf die Qualität von Nasrins Texten gar nicht an, denn Meinungsfreiheit sei ein Menschenrecht. Dabei passierten amüsante Dinge: Gabriele Venzky, die Taslima Nasrins Medientournee in Deutschland organisatorisch unterstützt und das Erscheinen eines kritischen Artikels in der »Zeit« verhindert hatte, spießte in ihrer Replik besonders einen Satz auf, der allerdings von ihrem »Spiegel«-Kollegen Tiziano Terzani stammte. Und die »tageszeitung«, die die von »Libération« angezettelte publizistische Kampagne »Briefe an Taslima Nasrin« vom Sommer 1994 mitgetragen hatte, veröffentlichte neben flotten und gepfefferten Kommentaren, die jede Nasrin-Kritik Lügen strafen sollten, ein Interview mit dem in Berlin lebenden Schriftsteller Daud Haider aus Bangladesch, der die Kritik in allen wesentlichen Punkten bestätigte.

Haider berichtete auch über das Debut Nasrins zu Hause:»Als sie als Dichterin angefangen hatte, mußte sie feststellen, daß niemand ihre Gedichte zur Kenntnis nahm. Da wurde ihr klar: Berühmt werde ich nur, wenn ich mir Ärger einhandle, am besten mit Frauenthemen. (...) Dann begann sie in der Zeitung ihres ehemaligen Ehemannes eine wöchentliche Kolumne zu diesen Themen zu schreiben. (...) Aber auch das machte sie nicht berühmter. Intellektuelle, auch die Frauen, hielten ihre Texte noch immer für blanken Unfug.«

Allerdings radikalisierten sich ihre Texte zusehends, der Ton wurde schriller, der Inhalt überspannter; zum Schluß handelte es sich hauptsächlich um Gedichte, die wegen ihrer sexuellen Thematik und ihres provozierenden Vokabulars allenfalls noch bei der Jugend Anklang fanden, aber beim größten Teil des gebildeten und eher prüden Publikums auf Ablehnung stießen. Ihr Romanpamphlet »Lajja« fiel bei der heimischen Kritik vollkommen durch – nicht nur, weil es als sprachlicher Schund erkannt wurde, sondern auch, weil es sich herumsprach, daß die Autorin hemmungslos bei anderen abgeschrieben hatte: zum Beispiel bei ihrer indischen Kollegin Sukumari Bhattacharya. Das Wochenmagazin »Robbar«, eine Art »Spiegel« von Bangladesch, veröffentlichte eine erdrückende Menge von Beweisen für diesen Plagiatsvorwurf. Gleichwohl wurde »Lajja« ein Verkaufserfolg, nachdem Nasrin von einer fundamentalistischen Hindu-Zeitschrift der Ananda-Preis verliehen worden war. Dann schritt die Regierung, die sich durch manche dubiosen Stellen verunglimpft fühlte, ein und verbot das Buch: schöne Startbedingungen für ein Werk, das seine Autorin zum Shooting-Star der Euro-Kultur werden ließ.

Die Originalausgabe war 79 Seiten lang. Die Anfang 1994 in Neu-Delhi erschienene englischsprachige Version kam auf 216 Seiten. Die französische Übersetzung des Buchs umfaßt 284, die deutsche schließlich über 300 Seiten. Allein der grobe Vergleich der Umfänge zeigt, daß die Textgestalt ziemlich vage ist. Auch muß man sich fragen, wie frei die Übersetzungen eigentlich sind. Wie erklären sich die unzähligen inhaltlichen Abweichungen zwischen den einzelnen Editionen? Interessanterweise benutzten sowohl der deutsche als auch der französische Übersetzer Pseudonyme. Die verlagsoffizielle Begründung lautete natürlich: zum

Schutz vor Attentaten. Diese Furcht kannte Tutul Gupta, die das Buch ins Englische übertrug, offenbar nicht. Obwohl sie – zynisch gesprochen – in Kalkutta zweifellos näher am Schuß war.

Außer publicityträchtiger Prahlerei mit angeblicher Gefahr gibt es für das Versteckspiel der europäischen Nasrin-Nachdichter nur einen peinlichen Grund: Sie schämten sich für die erbärmliche literarische Qualität. Denn in der Tat handelt es sich um ein Stück Prosa, das jenseits aller kunstkritischen Maßstäbe liegt. Das Problem besteht indessen unter anderem darin, daß die Autorin dauernd selbst zugibt, keine gute Autorin zu sein. So wurde der ständige Vergleich mit Salman Rushdie mittlerweile aus der öffentlichen Diskussion evakuiert, weil er einfach zu peinlich ist. An seine Stelle trat das viel vertracktere Menschenrechts-Argument. Wer wollte da nach künstlerischem Können fragen?

Sicher: Die Schriftstellerin hat in Bangladesch furchterregende Feinde. Niemand bestreitet das, und niemand wünscht ihr, in die Hände aufgebrachter Fundamentalisten zu fallen. Doch wie geht es zu, daß sie darüber zu einer kulturellen Repräsentationsfigur, zu einer Heldin, einer Ikone werden konnte? Es ist einfach grotesk, daß eine Asylantin von solchem geistigen Kleinformat wie Taslima Nasrin bei uns als intellektueller Star gefeiert wird und im Rahmen der renommierten Münchner Veranstaltungsreihe »Reden über das eigene Land« auftritt.[96] Wer hoffte, dort mehr über Bangladesch zu erfahren als die Tatsache, daß dort 120 Millionen Menschen leben, darunter viele gläubige Muslime, der wurde enttäuscht.

Taslima Nasrin liebt Bangladesch, aber sie ist gegen den Islam und findet, die Leute sollten ihrem Glauben abschwören. Da sie das offenbar nicht tun, wandte sie sich an ihre Zuhörer in den Münchner Kammerspielen und versicherte ihnen feierlich, sie werde nicht klein beigeben und weiterhin für die Befreiung der Frauen kämpfen. Und zwar nicht nur in Bangladesch: Eines ihrer neueren Gedichte, das sie bei der Gelegenheit vortrug, handelt von einer Begegnung in der Schweiz. Drei Zeilen bilden den Höhepunkt:

Ich war vom Osten
Die Frau war vom Westen
Aber unsere Qualen waren gleich tief.

Der antireligiöse Affekt, mit dem die Dichterin nicht nur in ihrem
Land, sondern auch in Ländern, die sie nicht kennt und von denen
sie nichts versteht, missionieren möchte, hat ihr immerhin so
drollige Fürsprecher wie den Freiburger Historiker Peter Priskil
eingetragen, der – obwohl er angeblich »nie länger als fünf Minuten mit Taslima Nasrin gesprochen« hat[97] – nicht nur ein rasantes
Traktat verfaßte, in dem er gegen Nasrins Etikettierung als »Femi-
nistin«, gegen den »Kirchenstaat BRD« und den Faschismus überhaupt wetterte[98], sondern auch ein Antwortschreiben Nasrins an
ihren Kritiker übermittelte und dann diesem »Hetzer« (Priskil)
auf einer Podiumsveranstaltung während der Frankfurter Buchmesse 1995 persönlich die Leviten las. Geladen hatte zu dem
Ereignis der Ahriman-Verlag, ein nicht unfröhlicher Haufe von
psychopolitsektenartiger Tradition, dessen militante Energien
auch in der Friedenspreisträgerin des Deutschen Buchhandels
vom selben Jahr ein Ziel fanden.

»Ahriman« ist wie der von weitgehend denselben Personen
gebildete »Bund gegen Anpassung« nach eigener Darstellung der
»späteste und skrupelloseste Ausläufer der sogenannten Studen-
tenbewegung«. Was das konkret bedeutet, erfährt man an der
Freiburger Universität seit langem aus den Flugblättern des »Bundes gegen Anpassung«, der einstigen »MRI/BL« – zu deutsch:
»Marxistisch-Reichistische Initiative / Bunte Liste«. In diesen
Pamphleten und Flugblättern – mit Titeln wie: »Von Hitler zu
Theweleit. Die Zerstörung der Vernunft« – wird abwechselnd die
Tätowierung von Aidskranken und militärisches Eingreifen der
Bundeswehr bei Unruhen in Bangladesch gefordert. Ihre Informa-
tionen beziehen die Autoren dabei stets aus erster Hand: So
recherchierte Priskil Mitte 1992 die Hintergründe des Golfkriegs –
als Gast des irakischen Informationsministeriums.

Taslima Nasrin ist derweil in der Bundesrepublik gut aufgeho-
ben: Sie genießt nicht nur den Schutz des Rechtsstaats und die

Sympathie ihrer Anhänger und Leser hierzulande, sondern auch die pausenlose Zuerkennung von Auszeichnungen, Ehren und – vor allem – Medienöffentlichkeit. Die freundliche Rechtfertigung, sie könne nichts dafür und werde bloß von den Medien ausgebeutet, ist freilich falsch: Sie selbst arbeitet zielstrebig und nicht ungeschickt an ihrem Prominentenstatus. Sie tritt auf, nimmt teil, gibt Interviews und hält mit Meinungen zu ihrem Gastland nicht hinter dem Berg. Daß die Orientalistin Annemarie Schimmel, die Bangladesch besser kennt denn irgend jemand sonst in Deutschland, als Friedenspreisträgerin des Deutschen Buchhandels eine »Schande für Deutschland« sei, hat ihr kein Journalist in den Mund gelegt, das waren Nasrins eigene Worte. Selbst polemisieren, aber über Polemik sich entrüsten – das ist eine Bigotterie, die in der Tat etwas sehr Deutsches hat. Willkommen, Taslima, und: Auf ein neues Visum!

Heiliger Mumia – Wie der Kulturbetrieb einem Mörder huldigt

Gesetzt den Fall, ein amerikanischer Bäcker erschießt auf offener Straße einen Polizisten und wird in einem regulären Strafverfahren dafür zum Tod verurteilt. Gegner der Todesstrafe mögen das Verdikt abscheulich finden und gegen diese sowie jede andere geplante Hinrichtung protestieren. Freunde und Verwandte des Täters mögen in ihm immer noch einen liebenswerten Menschen sehen und trotz erdrückender Beweislage hartnäckig an seine Unschuld glauben. Seine Anwälte mögen einen prozessualen Kniff nach dem anderen probieren, um alle Berufungsmöglichkeiten auszuschöpfen und soviel Zeit wie möglich zu gewinnen. Doch der Fall wird schwerlich die französische oder die deutsche Bäckerinnung auf den Plan rufen; sie werden schwerlich Demonstrationen abhalten und Resolutionen verabschieden, in denen die Verurteilung des Bäckers als unerträgliche Einschränkung der Freiheit des Brotbackens angeprangert und seine sofortige Entlassung aus dem Gefängnis gefordert wird.

Genau so trug es sich jedoch in Sachen Mumia Abu-Jamal zu, dessen geplante Hinrichtung in Philadelphia während des Sommers 1995 die halbe Welt in Atem hielt. Nur daß Abu-Jamal kein Bäcker ist, sondern Journalist. Als solcher gehört er einer höheren Spezies an. Journalisten sind Träger hoher Werte: Meinungsfreiheit, Aufklärung, Demokratie. Und Journalisten sind Mitglieder einer mächtigen internationalen Bruderschaft, die da heißt Kulturbetrieb. Daß diese Bruderschaft die Welt im Fall Abu-Jamal nicht nur in Atem, sondern auch zum Narren hielt, war abzusehen.

Grund zur Skepsis gab es spätestens, als der deutsche Außenminister und neun deutsche RAF-Häftlinge sich derselben Sache annahmen: der eine mit offiziellen Appellen, die anderen mit Hungerstreik und einem Aufruf an alle anderen Gefangenen, sich ihnen anzuschließen – »immer für drei Tage, durch die kommenden Augustwochen durch«.[99] Grund zur Skepsis gab es, als der französische Starphilosoph Jacques Derrida am 1. August das Podium einer vom »Internationalen Schriftstellerparlament« im Pariser Hause der Unesco veranstalteten Pressekonferenz betrat und erklärte, der wegen Polizistenmords verurteilte Mumia Abu-Jamal sei in erster Linie ein politischer Gefangener.

Doch die anwesenden Berichterstatter von Presse, Funk und Fernsehen waren nicht skeptisch, sondern reportierten vibrierend vor Empörung, welch krasser Fall von Klassen- und Rassenjustiz in den Vereinigten Staaten zu beklagen sei. Der Schriftstellerparlamentsgeneralsekretär Christian Salmon verstieg sich zu der Behauptung, daß es sich um eine »neue Dreyfusaffäre« handele. Der politisch engagierte Journalist Abu-Jamal, einst Mitglied der »Black Panthers«, sei das unschuldige Opfer eines von A bis Z getürkten Scheinverfahrens; Entlastungszeugen seien nicht gehört worden; ein Gutachten, demzufolge die im Körper des erschossenen Polizisten gefundenen Kugeln gar nicht aus Abu-Jamals Waffe stammen können, sei unterdrückt worden; von Amts wegen sei ihm ein völlig unerfahrener Verteidiger aufgenötigt worden, der überdies nicht die nötigen Mittel erhalten habe, um geeignete Experten zu bestellen.

Wie hätten die Pariser Korrespondenten das alles überprüfen können? Hätten sie nach Philadelphia fliegen sollen, um ein paar Tage lang die Originalakten 1357/1358 des Schwurgerichtsprozesses (Court of Common Pleas) aus dem Jahr 1982 zu studieren? Oder die Ausführungen des Obergerichts (Supreme Court of Pennsylvania), das die Entscheidung der ersten Instanz bestätigte? Hätten sie die Staatsanwaltschaft aufsuchen und amerikanische Kollegen, die den Fall von Anbeginn verfolgt hatten, befragen sollen? Da dies nicht möglich war, mußte Jacques Derrida, ein wahrer Spezialist für Medien-Lügen,[100] als Gewährsmann rei-

chen. In einem vielgedruckten Text (»Le Monde«[101], »Littératures«, Vorwort der französischen Ausgabe von Abu-Jamals Buch
»Live from Death Row«, »Frankfurter Rundschau«[102]) verkündet
der Philosoph, die Todesdrohung, die über Abu-Jamal schwebe,
entspreche der Drohung, die heute fast überall auf der Welt versuche, »durch Mord, Gefängnis, Exil oder Zensur so viele Intellektuelle und Schriftsteller, so viele Journalisten mundtot zu machen,
so viele Männer und Frauen, die auf ihr Recht auf freie Meinungsäußerung pochen«.

Die Meinungsäußerung, derentwegen Mumia Abu-Jamal von
einem amerikanischen Geschworenengericht verurteilt wurde,
hat die Form von fünf Kugeln »+P«-Hochgeschwindigkeitsmuni-
tion des Kalibers 9,65 mm. Sie töteten in den frühen Morgenstunden des 9. Dezember 1981 den Polizisten Daniel Faulkner. Es
geschah an der Kreuzung Locust Street / 13th Street, unweit der
Stadtmitte. Wachtmeister Faulkner hatte einen grünen VW-Käfer
angehalten und bekam mit dessen Fahrer, einem jungen Schwarzen, Streit. Daraufhin rief Faulkner über Funk Verstärkung und
versuchte, dem widerspenstigen VW-Fahrer Handschellen zu ver-
passen. Es war Mumia Abu-Jamals jüngerer Bruder.

Für das, was in den folgenden Sekunden passierte, gibt es drei
Augenzeugen, die einander nicht kannten und binnen einer halben Stunde nach der Tragödie getrennt und von verschiedenen
Polizeibeamten vernommen wurden. Ihre Schilderungen waren
im wesentlichen deckungsgleich. Danach tauchte Abu-Jamal just
in dem Augenblick, als Faulkner mit dessen Bruder rangelte, an
der Straßenkreuzung auf und schoß dem Polizisten in den Rücken.
Der drehte sich um und feuerte einmal zurück, bevor er hinfiel.
Obwohl getroffen, ging Abu-Jamal auf den inzwischen am Boden
liegenden Faulkner zu, trat über ihn und leerte sein Magazin aus
nächster Nähe in dessen Kopf.

Als die alarmierten Streifenwagen eintrafen, bot sich folgendes
Bild: Abu-Jamal, verwundet, hockte wenige Meter vom Tatort
entfernt gegen eine Mauer gelehnt. Neben sich sein leergeschosse-
ner Revolver, Kaliber 9,65 mm. Sein Bruder empfing die Polizisten mit den Worten: »Ich hab' damit nichts zu tun.« Der ster-

bende Faulkner wurde ins Krankenhaus gebracht, Abu-Jamal desgleichen, wo ihn zwei Zeugen rufen hörten: »I shot the motherfucker and I hope the motherfucker dies.« (Ich habe auf den Scheißkerl [also Faulkner] geschossen, und ich hoffe, daß er stirbt.)

Ob es Zufall war oder einen bestimmten Grund hatte, daß Abu-Jamal im selben Moment, da sein Bruder Händel mit der Polizei bekam, vorbeifuhr, blieb im Dunkeln, denn Mumia Abu-Jamal, der von seinen Anhängern als »Stimme der Stimmlosen« gefeierte Rundfunkjournalist, der Buchautor und beredte Interviewgeber, hat seine Version der Geschehnisse vor Gericht niemals verlauten lassen. Er hat auch seinen Bruder, den einzigen Menschen, der ihn entlasten könnte, nie in den Zeugenstand gerufen. Und Abu-Jamals Anwälte verbieten Journalisten, ihn danach zu fragen.

Mumia Abu-Jamal jobbte in jener Nacht als Taxifahrer, weil er von den Radiostationen, denen er Lokalreportagen lieferte, kaum noch Aufträge erhielt. Er war 27 und hatte es sich durch sein militantes Auftreten allmählich selbst mit wohlgesinnten Redakteuren verdorben. Den Höhe- beziehungsweise Bruchpunkt bildete sein Eintreten für die Move-Bewegung, eine radikale Müsli-Sekte, die ein gewisser Vincent Liephart, der sich John Africa nannte, Anfang der siebziger Jahre gegründet hatte. (Auch Mumia Abu-Jamal hieß eigentlich anders, nämlich Wesley Cook – den »Sklavennamen« nahm, kaum daß er ihn abgelegt hatte, sein Bruder William Cook an.)

Africas Jünger verwirklichten ihr »Zurück zur Natur«-Programm im ständigen Konflikt mit der Nachbarschaft. Müll türmte sich, Kinder wurden nicht zur Schule geschickt, an Ruhe in der Nacht war nicht zu denken. Die Sache spitzte sich zu, als die Move-Leute Behördenvertretern den Zutritt zu ihrem Haus verweigerten und davor bewaffnet paradierten. Zweimal stürmte die Polizei das verbarrikadierte Hauptquartier, es gab mehrere Tote, auch ein Beamter kam ums Leben. Neun Move-Mitglieder wurden daraufhin wegen Polizistenmordes angeklagt, ihr Prozeß dauerte zehn Monate und verlief völlig chaotisch; sie krakeelten

nur herum und drohten dem Richter mit Gewalt. Und Mumia Abu-
Jamal, der als Berichterstatter akkreditiert war, führte vor dem
Gerichtsgebäude Demonstrationen mit dem Megaphon an.

So ging es bis 1980. Abu Jamal war in gewissen Kreisen wohl als
Aktivist bekannt, doch er war keinesfalls als Journalist berühmt.
Die jetzt in allen Medien erweckte Vorstellung, er sei damals ein
angesehener und von der reaktionären Staatsgewalt deswegen
gehaßter und gefürchteter Reporter gewesen, entbehrt jeglicher
Grundlage. Aber was heißt schon Grundlage, wenn Whoopi Gold-
berg, Oliver Stone und Sting, Norman Mailer, Günter Grass und
Harold Pinter, Naomi Campbell, Jacques Derrida und Jürgen
Habermas vereint auftreten? Und was hat eigentlich dazu geführt,
daß sich eine internationale Koalition von Showstars, Schriftstel-
lern und Intellektuellen auf einmal dieses durchaus marginalen
Cop-Killers annahm und die exzentrische Forderung »Free Mumia Now!« erhob?

25 Jahre nach dem Erscheinen von Tom Wolfes berühmtem
Essay, in dem er den Ausdruck »radical chic« prägte, bot die
Kampagne für Mumia Abu-Jamal Gelegenheit, das Wirken einer
medienbeherrschenden Wohltäter-Schickeria unter den Bedin-
gungen kommunikationstechnischer Globalisierung zu betrach-
ten. Hatte Wolfe den dumpfen Gesinnungskitsch von Leonard
Bernsteins Partygästen, die fleißig Geld zur Unterstützung von
»Black Panthers« spendeten, aufs Korn genommen, so konnte
man jetzt staunend feststellen, daß die Party transkontinentale
Ausmaße besitzt.

Eine Tochterfirma der »New York Times« vermarktete Abu-
Jamals Artikel, die er im Gefängnis schrieb. Darin solidarisierte er
sich zum Beispiel mit den unseligen Mitgliedern der Davidianer-
Sekte in Waco, Texas, und lastete die spektakulär-scheußliche
Feuersbrunst, mit der sie sich im Frühjahr 1993 nach 51 Tagen
polizeilicher Belagerung umbrachten, unumwunden staatlicher
Brandstiftung an. Inzwischen waren diese Artikel in mehreren
Ländern auch als Buch erschienen[103] und hatten Abu-Jamals Re-
putation als Schriftsteller begründet. Dies wiederum erklärt die
Zuständigkeit des sogenannten »Internationalen Schriftstellerpar-

laments«, dessen Präsident Salman Rushdie sein Leben genau solchen Polizisten verdankt, wie Abu-Jamal einen erschoß.

Das »Internationale Schriftstellerparlament« leistete im Hinblick auf die Heroisierung des Polizistenmörders in Europa Beachtliches. Doch auch andere Kräfte und Institutionen halfen dabei: In Rom demonstrierten im Juli und August 1995 Tausende, in Bern 600, in Luzern 70 Menschen für die Freilassung des »schwarzen Bürgerrechtlers«. Griechische Sympathisanten verübten einen Sprengstoffanschlag auf die Filiale einer amerikanischen Bank. In Schweden, Dänemark und Neuseeland fanden Kundgebungen statt. Der deutsche Bundespräsident und die eidgenössische Innenministerin setzten sich für Abu-Jamal ein, italienische Abgeordnete und die belgische Regierung verwandten sich für ihn, und unzählige Mumia-Adressen agitierten das Internet. Tonaufnahmen von Abu-Jamal kamen auf Cassette und CD heraus.

Schließlich gaben 100 finanzkräftige Unterstützer für 80 000 Mark eine ganzseitige Anzeige in der »New York Times« auf, um die dramatische Dringlichkeit ihres Anliegens zu unterstreichen. Denn ein Datum hypnotisierte die Weltöffentlichkeit: der 17. August 1995. An diesem Tag sollte die Todesstrafe an Abu-Jamal vollstreckt werden, fast vierzehn Jahre nach dem Verbrechen. Der neue Gouverneur von Pennsylvania, Tom Ridge, hatte im Juni einen entsprechenden Hinrichtungsbefehl unterschrieben und so eine juristische Maschinerie in Gang gebracht, die Abu-Jamals neuer Anwalt, der durch den Fall um die »Pentagon-Papiere« bekanntgewordene Leonard Weinglass, geschickt zu bedienen wußte.

In der Tat gelang es Weinglass, der wenige Monate zuvor einem Reporter anvertraut hatte, daß er ein Berufungsverfahren erst einleiten wolle, wenn ein Hinrichtungstermin feststehe, jene fiebrige Endzeitstimmung zu erzeugen, auf die alle Medien ansprachen. Schreckensstarr zählte das Publikum auf sämtlichen Seiten des Erdballs den makabren Countdown der noch verbleibenden Lebenstage Abu-Jamals mit, während in einem Gerichtssaal von Philadelphia die Anhörungen zu dem PCRA-Antrag des Verteidigers liefen (Wiederaufnahme des Verfahrens nach dem »Post

Conviction Relief Act«). Es hätte die edle Hysterie sicherlich sehr gedämpft, wenn jemals durchgesickert wäre, was einwandfrei feststeht: Das angekündigte Hinrichtungsdatum hätte sowieso nie eingehalten werden können. Unabhängig von dem durch Richter Sabo im Rahmen des PCRA-Hearings gewährten Aufschub standen und stehen Abu-Jamal Berufungsmöglichkeiten offen, die eine Urteilsvollstreckung noch auf Jahre verhindern.

Zugegeben – die Verhandlungsführung des Richters Albert Sabo war kaum je geeignet, das Vertrauen in die Justiz zu fördern. Er ist ein autoritärer Sheriff-Typ, der mit störrischen Verteidigern im Zweifelsfall nicht viel Federlesens macht. Unter seinem Vorsitz wurden mehr Menschen zum Tod verurteilt als irgendwo sonst in den USA. Auch ist die Staatsanwaltschaft von Philadelphia bekannt dafür, daß sie bei Mord (»first degree murder«) grundsätzlich auf Höchststrafe plädiert: »Philadelphia – the Capital of Capital Punishment«, titelte das »New York Times Magazine«.[104] Und die Häufigkeit und Schwere der Übergriffe durch die örtliche Polizei lagen ebenfalls lange Zeit über dem Durchschnitt.

Sabo präsidierte nicht nur beim PCRA-Hearing im Sommer 1995, sondern auch vierzehn Jahre zuvor beim Originalprozeß gegen Abu-Jamal. Er hatte vier Wochen gedauert; der größte Teil davon fand ohne den Angeklagten statt, weil Abu-Jamal ständig störte und politische Erklärungen abgab. Bereits bei der Auswahl der zwölf Geschworenen war es zu bedenklichen Szenen gekommen, indem Abu-Jamal sich gegenüber den Kandidaten so bedrohlich aufführte, daß einige den Saal verließen und nicht mehr zur Verfügung standen. Abu-Jamal bestand darauf, sich selber zu verteidigen, und lehnte jede Kooperation mit dem von seinen Freunden angeheuerten Anwalt Anthony Jackson ab. Er wollte von Move-Gründer John Africa vertreten werden, doch der war kein Jurist, und das Gesetz schreibt vor, daß der Rechtsbeistand des Angeklagten in einem solchen Fall Jurist sein muß.

Jackson war keineswegs so unfähig, wie es Weinglass heute darstellt (die erwiesene Unfähigkeit eines Pflichtverteidigers wäre ein Revisionsgrund). Doch Abu-Jamal hatte ihn systematisch desavouiert, so wie er die Geschworenen beschimpfte und den Richter bedrohte. Jackson bereitete den Prozeß jedenfalls fünf Monate lang vor, er war in rund zwanzig Mordfällen als Verteidiger tätig gewesen, und er verfügte sehr wohl über ausreichende Ressourcen an öffentlichen und privaten Geldern, um sowohl Gutachter als auch einen Ermittler zu beschäftigen.

Daß die Kugeln in des toten Polizisten Kopf nicht vom selben Kaliber waren wie Abu-Jamals Munition (ein Argument, das monatelang durch die Weltpresse geisterte), hat nie ein Sachverständiger behauptet. Daher wurde auch kein entsprechendes Gutachten unterdrückt. Die Theorie geht einzig auf eine völlig unverbindliche Notiz des gerichtsmedizinischen Assistenten zurück, der Faulkner obduzierte und nicht wußte, daß »+P«-Geschosse sich beim Aufprall ausdehnen und dadurch größer wirken.

Die drei Zeugen, von denen zwei Abu-Jamal eindeutig als Täter identifizierten, sagten aus, daß niemand außer ihnen und den drei Hauptbeteiligten – dem Polizisten, seinem Mörder und Abu-Jamals Bruder William Cook – auf der Straße war. Rechtsanwalt Weinglass gibt dennoch eine andere Version zum besten, derzufolge ein fremder Mann – allerdings ebenfalls ein Schwarzer mit Rasta-Locken wie Abu-Jamal – unmotiviert und unvermittelt fünf Schüsse auf Faulkner abgegeben habe und daraufhin verschwunden sei. Weinglass beruft sich mit dieser haarsträubenden Story auf einen der drei Tatzeugen, den Taxifahrer Chobert, der gesagt habe, er hätte einen Mann rennen sehen. Weinglass verschweigt dabei bloß eine Kleinigkeit, die Chobert auch sagte, nämlich daß dieser rennende Mann Abu-Jamal war.

Die Liste solcher Tatsachenverdrehungen läßt sich noch lange fortsetzen. Sie ist aber im Grunde kein Problem. Einem Strafverteidiger darf jede noch so hanebüchene Behauptung recht sein, um einen Straftäter zu verteidigen. Weinglass könnte auf Pressekonferenzen mitteilen, es gebe Anhaltspunkte dafür, daß der Präsident der USA persönlich in der fraglichen Nacht auf Faulkner geschossen habe. Was die Journalisten daraus machen, ist freilich eine andere Sache.

Death Row Chic

Man kann der Gerichtsbarkeit von Philadelphia vorhalten, was man will: Abu Jamal ist nach allen kriminalistischen Regeln als Täter überführt worden. Die Geschworenen gelangten nach nur vierstündiger Beratung einstimmig zu diesem Urteil. Der Supreme Court von Pennsylvania bestätigte das Urteil. Man mag die Todesstrafe als solche abscheulich, den Vorsitzenden Richter Sabo fragwürdig, die Polizei von Philadelphia rassistisch finden – es gibt dennoch wenig Grund zur Annahme, sie hätten sich bei Mumia Abu Jamal in der Sache geirrt.

Tut nichts, er ist ein Held, fand die Berliner Fachgruppe Journalismus in der IG Medien und ernannte Abu-Jamal allen Ernstes zum Ehrenpräsidenten. Man spendete auch etwas Geld, um die Publikation der deutschen Übersetzung seiner Schriften zu ermöglichen. Erasmus Schöfer, einer der Herausgeber dieses Buches, ein als Unterschrift-Steller bekanntes PEN- und VS-Mitglied, zieht darin ohne weiteres eine Parallele zu Salman Rushdie: »Beide sind von institutioneller reaktionärer Gewalt mit dem Tod bedroht, weil sie kritische Bücher und Texte veröffentlicht haben. Sie verteidigen mit dem höchsten persönlichen Einsatz die Freiheit des geschriebenen Wortes...« Jürgen Lodemann, ein anderer Mitherausgeber, »erinnerte« angelegentlich daran, daß die US-Nation »aus einem steinzeitlichen Horror entstand, aus Vorgängen, die anderswo ›ethnische Säuberungen‹ heißen.« – Ein triftiges Argument für die Unschuld eines Polizistenmörders!

Doch dann mußten Lodemann und andere in der »Süddeutschen Zeitung« einen Artikel lesen, in dem der Verfasser das Ergebnis seiner eigenen Recherchen in Philadelphia darlegte und in dem ihr Schützling nicht gut wegkam. »Die kaltblütigste Zeitungsseite, die von der SZ seit langem gedruckt wurde«, beschwerte sich Lodemann in einem Brief an die Chefredaktion und ließ an seine Freunde in anderen Medien eine wüste Missive des deutschen Abu-Jamal-Verlegers Heiser verteilen, der den Verfasser einen Lumpen nannte, ihm Hitler-Sätze um die Ohren schlug und sich dann – ebenfalls gegenüber der SZ-Chefredaktion –

darüber beschwerte, daß der Adressat »darauf mit Schweigen reagiert« habe.

Natürlich geht die Erörterung des Falles weiter, zumal die Verteidigung Abu-Jamals immer neue Entlastungszeugen aufzubieten sucht. Zum Beispiel einen gewissen Mister Singletary, der beim Prozeß 1982 nicht gehört worden war, weil er von der Schießerei nichts gesehen hatte. Erst 1995, vierzehn Jahre danach, behauptete er, er habe doch alles und zwar ganz anders gesehen, sei damals aber von der Polizei zur Falschaussage gezwungen und aus Pennsylvania vertrieben worden. Singletarys Behauptungen waren allerdings so wirr und widersprüchlich, daß es selbst Abu-Jamals Anwälte für geboten hielten, vor dem Auftritt dieses »Zeugen« beim PCRA-Hearing im Sommer 1995 das Gericht zu warnen: »Wir glauben nicht, daß seine Erinnerungen völlig akkurat sind.« Auch eine der Hauptbelastungszeuginnen namens Jones soll sich fünfzehn Jahre nach der Tat aufgerafft haben, die Lüge, zu der die Polizisten sie gezwungen hätten, zu widerrufen, verkündete Verteidiger Weinglass im Mai 1996. Über seine Pressekonferenz berichtete der »Philadelphia Inquirer«, die große seriöse, liberale Tageszeitung Pennsylvanias, pflichtgemäß und ausführlich. Auch die deutsche »Junge Welt« reagierte mit einem Bericht: Er war genau doppelt so lang.[105]

»Die deutschen Aktivisten haben uns immer stark unterstützt. Und wir hatten das Gefühl, daß die Menschen dort mehr über Mumias Fall wußten als die Leute im eigenen Land«, sagte Andy McInerney von der amerikanischen »National People's Campaign« im Interview mit der »Berliner Zeitung«.[106] Diese Aussage umreißt den eigentlichen Ausgangspunkt der vorliegenden skeptischen Betrachtung. Signe Wilkinson, Karikaturistin der »Philadelphia Daily News« gab der nämlichen Erkenntnis in einer sechsteiligen Zeichnung Ausdruck. Man sah im ersten Teil die Straßenkreuzung mit der Unterschrift: »Polizist wird ermordet.« Teil zwei, drei Straßen weiter, das Gerichtsgebäude: »Mumia Abu-Jamal ist schuldig.« Teil drei, vornehmes Stadthaus, eine Meile entfernt: »Mumia ist schuldig, aber soll nicht hingerichtet werden.« Teil vier, 90 Meilen entfernt, New York: »Mumia ist Opfer eines Rassenstaates.« Teil fünf, 3000 Meilen, Hollywood: »Mumia ist Vorbild (›role model‹).« Schließlich, sechstens, 6000 Meilen, Italien (stellvertretend für Europa): »Heiliger Mumia.«

Die Staatsanwältin Arlene Fisk, in deren Händen der Fall jetzt liegt, hat an ihren Besucher eine Frage, auf die er keine Antwort weiß: Warum interessiert man sich in Europa so sehr für diesen einen Polizistenmörder, dessen Opfer von den weitgereisten Korrespondenten so gut wie nie erwähnt wird? Der Name von Wachtmeister Daniel Faulkner steht auf einer kleinen Ehrentafel im Innenhof des Rathauses, zusammen mit den Namen aller anderen im Dienst getöteten Officers. Es sind Dutzende, und jedes Jahr kommen durchschnittlich zwei oder drei neue hinzu. Faulkner war 25 Jahre alt, als er sein Leben an der Locust Street verlor; seine Witwe muß sich damit abfinden, hin und wieder, wenn sie das Radio einschaltet, die sonore Stimme von Abu-Jamal, dem Vielinterviewten, zu vernehmen. Das Maß an Unterstützung, das er auf dem Alten Kontinent genießt, vermag sie sich gar nicht vorzustellen. Noch im Juni 1996 stürmten in Kopenhagen maskierte Solidaritäter einen Raum des dänischen Parlaments, warfen die Einrichtung (Computer, Tische, Stühle) durchs Fenster und entrollten das obligatorische Transparent »Free Abu-Jamal«.

Die Tafel bei der City Hall in Philadelphia wurde vom Polizeiverband, dem »Fraternal Order of Police«, installiert, der sie jeweils auf den neuesten traurigen Stand bringt. Diese gewiß nicht zimperliche »Bruderschaft« wird in den deutschen Medien oft als rassistisch, reaktionär und rechtsradikal apostrophiert; dem Verfasser wurde sogar vorgeworfen, er schreibe in ihrem Auftrag. Die Wahrheit ist, daß der Pressesprecher dieses Vereins, Dale Wilcox, jedes Interview mit einem Journalisten aus Europa rundheraus ablehnte; der Kontakt mit dem »Fraternal Order of Police« war folglich der am wenigsten hilfreiche bei der ganzen Recherche des Verfassers.

Arlene Fisk dagegen war sehr wohl zu sprechen. Es kam selten genug vor, daß sich ein ausländischer Korrespondent nach ihrer Darstellung erkundigte. Die Informationen von Abu-Jamals Verteidigern waren und sind ungleich mehr gefragt. Ungleich war und ist auch das Verhältnis der Nachrichtenqualität: Während die Verteidigung schrille und tolle Behauptungen am laufenden Band aufstellen darf – und dadurch gute Chancen hat, in die News zu kommen –, kann die Staatsanwaltschaft bloß wiedergeben, was amtlich aktenkundig ist. Die Staatsanwältin Arlene Fisk tat es mit Geduld – und empfahl ihrem deutschen Gast, die ganzen (in den USA frei zugänglichen) Gerichtsakten zu lesen. Daß ihre Familie aus Deutschland stammt, verriet sie ihm erst zum Schluß; sie könne zwar nicht deutsch, aber noch ein bißchen jiddisch. Und ein einziges Mal habe sie im Fernsehen, auf einem der unzähligen Kanäle, die es in Philadelphia gibt, ihre verlorene Heimatstadt Kassel gesehen: ein einziges Mal in all den Jahren, und das war noch nicht so lange her; die Sendung berichtete von einer imposanten Demonstration in Kassel – für Mumia Abu-Jamal.

Es gibt eine Form von Verdrehtheit, die für unsere Zeit charakteristisch ist: Nicht die Umwertung aller Werte, sondern die Umdeutung aller Bedeutung steht auf der Tagesordnung. Die extreme Fokussierung der Wahrnehmungen durch den Medienapparat auf Kosten des Kontextes macht Absurdes wesentlich und Essentielles unwichtig: Sinn-Distorsion durch Punkt-Perzeption. Dadurch droht nicht nur der Zweck jeglichen politischen Engagements, sondern der Begriff des Politischen überhaupt zu erodieren. Das weltweite Theater um den Fall Abu-Jamal zeigt diese Verschiebung deutlich: Ginge es den Gegnern der Todesstrafe nur darum, gegen eine Hinrichtung zu protestieren, wäre dies nicht nur hinzunehmen, sondern durchaus anzuerkennen. Doch offensichtlich geht es noch um etwas anderes, sonst würde nicht diese gigantische Kampagne um einem einzigen Fall von Schweigen und von Desinteresse bei so vielen anderen, vollkommen gleich gelagerten Fällen begleitet. Es geht um den Selbstdarstellungswillen des Kulturbetriebs.

Schließlich bereitet es eine tiefe Genugtuung, vom Redaktionspult aus Unrecht anzuprangern und Verfolgten beizustehen. Erst recht, wenn der Thrill des Todes, der Death Row Chic, hinter dem Casus spürbar ist. Dann beginnt ein widerliches Kokettieren mit der Gefahr. Denn insgeheim sehnt sich ein jeder Autor danach, so bedeutend zu sein, daß er verfolgt wird. Doch insgeheim ahnt jeder, daß große Dichter heute ebenso rar sind wie große Tyrannen, daß literarische Werke, die epochale Kollisionen mit der Staatsmacht bewirken, nicht auf der Tagesordnung stehen und daß man sich statt dessen ein Stückchen Glorienschein aus einer wie auch immer gearteten Gefährdung basteln muß. Das ist der Heldenmut der Solidaritäter: Sie bewirtschaften ihr biederes Engagement, indem sie dem perplexen Publikum erzählen, welch riesiges Risiko es doch bedeutet, ein Schriftsteller zu sein.

Zwischenruf – Vom Kulturboykott zur Boykottkultur

Die Iren waren in ihrem Unabhängigkeitskampf gegen Britannien schon immer recht erfinderisch. Vor etwas mehr als hundert Jahren hatten sie zum Beispiel einen Politiker namens Charles Stewart Parnell, der sich vorzüglich darauf verstand, als Mitglied im königlichen Parlament nichts anderes als Obstruktion zu betreiben. Dafür wurde er zum Präsidenten der Irischen Nationalpartei gewählt und machte als Volksverhetzer eine großartige Karriere. Einer der Höhepunkte dabei war die Vertreibung eines englischen Gutsverwalters namens Charles Cunningham Boycott, dessen Name als Bezeichnung für das, was ihm widerfuhr, in die Geschichte einging.

Boycott wurde das Opfer einer systematischen sozialen Exkommunizierung; er war in der Art, wie er mit den irischen Pächtern umging, sicherlich ein Ekel, aber die Methode, ihn fertigzumachen, war neu und verdient als solche Interesse. Der Boykott ist nämlich ein äußerst modernes Mittel politischer Auseinandersetzung. Er ist nicht einfach eine Kampfmaßnahme, sondern zugleich Ausdruck von moralischer Überlegenheit: Wer boykottiert, erteilt dem Gegner eine Lektion, indem er sich von ihm demonstrativ abwendet. Wer dem anderen die Gunst der Hinwendung entzieht, zeigt dadurch aber auch, daß seine Hinwendung eigentlich eine große Gunst ist. Beziehungsweise daß sie so verstanden werden soll.

Und damit sind wir bei den Künstlern, die heutzutage gerne als Experten für moralische Überlegenheit auftreten. Denn nicht Genie oder Talent, sondern die gute Gesinnung ist mittlerweile das wichtigste Kriterium, um im Verwertungsbetrieb zu bestehen. Es gibt in unserer Kulturindustrie wahrhaftig wenig Zugangsbeschränkungen, doch eine ist von eiserner Gültigkeit: Man muß ein edler Mensch sein und hehre Absichten haben. Diese Doktrin ist schon so eingeübt, daß auch der Umkehrschluß allmählich akzeptiert wird – nach dem Motto: Je edler, desto Künstler.

Um diesen Anspruch einzulösen, nehmen die Artisten allerlei Entsagungen auf sich; schlimmstenfalls verzichten sie sogar auf die Darbietung ihrer Kunst. Das nennt sich dann Kulturboykott und sorgte 1995 in Frankreich für ungeheures Aufsehen. Dort waren viele edle Publikumsbeglücker, vom Schlagersänger bis zum Photographen, über den Ausgang der Bürgermeisterwahlen in Toulon, Orange und Marignane so empört, daß sie beschlossen, in diesen Städten nicht mehr aufzutreten, um die Bevölkerung zu strafen.

Gewiß dürfen sich Künstler über das Vordringen der rechtsextremen Le-Pen-Partei empören, und zweifelsohne haben Künstler – wie andere Menschen auch – das Recht, frei zu entscheiden, wo sie sich aufhalten und wo sie arbeiten. Doch das Spektakel, das um diese Kunstverweigerung gemacht wurde, kam einer riesigen Reklameaktion gleich. Genauso war der Hungerstreik, in den die Theaterregisseurin Ariane Mnouchkine und ein paar Freunde wenig später traten, von ehrenwertesten Motiven, nämlich dem solidarischen Engagement für Bosnien, unterfüttert, doch er war selbst dem bosnischen Ministerpräsidenten derart peinlich, daß er die in Paris hungernden Künstler höchstpersönlich darum bat, es sein zu lassen.

Noch ein paar Wochen später sorgte der Literaturnobelpreisträger Kenzaburo Oê für Schlagzeilen, als er seine Teilnahme an einem Literaturfestival in Aix-en-Provence aus Protest gegen die französischen Atombombentests im Südpazifik absagte. Das Festival fiel daraufhin ganz aus und ging deswegen nochmals durch die internationale Presse – in einer Intensität und Breite, die es unter gewöhnlichen Umständen nie erreicht hätte. Damit war der Zweck des Boykotts gewissermaßen übererfüllt: Statt die Veranstaltung durch sein Fernbleiben zur Bedeutungslosigkeit zu verurteilen, verlieh ihr der japanische Dichter als Abwesender noch mehr Appeal.

Daraus läßt sich eine Lehre ziehen, die in unserer Medienwelt generelle Gültigkeit besitzt: Der Nachrichtenwert eines jeden Ereignisses ist seine Negativität. Das Feuilleton macht davon keine Ausnahme mehr. Folglich trifft auch für Kulturveranstaltungen zu, daß sie schiefgehen oder besser: ganz ausfallen müssen, um überhaupt wahrgenommen zu werden. Da man bei schiefgegangenen oder ausgefallenen Kulturveranstaltungen aber nicht weiß, ob sie bedeutend gewesen *wären,* wird dies – sozusagen aus journalistischer Vorsicht – grundsätzlich angenommen. So daß auch völlig unwichtige Kulturveranstaltungen gute Chancen haben, weltweit bekannt zu werden, vorausgesetzt, sie finden nicht statt.

Ganz ähnlich ist ja auch beim Einzelmenschen der Weg zur Prominenz entweder mit Protestaktivitäten oder besser noch: mit einer Passionsgeschichte, die zu Protestaktivitäten führt, gepflastert. Man wird nicht mehr berühmt für das, was man leistet, sondern für das, was man erleidet. Die größten Karrieren beruhen auf einem sorgfältig bewirtschafteten Opferstatus. Ganz neu ist das allerdings auch nicht: Immerhin wurde Charles Boycott über die Zeiten viel bekannter als sein Gegner Charles Parnell, der, wenn er das geahnt hätte, ihn vielleicht nicht boykottiert hätte.

Shell brennt, Esso spart – Greenpeace macht Politik

Als im Frühsommer 1995 die schrottreife Ölplattform Brent Spar in den 2000 Meter tiefen Wassern des Atlantiks versinken sollte, bildete sich in Deutschland eine ganz und gar außergewöhnliche Koalition: Der Protest gegen die Versenkung reichte von den Republikanern zur PDS, von der Katholischen Arbeitnehmerbewegung bis zum Evangelischen Kirchentag, vom Deutschen Hebammenverband bis zum Strumpfhosenhersteller Kunert, vom Bundestag bis zu »autonomen Gruppen«, von Harald Juhnke bis zu Bärbel Bohley. Kurz: Die Deutschen waren »ein einig Volk von Umweltschützern«[107]. Eine Überlebensfrage der Menschheit, erläuterte der Vorsitzende des Bundes für Umwelt und Naturschutz, Hubert Weinzierl, für die »Passauer Neue Presse«, könne nur im Konsens gelöst werden und dürfe darum nicht in »kleinkarierter Parteipolitik« verkommen.[108]

Was die Deutschen im Mai und Juni 1995 so unversehens bewegte, hatte eine jahrelange Vorgeschichte. Die Brent-Spar-Anlage hatte von 1976 bis 1978 in der Nordsee als schwimmender Rohölspeicher gedient. Das im britischen Brent-Feld geförderte Öl war zunächst in diesen Spar-Kessel gepumpt und von dort aus per Tanker zu den Raffinerien an Land transportiert worden. Eine Pipeline von den Förderanlagen in der Nordsee zu den Shetland-Inseln hatte das Zwischenlager überflüssig gemacht. Seit 1991 hatte Shell als Betreibergesellschaft der Brent Spar nach einer Entsorgungsmöglichkeit gesucht. In über 30 Gutachten waren vom Verkauf bis zur Demontage an Land alle denkbaren Varianten untersucht worden. Nach Berücksichtigung der technischen, ökologischen und finanziellen Aspekte hatte sich Shell für die Versenkung in der Tiefsee entschieden. Eine entsprechende Genehmigung wurde bei der britischen Regierung beantragt und erteilt. Die Öffentlichkeit wurde über die Gutachten und den Entscheidungsprozeß unterrichtet. Die britische Regierung informierte die übrigen Länder der europäischen Union von der geplanten Maßnahme. Keine Regierung erhob Einspruch.

Im Februar 1995 bat Greenpeace bei Shell um Einsicht in die Unterlagen. Die Umweltschützer hatten einen Monat zuvor von der keineswegs heimlich geplanten Versenkung erfahren. Bei der Geschäftsleitung von Shell meldete Greenpeace zunächst keine Bedenken gegen das Vorhaben an. Intern stritten die Umweltschützer noch über die Art ihres Vorgehens. Der Flügel der »alten Haudegen« um die Kampagnenleiter Ulrich Jürgens und Harald Zindler versuchte den Rest der Organisation davon zu überzeugen, daß mit einer spektakulären Besetzung der Ölplattform am meisten zu gewinnen wäre. Der wissenschaftlich arbeitende Flügel von Greenpeace, vor allem die Mitarbeiter der »Berliner Chemikalienkampagne«, zeigte sich skeptisch. Einige nationale Greenpeace-Büros, darunter das US-amerikanische, lehnten die Aktion rundheraus ab. Den Umweltexperten bei Greenpeace war die kontinuierliche Arbeit wichtiger als die grelle, einmalige Aktion. Den Ausschlag zugunsten der Aktionisten gaben die Öffentlichkeitsabteilung und die sogenannten »Fundraiser«. Die Spendeneintreiber sahen die große Chance, über mediengerechte Bilder neue Sponsoren zu finden. Knapp zwei Wochen vor der geplanten Versenkung sollte die vierte Nordseeschutzkonferenz im dänischen Esbjerg stattfinden. Die Umweltminister der Anrainerstaaten wollten dort über Maßnahmen zum Schutz der Nordsee beraten. Greenpeace setzte darauf, den gelangweilten Konferenzberichterstattern ein paar spannende Bilder zu liefern. Ulrich Jürgens resümierte rückblickend: »Wir waren uns von Anfang an sicher gewesen, daß Brent Spar das große umweltpolitische Thema des Sommers werden würde – darum hatten wir uns organisationsintern so sehr dafür eingesetzt und darauf auch unsere Planung abgestimmt.«[109]

Am 30. April besetzten sieben Regenbogenkämpfer aus Deutschland, den Niederlanden und Großbritannien in bekannter Überraschungsmanier die Ölplattform. Die Deutsche Presse-Agentur meldete die »Piratenaktion« in überdurchschnittlicher Länge. Die Umweltschützer hätten die »Bohrinsel« sogleich mit Spezialgeräten untersucht und dabei Ölreste, Schwermetalle und radioaktive Stoffe gemessen. Greenpeace fordere, die »schwimmende Giftmülldeponie« an Land zu entsorgen. Die britische Regierung, so dpa, habe die Genehmigung zur Versenkung »auf hoher See« auf der Basis eines »Gutachtens von Shell« erteilt. Greenpeace befürchte nun, die Versenkung der Brent Spar könne zu einem Präzedenzfall für die 400 übrigen Ölförderanlagen in der Nordsee werden.

Die Medienberichterstattung über die Aktion von Greenpeace begann mit lancierten Falschinformationen. Tatsächlich handelte es sich nicht um eine Bohrinsel, sondern um einen riesigen, bojenartigen Rohölspeicher einzigartiger Bauweise. Die fast 140 Meter hohe Anlage hatte einen Tiefgang von über 100 Metern. Die im Meer (»off shore«) zusammengebaute Konstruktion konnte nicht ohne weiteres an Land geschleppt werden. In einem äußerst riskanten Manöver hätte sie zunächst in eine waagerechte Position gekippt werden müssen. Wegen der Gefahr des Auseinanderbrechens rieten Fachleute von diesem Manöver ab. Der vorgesehene Ort der Versenkung lag 150 Seemeilen nordwestlich der Äußeren Hebriden im Atlantik, also durchaus nicht in der Nordsee, für die sich die deutschen Umweltschützer als besonders zuständig erklärten. Bei dem vermeintlichen Giftmüll auf der Brent Spar handelte es sich hauptsächlich um feste Ablagerungen an den Innenwänden der Rohöltanks. Die Rückstände – vorwiegend Sand, Salze und Ölreste – waren in vielen Gutachten analysiert worden, die Shell bei unabhängigen Wissenschaftlern und Fachleuten in Auftrag gegeben und der britischen Regierung vorgelegt hatte.

Greenpeace hatte erklärtermaßen die Absicht, einer rationalen Erörterung des Brent-Spar-Problems aus dem Weg zu gehen. Kampagnenleiter Ulrich Jürgens formulierte das so: »Wenn du mit Wissenschaftlichkeit argumentierst, bist du immer verloren.

Ist doch egal, ob da zehn oder tausend Tonnen Giftschlamm drin sind. Es geht darum, wie eine hochentwickelte Gesellschaft mit ihrem Müll umgeht.«[110] Das Ziel der Aktion war ein Medienspektakel aus purem Eigeninteresse. Die Einnahmen der Umweltschutzorganisation stagnierten oder waren gar rückläufig. Die laufenden Kosten für Personal, Schiffe, Ausrüstung, Büros etc. konnten kaum noch aufgebracht werden. Im Herbst 1994 hatte Greenpeace über 90 Mitarbeiter entlassen müssen. Das Für und Wider der Versenkung von Brent Spar war weniger wichtig als die Bilder vom Spiel David gegen Goliath. Die Fernsehbilder sollten jedem Spender im eigenen Wohnzimmer erreichen und ihm verdeutlichen: Greenpeace tut etwas, und zwar stellvertretend für alle umweltbewußten Menschen. Geld kann man nicht essen, versichert der Greenpeace-Slogan, aber sehr wohl spenden. Inwieweit die Anliegen der Umweltschützer berechtigt sind, kann man diskutieren. Außer Frage steht jedoch, daß Greenpeace eine hierarchisch strukturierte Organisation ist, bei der die Entscheidungen von einer kleinen Führungsgruppe getroffen werden.

Während die Medien zu anderen gesellschaftlichen Gruppen wie Gewerkschaften, Wirtschaftsverbänden oder Kirchen in der Regel eine professionelle Distanz pflegen, stellten sie sich im Fall von Brent Spar bereitwillig in den Dienst von Greenpeace. Schon bei der ersten Besetzung der Ölplattform war ein Kamerateam des NDR dabei. Die Bilder von rasenden Schlauchbooten und tollkühnen Kletterern am Stahlkoloß zeigte das Politmagazin »Panorama« am folgenden Tag. Die übrigen Medien brauchten sich nicht benachteiligt zu fühlen. Die Besetzer der Ölplattform versorgten sie mittels modernster Satellitentechnik mit Photos, Fernsehbildern und Interviews.

In den folgenden Wochen verbreiteten die Medien alle möglichen Argumente gegen die Versenkung von Brent Spar, egal wie widersprüchlich diese auch immer waren. So ereiferte sich der »Spiegel«, die Brent Spar solle mit ihrer »höchst umweltschädlichen Ladung« im Atlantik verschwinden.[111] Einen Monat später hieß es im selben Magazin, bei der gefährlichen Ladung handle es sich um eine vergleichsweise »homöopathische Dosis«.[112] Der

Leser erfuhr nun, daß selbst Greenpeace nicht bestritt, »daß die Sprengung [und folgende Versenkung] der Brent Spar auf Flora und Fauna des Meeres kaum Einfluß hat«. Der Streit um die Plattform habe »vor allem Symbolcharakter«. Zwischendurch meldeten die Tageszeitungen, Greenpeace habe an Bord der Brent Spar erheblich höhere Giftmengen als von Shell angegeben gemessen. Außer den 100 Tonnen Ölschlamm befänden sich noch 5500 Tonnen Öl in der rostigen Ruine. Warum ein kommerzielles Unternehmen Rohöl im Wert von über einer halben Million Dollar[113] in einer Speicheranlage zurücklassen sollte, fragte sich niemand.

Immer wieder wurde in den Medien die Auswirkung der Versenkung auf die Umwelt diskutiert. Sofern Experten zu Wort kamen, wurde schnell klar, daß die Brent Spar auf dem Meeresgrund allenfalls lokal begrenzte Schäden anrichten würde. Die Gefahr, so konterten dann Umweltschützer und Medienvertreter, liege in der Signalwirkung für andere ausrangierte Ölfördereinrichtungen in der Nordsee. Über 400 Bohrinseln drohte angeblich die baldige Versenkung in der Nordsee. Die Versicherungen von Shell und der britischen Regierung, daß man grundsätzlich an der Entsorgung der Anlagen an Land festhalte, galten als unglaubwürdig.

Sowohl der Ölkonzern als auch die britische Regierung waren für die deutschen Reporter nicht nur Umweltverschmutzer, sondern auch Rechtsbrecher. Die Versenkung der Brent Spar verletze internationale Abmachungen zur Reinhaltung der Meere, wurde in zahllosen Artikeln und Sendungen behauptet. Unaufhörlich wurde das Bild vom braven Deutschen gezeichnet, der ohne Murren seiner Pflicht zum Müllsortieren nachkomme, während gleichzeitig der Ölmulti seinen giftigen Schrott »einfach ins Meer kippe« und damit gegen die »guten Sitten« verstoße.[114] Gleiches Recht für alle, forderten die Medien. Verschwiegen wurde dabei, daß sich sowohl Shell als auch die britische Regierung an alle Gesetze und internationalen Abkommen gehalten hatten. Alle juristischen Versuche von Greenpeace, die Versenkung der Ölplattform zu verhindern, scheiterten. Die Prozesse vor den britischen Gerichten waren gleichwohl kein Thema für die Medien in Deutschland.

Das schlagkräftigste Argument gegen Shell war die vermeintliche Profitgier des Konzerns. Brent Spar solle im Meer versenkt werden, weil dies die billigste Art der Entsorgung sei, hieß es in den Berichten. Als Greenpeace am Rande der Nordseeschutzkonferenz ein von Shell angeblich unterschlagenes Gutachten präsentierte, das die Demontage der Verladeplattform an Land als viel billiger und einfacher als vom Ölkonzern behauptet darstellte, fiel niemandem auf, daß dieser finstere Trick nicht so ganz ins Bild der Profitgier paßte. Welche Motive blieben übrig, wenn Shell trotz preiswerter Entsorgungsmöglichkeit an Land auf der Versenkung im Atlantik beharrte? Die Versenkung, so rechneten deutsche Journalisten unermüdlich vor, komme infolge des Imageverlustes sowieso viel teurer als die umweltfreundlichere Lösung an Land. Als Shell sich auch diesem Argument lange Zeit verschloß, galten die Manager der Firma als »tumb«, »unsensibel« und als »sture Briten«.[115]

Die Vorwürfe gegen Shell waren in sich nicht schlüssig und voller Widersprüche. Die Rollenverteilung beim Hochseetheater war dagegen eindeutig festgelegt: Während Greenpeace stellvertretend für die Umwelt, das Gemeinwohl, ja sogar das Volk agierte, auf jeden Fall aber völlig uneigennützig handelte, ging der Shell-Konzern bloß aus niederen Beweggründen, in erster Linie dem Profitinteresse, vor. Gut gegen Böse lieferten sich einen Showdown auf dem Wasser. Die Medien wollten nicht abseits stehen und ergriffen Partei. Die deutschen Kamerateams drängten sich auf dem von Greenpeace gecharterten Schiff »Altair«, um die Scharmützel bei der zweiten und dritten Erstürmung der Plattform aus vorderster Reihe filmen zu können. Ausländische Journalisten, besonders solche französischer und britischer Medien, hatten kaum eine Chance, auf der »Altair« einen Platz zu bekommen. Sie durften auf der »Solo«, einem eilends herangeschafften zweiten Schiff, den Ereignissen hinterherdümpeln. Greenpeace setzte vor allem auf das Medien- und Spendenecho in Deutschland, wo bereits in der Vergangenheit eine halbe Million Sponsoren das deutsche Büro zur finanzkräftigsten Sektion gemacht hatte. Für 1995 rechnete Greenpeace Deutschland mit einem weiteren Ansteigen des Spendenaufkommens, das 1994 bei rund 70 Millionen Mark gelegen hatte.[116]

In Deutschland entwickelten die Medien und Greenpeace eine geradezu symbiotische Beziehung. Die Regenbogenkrieger lieferten eine Reality-Show erster Güte. Stolz verkündeten die Umweltschutz-Helden, daß sie bereit seien, für die Sache – und das heißt die Show – ihr Leben zu riskieren. »Spiegel«-Reporterin Michaela Schießl zitierte den Ersten Maat des Greenpeace-Schiffes »Altair«, einen Türken tschetschenischer Herkunft namens Feik, mit den Worten: »Ich hab' keine Angst um mein Leben.« Die frühere »taz«-Journalistin konnte ihre Bewunderung für den Rekken des Regenbogens kaum verbergen: »Für das Boot mit den Kameramännern fährt Feik eine extra steile Kurve, haarscharf unter dem Bug des Schleppers vorbei. Greenpeace Classic eben, David gegen Goliath.«[117]

Die Boulevardpresse, viele private Rundfunk- und Fernsehstationen ergriffen nicht nur Partei zugunsten von Greenpeace, sondern machten den Kampf gegen die Versenkung der Brent Spar zu ihrem eigenen Anliegen. Der Kölner »Express« und die Münchner »Abendzeitung« starteten Leseraktionen gegen Shell. »Tanken Sie noch bei Shell?« fragte die »Hamburger Morgenpost« am 14. Juni ihre Leser. Greenpeace, entgegen dem eigenen Image, vermied einen eigenen Aufruf zum Boykott der Shell-Tankstellen, um möglichen Schadensersatzforderungen aus dem Wege zu gehen. Statt dessen beauftragte die Organisation das Meinungsforschungsinstitut Emnid mit der Erkundung der Boykottbereitschaft. Das Ergebnis – 85 Prozent der deutschen Autofahrer bejahten die suggestiv gestellte Frage – löste eine Lawine von Boykottaufrufen aus. Von links bis rechts buhlten Politiker um die von Emnid konstatierte Mehrheit.

Fernseh- und Rundfunkstationen boten den eigentlich rechtswidrigen Aufrufen ein Forum.[118] Während sich die Journalisten anfangs noch darum bemüht hatten, zumindest zwischen Nordsee und Atlantik, Bohrinsel und Speicherplattform zu unterscheiden, so spielten die Fakten in den Presseerklärungen der Shell-Boykotteure überhaupt keine Rolle mehr. Der SPD-Umweltexperte Michael Müller sprach öffentlich von einer »unglaublichen Sauerei«, der Vorsitzende des Bundes für Umwelt und Naturschutz, Hubert

Weinzierl, von einer »Wahnsinnstat«. Der FDP-Generalsekretär Guido Westerwelle rief zum Boykott gegen »derartige Verbrechen an der Umwelt« auf, der CDU-Bundestagsabgeordnete Claus-Peter Grotz schaltete eine Anzeige mit dem Text: »Shell schädigt die Nordsee. Wir schädigen Shell.« (Shell-Dok. 64)

In der aufgeheizten Atmosphäre gingen bei Shell immer mehr Bombendrohungen ein. Ihren Höhepunkt erreichte die Hysterie am 14. Juni, als Unbekannte eine Shell-Tankstelle in Mörfelden-Walldorf beschossen. Als am 15. Juni ein Brandanschlag auf eine Tankstelle in Hamburg-Wandsbek verübt wurde, titelte die »Bild«-Zeitung: »1. Tankstelle brennt«. Am 17. Juni brannte eine zweite Shell-Station in der Nähe von Kassel. Ungeachtet der Anschläge ging die Kampagne gegen die »Öko-Feinde«[119] weiter, nachdenkliche Kommentare waren in den Medien die Ausnahme. Greenpeace rechnete es sich später hoch an, sich zu diesem Zeitpunkt gemeinsam mit der Geschäftsleitung von Shell gegen die Gewalt und andere Überreaktionen gewandt zu haben.[120] Pressesprecher Vorfelder sah es im Rückblick allerdings als die größte Stärke von Greenpeace an, »das Herz der Bevölkerung bewegt« zu haben.[121]

Am 20. Juni, als der »Endkampf um Brent Spar«[122] die Medien beschäftigte, entschloß sich Shell zum Rückzug. Während der britische Premierminister John Major im Unterhaus die Versenkung der Brent Spar energisch verteidigte, gab die Britische Shell ihre Kursänderung der Öffentlichkeit bekannt. »Ein später Sieg der Vernunft«, »ein Sieg für die Umwelt« oder einfach »Sieg – Shell gibt auf« jubelten die Gazetten am folgenden Tag. Unter weiterer Begleitung von Greenpeace schleppte Shell das »Öl-Monster« (»Bild«) in den norwegischen Erfjord bei Stavanger.

Die mediale Nachbetrachtung der Affäre um die Brent Spar beklagte die Umweltschutz-Heuchelei von so manchem Politiker, gab Shell kluge Ratschläge zur Reparatur des beschädigten Images und fand mitunter gar kritische Worte zur Rolle von Greenpeace. Unterm Strich standen die Regenbogenkrieger allerdings als strahlende Sieger da. Der »Spiegel« ermittelte in einer repräsentativen Umfrage, daß zwei Drittel der Deutschen am liebsten Greenpeace ins Parlament wählen würden.[123] Der SPD-Vorsitzende Wolfgang Thierse und der Kirchenmann Friedrich Schorlemmer reagierten umgehend, indem sie Greenpeace als Kandidaten für den Friedensnobelpreis vorschlugen. Für die Medien insgesamt galt: »Die Welt hat dank Greenpeace grünes Blut geleckt, und es scheint ihr zu schmecken.«[124] Der französische Präsident Jacques Chirac hatte die Wiederaufnahme der Atombombenversuche im Südpazifik angekündigt. Die Journalisten rüsteten sich zu einer weiteren Kreuzfahrt mit Greenpeace.

Am 5. September, als die Hundertschaften der Reporter und Kameraleute bereits vor Mururoa lagen, die ganze Medienwelt ihr Augenmerk auf das Südsee-Atoll gerichtet hatte, gab das Londoner Büro von Greenpeace eine bemerkenswerte Erklärung ab: Bei den eigenen Messungen auf der Brent Spar sei den Umweltschützern ein Fehler unterlaufen. Nicht 5500 Tonnen Öl hätten sich in den Tanks der Plattform befunden, sondern nur Rückstände an Öl, Schlämmen und Salzen, deren Mengen im wesentlichen mit den Angaben von Shell übereinstimmten. Lord Melchett, Greenpeace-Chef in Großbritannien, habe sich umgehend bei der britischen Shell entschuldigt. Die unabhängige Stiftung »Det Norske Veritas«, die mit der neuerlichen Untersuchung der Plattform befaßt war, hatte die Regenbogenkrieger auf ihre Meßfehler hingewiesen.

Das Eingeständnis des Irrtums trug Greenpeace ein paar kritische und nachdenkliche Kommentare ein. Die »Zeit« versprach ihren Lesern, beim nächsten Mal etwas schärfere Fragen zu stellen.[125] Die FAZ schrieb über den »Erkenntnisschock: Greenpeace ist fehlbar«.[126] Schockierend war allerdings nicht, daß sich die Medien in einem Detail von Greenpeace hatten täuschen lassen. Der Skandal bestand vielmehr darin, daß fast die gesamte Medienwelt der PR-Kampagne einer privaten Organisation aufgesessen war. Die Schlagzeilen spiegelten eine verkehrte Welt wieder. Sie beschworen unisono ein Kriegsspektakel auf See, das kaum einem Fisch eine Schuppe gekrümmt hätte, während »das Geschehen im ehemaligen Jugoslawien vorübergehend die Dramatik einer umgekippten Kaffeetasse in der Etappe hatte«[127].

Terror für Tiere – Im Namen unserer eßbaren Mitbürger

Wir können die Tiere nicht verstehen, wir verstünden uns denn selbst. Tiere sind uns ein Rätsel, denn sie verkörpern auch das Rätsel unseres eigenen Daseins. Ob wir mit ihnen beten wie der Heilige Franziskus oder mit ihnen schnattern wie Konrad Lorenz, es bleibt da eine absolute Grenze. Sie wird von der Vernunft gesetzt, durch die wir uns von den Tieren unterscheiden. Auf diese Unterscheidung legen wir größten Wert, wir leiten sogar unseren eigenen Wert von dieser Unterscheidung her. Doch zugleich wissen wir, daß die Tiere, schopenhauerisch gesagt, »im Wesentlichen und in der Hauptsache durchaus das Selbe sind, was wir sind«.

Wir können diesen Widerspruch nicht überwinden. Allein vor der Tatsache, daß wir Tiere töten, um von ihrem Fleisch zu leben, muß alle Philosophie kapitulieren. Wie sagte Nietzsche? »Natur ist etwas ganz anderes als das, was wir beim Nennen ihres Namens empfinden; – wir selber sind Natur.« Der Widerspruch liegt also durchaus in uns selber, insofern wir als Lebewesen zur Natur gehören, aber als »Denk-Tiere« von ihr abgefallen sind. Aus diesen beiden Positionen sind ganze Weltanschauungen erwachsen – seit dem 19. Jahrhundert, als sich das Thema durch die Abstammungslehre verschärfte. Nicht daß die Menschen früher keine Ahnung gehabt hätten von ihrer existentiellen Verbundenheit mit dem Tierreich. Es gibt in Literatur und Mythos unzählige Zeugnisse, die von einer gemeinsamen Vergangenheit der Tiere und der Menschen handeln, und auch in der Heiligkeit von Tieren drückt sich dieses Wissen aus. Der blanke Beweis leiblicher Verwandtschaft jedoch, den Darwin erbrachte, war von anderer Qualität.

Die riesige Empörung, die er damit auslöste, kam nicht nur daher, daß er den christlichen Schöpfungsglauben der historischen Grundlage beraubt hatte. Viele Menschen lehnten die Darwinsche Lehre einfach deswegen ab, weil sie die Nähe zum Tier schlechthin als Erniedrigung empfanden. Diese Gekränktheit klingt noch heute nach in der trotzigen Behauptung mancher Tierversuchsgegner, die an Tieren gewonnenen Ergebnisse würden sich auf den Menschen grundsätzlich nicht übertragen lassen. Andererseits verkünden sie, das Tier sei gerade wegen seiner großen Ähnlichkeiten mit dem Menschen zu schützen und zu schonen – eine Auffassung, die durch Darwins Theorie schließlich entscheidend gefördert wurde.

Der Tierschutz kam also im 19. Jahrhundert auf, und die Naturwissenschaft hatte daran doppelten Anteil: Während nämlich die Abstammungslehre das Tier sozusagen in den Rang eines Geschichtssubjekts erhob, traktierte man es in der Medizin als Forschungsobjekt in einer Weise, die eine erste Gegenbewegung auf den Plan rief. Im Streit um die Vivisektion traten denn auch gleich sämtliche Argumente und Aporien zutage, die den Diskurs bis heute kennzeichnen. Die Parolen sind sich sogar fast wörtlich gleich geblieben, was angesichts der seither gemachten wissenschaftlichen Fortschritte immerhin merkwürdig ist.

Hat der Mensch das Recht, Tiere zu töten und zu quälen, um medizinische Erkenntnisse zu gewinnen, die Mensch und Tier zugute kommen? Als diese Frage vor über hundert Jahren aufgeworfen wurde, gab es Tierexperimente schon seit langer Zeit. Doch mit der Einführung quantitativer Kategorien in der Wissenschaft hatte die Anzahl solcher Experimente derart zugenommen, daß die Öffentlichkeit daran Anstoß nahm. Mehrere Möglichkeiten standen nun zur Debatte: Wenn man die Tierversuche abschaffte, wie es die radikalen Rigoristen forderten, stieß man die Medizin zurück in jene Niederungen hohler Spekulation, denen

sie eben erst entkommen war, und begab sich auf das Niveau jenes
Chirurgen vom Anfang des 17. Jahrhunderts, der seinen Unter-
richt in aller Brutalität so beschrieb: »Das muß erfahren und
erlernt sein, und wenn es hundert Bauern kostet.«[128]

Ernster zu nehmen waren und sind die Diskussionen, in denen
die Rechte von Mensch und Tier gegeneinander abgewogen werden. Denn daß auch die Tiere Rechte haben, ist ja das eigentliche
Novum in der Weltgeschichte. Noch zu Beginn des 19. Jahrhunderts war es herrschende Meinung unter Juristen, daß Rechtsver-
hältnisse nur zwischen Menschen bestehen können. Um die Sache
ganz klar zu machen, stellte einer sogar eine Liste auf, wer oder
was *nicht* dazu zählt. Darauf stand: »a) Gottheit, b) Tiere«.[129] Wer
oder was: Die Sprache offenbart eine charakteristische Unsicherheit, wenn es darum geht, den Tieren einen begrifflichen Platz
zwischen Personen und Sachen anzuweisen. Umgekehrt ereiferte
sich Schopenhauer über den »erbärmlichen wie unverschämten
Kunstgriff«, daß die natürlichen Verrichtungen und Vorkommnisse wie Essen, Schwangerschaft, Geburt und Tod bei Mensch
und Tier mit verschiedenen Namen bezeichnet werden.

Es ist klar, daß die Tiere ihre neuen Rechte nicht in Freiheits-
kämpfen errungen haben, sondern vom philosophierenden Menschen zuerkannt bekamen – interessanterweise just nachdem in
Deutschland die wirklichen Freiheitskämpfe schlecht ausgegan-
gen waren. Der reaktionäre Zug der Tierliebe ist nicht zu überse-
hen: sie blühte auf, als sich die gesellschaftlichen Hoffnungen
zerschlagen hatten und die Bürger nur noch privatisierten. Carl
Vogt, der Gießener Zoologe, der wegen seines revolutionären
Engagements im Jahre 1849 nach Genf fliehen mußte, war der
Berufenste, auf diesen politischen Zusammenhang der Anti-Vivi-
sektionsbewegung hinzuweisen: als ihr erklärter Gegner. Tierschutz aus Menschlichkeit, wie der Slogan lautete, hielt er für
ausgemachten Unsinn.

Die einzelnen Begründungen des Tierschutz-Gedankens sind
selten so klar wie die von Kant. Er sah in der Tierquälerei einzig
und alleine die Gefahr, daß die Menschen auch im Umgang miteinander verrohen könnten. Wie Schopenhauer bissig bemerkte, soll-

ten wir also »nur zur Übung« gut zu den Tieren sein; einen eigenen Wert als Wesen gestand Kant ihnen nicht zu. Wo immer aber das geschah, mußte die Argumentation unscharf werden, weil sie auf moralische, religiöse oder ganz generell auf humanistische Gefühle zielte. Tierschutz aus Menschlichkeit ist freilich eine verräterische Formel; sie zeigt, daß sich das Recht der Tiere auf nichts anders als unsere Gefühlskultur gründet.

Für die Gefühlskultur sind bekanntlich die Massenmedien zuständig. Daher erstaunt es nicht, welch hohen Stellenwert sie der Tierschutz-Thematik zumessen. Alle paar Monate läuft im Fernsehen ein reißerischer Enthüllungsfilm über Tierzüchter oder Tiernutzer (in Hessen amtsdeutsche Bezeichnung für Wissenschaftler, die Tierversuche durchführen). Und alle paar Monate findet in irgendeiner Talkshow eine erregte Diskussion darüber statt, wieso nicht längst sämtliche Tierversuche durch »Alternativmethoden« (Zellkulturen) abgelöst wurden. Dabei treten dann gewöhnlich »Experten« für Ethik, Sozialpsychologie und Juristerei auf, die von naturwissenschaftlicher Forschung nichts und von den tierexperimentellen Erfordernissen etwa in der Physiologie noch weniger verstehen. Aber für den Zuschauer erscheinen alle Diskutanten gleich qualifiziert: einerseits Mediziner von Hochschulen mit internationalem oder nationalem Renommee, andererseits Eiferer von eingetragenen Vereinen, die Flugblätter drucken, Demonstrationen organisieren und »ein gewisses Verständnis« für Attentate gegen öffentliche und private Einrichtungen äußern, bei denen Versuchstiere »befreit« werden.

Die Zusammensetzung dieser Diskussionsrunden schwankt zwischen zwei zu eins und acht zu eins zugunsten der Tierversuchsgegner. Wenn Publikum im Studio dabei ist, geht es meist hoch her; dann fühlt sich mancher Moderator angestachelt, mit höhnischen Bemerkungen gegenüber dem in der Regel einzigen Anwesenden, der die Notwendigkeit von Tierversuchen darstellt und verteidigt, billige Lacher zu erzielen.[130] Oder es läuft wie bei Lea Rosh, in deren Live-Sendung[131] scheinbar unvorhergesehen Demonstranten mit Tiermasken und Transparenten vor die Kameras zogen und Rederecht forderten. Die Moderatorin mimte die

Überrumpelte, doch Zeugen, die dabeigewesen waren, berichteten von einer »herzlichen Verabschiedung mit Küßchen links und Küßchen rechts, die Lea Rosh [nach Ende der Sendung] genau jener Sprecherin der Demonstranten zuteil werden ließ«.[132]

Selbst An- und Absagen von Fernsehbeiträgen zum Thema Tierschutz erweisen sich als eingefärbt. Im ZDF war zu vernehmen[133], daß »eine wachsende Zahl von Wissenschaftlern (...) immer weniger Sinn in Tierversuchen erkennen« könne. Auf mehrmalige Nachfrage erklärte schließlich der Intendant, bei der »wachsenden Zahl von Wissenschaftlern« handele es sich um die Mitglieder der »Vereinigung Ärzte gegen Tierversuche e.V.« in Frankfurt am Main. Man muß allerdings nicht Arzt sein, um dort Mitglied zu werden. Und so waren zum Zeitpunkt jener Sendung auch nur zehn Prozent der Mitglieder Ärzte, nämlich ungefähr 35.

Die deftigsten Manipulationen in diesem Bereich gehen indes auf das Konto des Stuttgarter Filmemachers Stefan Eckart, eines gerichtsnotorischen Fälschers. Im März 1986 hatte das von Franz Alt geleitete SWF-Magazin »Report« einen Beitrag über Tierversuche ausgestrahlt, der Eckarts Handschrift trug. Bei einem vor dem Münchner Landgericht geführten Prozeß stellte sich später heraus, daß der Fernsehjournalist einem Tierhändler 20 000 Mark dafür geboten hatte, daß er vor laufender Kamera einen Hund erschlüge. Schon damals war Eckart für die Justiz kein unbeschriebenes Blatt mehr: Als Gründer einer Tierschutzorganisation namens »Save« mußte er sich in Stuttgart für finanzielle Unregelmäßigkeiten verantworten, die den Schluß nahelegten, daß die Organisation weniger dem Wohl der Tiere als dem der »Retter« diene. Eckart wurde wegen Betrugs zu einer siebenmonatigen Haftstrafe mit Bewährung verurteilt. »Bei einem der Prozesse setzte das Gericht die Hauptverhandlung aus und empfahl Eckart der Obhut eines Psychiaters«, berichtete die »Stuttgarter Zeitung«.[134]

All dies war für die öffentlich-rechtlichen Fernsehanstalten jedoch offenbar kein Hinderungsgrund, Eckart wieder und wieder zu beschäftigen. 1991 konnte Eckart erneut einen Beitrag in der ARD unterbringen, diesmal beim NDR.[135] Wieder wurden gestellte Szenen gezeigt. Außerdem ließ Eckart seine Gönnerin Ger-

trud Schairer in Stuttgart zu Wort kommen. Die mit der Verdienst-
medaille der Bundesrepublik Deutschland ausgezeichnete Tier-
schützerin klagte, sie habe im Kampf für die Tiere bereits 140 000
Mark Schulden gemacht. Nach der Sendung flossen ihr innerhalb
kürzester Zeit so viele Spenden zu, daß die Finanzen der alten
Dame saniert waren.

1994 war unter dem Titel »Schlachthof der Kuscheltiere« erneut ein Elaborat von Eckart im Fernsehen zu sehen. Es ging um
den qualvollen Tod ausgedienter Zootiere. Der Zuschauer erfuhr,
daß überzähliger Bärennachwuchs verkauft und geschlachtet
wird. Auch war zu sehen, wie ein Raubtier mit einem Kleinkali-
bergewehr beschossen wird. Diese unsachgemäße Tötung wurde
eigens für die Filmaufnahmen inszeniert. Interviews mit Mitarbeitern des Stuttgarter Tierparks Wilhelma wurden in ihrer Aussage
grob verfälscht.

1996 strahlte die ARD wiederum eine exklusive Eckart-Repor-
tage aus: 30 Minuten über »die Hundemafia«.[136] Diesmal stellte er
einen schwäbischen Hundehändler an den Pranger – mit Namen
und Adresse –, dem er vorwarf, Tiere von einem Züchter zu
beziehen, der gleichzeitig Tierversuchslabors beliefere. Das ist
also nach Meinung deutscher Fernsehverantwortlicher ein straf-
würdiges Vergehen. SWF-Chefkorrespondent Immo Vogel will
von der trüben Vergangenheit seines Mitarbeiters nichts gewußt
haben. Doch zwei ZDF-Redakteure hatten die Kollegen in Baden-
Baden rechtzeitig davor gewarnt, daß Eckart »mit kriminellen
Methoden« arbeitete. Dabei beherrscht der Filmemacher auch die
sanfte Tour: So manchem Tierhändler, den er zur Strecke brachte,
bot er anschließend eine Zusammenarbeit an. Zum Beispiel jenem
Gelnhauser Geschäftsmann, mit dem er einen Vorvertrag über ein
bislang nicht erschienenes Buch schloß – Arbeitstitel: »Holocaust
der Tiere«.

Schon wegen dieses halluzinatorischen Titels ist das Werkvor-
haben wertvoll. Wissenschaftler, die in ihrem Fach Bahnbrechen-
des leisten und dabei hin und wieder ein Versuchstier erst betäu-
ben und dann einschläfern, kennen die hinter solchen Parolen
stehende Wirklichkeit. Einem brachte zum Beispiel der Postbote

am Weihnachtsabend ein Päckchen nach Hause, das er – durch vorausgegangene Brandanschläge und Morddrohungen gewitzt – gleich von der Kriminalpolizei öffnen ließ. Es enthielt Asche und eine tote Amsel mit der Ankündigung, auch der Betreffende würde bald zu Asche. An allnächtlichen Telephonterror hatte sich seine Familie bereits gewöhnt. In Deutschland gehen derartige Aktionen nicht von einem einzelnen irren »Una-Bomber« aus, sondern von wohlorganisierten Gruppen, denen respektierliche Vereinigungen und Verbände politisch Flankenschutz gewähren.

Der totalitäre Anspruch, der sich im Kreuzzug gegen die Tierversuche zeigt, ist in der Tat eine Spezialität deutscher Philosophie. Nachdem das Projekt rationaler Normbegründung offenbar auf Grund gelaufen ist, steigt man nun um in die Rettungsboote der Irrationalität. Die Auffassung, daß ethischer Fortschritt einen Preis an Vernunft koste, kommt allgemein in Mode und findet in den Kampagnen der Tierversuchsgegner ihr Exempel. Wenn nicht alles täuscht, kommen die Tiere bei uns bald in den Besitz von Bürgerrechten. Wenigstens legen manche Äußerungen von Tierschützern diesen Schluß nahe: Da ist von der »Abschaffung der Sklaverei« die Rede, da widmet der ehemalige Vizepräsident eines Obersten Landesgerichts seinen Kommentar zum Tierschutzgesetz »dem Mops Nero«[137], und ein früherer Präses der Hamburger Wissenschaftsbehörde postulierte, daß es »nicht gerechtfertigt werden kann, Tieren Leiden zuzufügen, welche Menschen sich nicht gefallen lassen würden«.

Wir dürfen also unsere eßbaren Mitbürger begrüßen und ihnen alles Gute wünschen in einer Lebenswelt, die nicht durch die Wissenschaft, sondern durch viele andere Faktoren für sie immer unwirtlicher wurde: durch die Industrialisierung der Landwirtschaft, durch Autobahn- und Städtebau, ja sogar durch die emotionalen Insuffizienzen der Tierliebhaber selbst. Das Drama der Haustierhaltung in winzigen Stadtwohnungen entspringt ja einem Gefühlsnotstand, dessen massenpsychologisches Moment aus den hysterischen Verlautbarungen der geharnischten Tierschützer schreit.

Die emotionale Seite soll damit nicht abgewertet werden. Nur auf ihr findet schließlich die Begegnung mit dem Tier statt, eine Begegnung, die bei jedem nicht vollkommen verhärteten Menschen stummes Staunen, urzeitliche Erinnerung und numinose Gefühle auslöst – auch bei Wissenschaftlern. Ihnen dies abzusprechen und sie als erfolgsbesessene Sadisten hinzustellen, gehört hingegen zum demagogischen Repertoire der hundertjährigen Bewegung, die einfach das Monopol für die Moral besitzen möchte. In Wirklichkeit sorgt jeder Forscher schon aus einem simplen Grund dafür, daß es seinen Versuchstieren gut geht: Wenn sie krank oder gestreßt sind, ergeben die Experimente mit ihnen keine brauchbaren Resultate.

Im Gegensatz zu den vom Machtkalkül diktierten Vorstellungen der organisierten Tierschützer ist das Verhältnis des Menschen zum Tier grundsätzlich offen. Es gibt keine typischen Konstellationen. Es gibt den Bauern, der Tiere züchtet und an Schlachthöfe verkauft und selbst kein Fleisch ißt, weil er es sentimental nicht erträgt; es gibt den kleinen Jungen, der arglos Fliegen Flügel ausreißt und Schnecken mit Salz bestreut, um zu sehen, was nun passiert; es gibt den KZ-Wächter, der zärtlich seine Hunde liebt. Es kann zwar kein Tierschutz außer aus Menschlichkeit zustandekommen, ihn aber zum Testfall unserer Menschlichkeit zu erklären, ist ein fataler Irrtum. Zwischen Nutzen und Moral klafft ein Abgrund, über den die Logik keine Brücke schlägt. Im Kampf zwischen Wissenschaft und Glauben, in dem der Streit um die Tierversuche nicht mehr als ein Einzelgefecht darstellt, wird es keinen Sieger geben, weil der Geist den abgründigen Widerspruch in sich selber trägt. Welche Verwicklungen der Argumente dabei auftreten, mögen noch zwei Beispiele verdeutlichen:

Die Tierversuchsgegner, von den Extremisten abgesehen, fordern, daß die Kreatur nicht gequält werde um des Erkenntnisfortschritts willen. Ausschlaggebend sei dabei die Leidensfähigkeit der jeweiligen Tierart. Die Tötung des Versuchstiers wiegt dagegen weniger schwer, was sich ja, solange man nicht vegetarisch lebt, von selbst versteht. Doch darin drückt sich wiederum der unauflösbare Grundwiderspruch unseres Verhältnisses zum Tier aus. Während die Ethik lehrt, daß beim Menschen das Recht auf

Leben als allerhöchstes Gut zu schützen sei, selbst wenn es ein Leben in Leid und Qualen ist, gilt für das Tier die umgekehrte Reihenfolge: lieber schlachten als leiden lassen – und zwar ebenfalls unter dem Titel Menschlichkeit.

In einer anderen Auseinandersetzung geht es um vergleichende Wertung von Nutzen und Moral. Der wissenschaftliche Nutzen von Tierexperimenten steht von jeher außer Frage. Er ist sogar so groß, daß die Befürworter ihn als quantitatives Argument gebrauchten. So groß sei der Nutzen, sagten sie nämlich, daß selbst ein sonst verwerfliches Moment – eben das Zufügen von Schmerzen – dadurch gerechtfertigt werde. Dagegen wandte schon der englische Dichter (und Lord-Oberrichter) Samuel Taylor Coleridge ein, daß der Nutzen von Experimenten am Menschen gewiß noch viel größer sei, woraus aber niemand die Berechtigung dazu ableite. Wenn man dies jedoch anerkenne, so gebe man damit zu, daß eigentlich den moralischen Argumenten der Vorrang vor den Nützlichkeitserwägungen gebühre.

Wahrhaftig, es gibt nur einen Weg, dem Dilemma lebend zu entrinnen: indem man sein Dasein als Veganer fristet. Doch Vorsicht beim Genuß von Tiefkühlspinat: Dem Gerücht zufolge werden von den Erntemaschinen auch ein paar Feldmäuse mitverarbeitet.

Schuldsprüche – Das fatale Fanal von Lübeck

Der 18. Januar 1996 war ein Donnerstag, und in der Lübecker Hafenstraße brannte in den frühen Morgenstunden ein Asylbewerberheim. Zehn Menschen kamen in den Flammen oder auf der Flucht vor ihnen um, Dutzende wurden verletzt. Die meisten Bewohner des Hauses waren Araber und Afrikaner. Über die Brandursache und, falls es sich um Brandstiftung gehandelt haben sollte, über den oder die Täter wußte man noch lange nichts. Man wußte nichts, als der »Guardian« (Großbritannien) anderntags mit »Nazi-Angriff« titelte. Man wußte nichts, als »France-Soir« (Frankreich) über den »rassistischen Alptraum, der zur Hölle wurde«, schrieb. Man wußte nichts, als »Maariv« (Israel) unter der Überschrift »Rassismus in Deutschland« einen »Skinhead-Angriff« meldete.

Für die meisten Medien im In- und Ausland war der Fall von vornherein klar. In der Tat hatte die Polizei noch am selben Tag vier junge Männer aus der mecklenburgischen Kreisstadt Grevesmühlen festgenommen. Von ihrem Erscheinungsbild her eigneten sie sich sehr gut als Täter. Sie trugen Skinhead-Kluft, kamen aus der ostdeutschen Provinz und waren wegen kleinerer Straftaten bereits polizeibekannt. Einer der vier war früher sogar wegen Hakenkreuzschmierereien aufgefallen. Während das Feuer wütete, standen sie, gegen vier Uhr nachts, in einiger Entfernung dabei und schauten dem Kampf der Feuerwehrleute zu.

Als am Abend im Fernsehen Sondersendungen über die Brandkatastrophe liefen, lagen von diesem Fang der Polizei noch keine

Mitteilungen vor. Noch war alles offen – bis hin zu der Möglichkeit eines durch Nachlässigkeit oder einen technischen Defekt bedingten Unglücks. Doch die Reporter zeichneten ein anderes Bild. Sie schwelgten in der Stimmung, die sich vor Ort aufgebaut hatte. Die schwelende Ruine wurde zur Kulisse kollektiver Ausbrüche von Haß und Hysterie; lange verweilten die Kameras auf einer dunkelhäutigen Demonstrantin, die keineswegs zu den überlebenden Hausbewohnern zählte und unter Weinkrämpfen ihre imaginierten Zuschauer monomanisch anschrie: »Wir wollen Frieden! Gebt uns Frieden!« In Lichterketten-Haltung standen Einheimische herum und sprachen in jedes hingehaltene Mikrophon von der Abscheulichkeit Deutschlands und von ihrer Scham, Deutsche zu sein. Besonders eindrucksvoll ging das ZDF zur Sache. In einer »Spezial«-Ausgabe nach der »Heute«-Sendung, die schon vom Ablauf her chaotisch ausfiel, obwohl man den ganzen Tag Zeit zur Vorbereitung gehabt hatte, versteiften sich die Journalisten geradezu auf die Hypothese eines rassistischen Attentats. Als der Einsatzleiter der Rettungsmannschaften auf die Frage, ob es schon Hinweise auf einen Brandanschlag Rechtsradikaler gebe, klipp und klar erklärte, daß es noch zu früh sei, darüber Spekulationen anzustellen, formulierte die Reporterin seine Aussage kurzerhand um: Auch die Feuerwehr schließe nicht aus, daß...

Am nächsten Morgen äußerte derselbe Einsatzleiter öffentlich seinen Eindruck: »Die Medien *wollen*, daß es Rechtsradikale waren.« Warum? Ein Grund, der in der ganzen folgenden Debatte nie zur Sprache kam, besteht darin, daß die Medien in Deutschland noch ein naives, beinahe unschuldiges Verhältnis zum Voyeurismus haben. Hätten sie sich nämlich auf das Faktische beschränkt, wäre die Berichterstattung entweder sehr knapp ausgefallen, oder sie wäre zu einer reinen Gruselshow ausgeartet, wie das etwa in den USA gang und gäbe ist. Dort haben die Fernsehleute keine Hemmungen, ein Unglück *als Unglück* zu zeigen: Leichen, Blut und Tränen sind sozusagen Bild-Werte an sich, und die Reporter bemühen sich mit entsprechendem Aufwand und entsprechender Rücksichtslosigkeit darum. Dies ist bei uns – zum Glück – noch nicht der Fall. Hier rechtfertigt alleine der politische Charakter eines Verbrechens, es ausführlich zu behandeln, und eine Katastrophe verdient nur dann, direkt und drastisch dargestellt zu werden, wenn sich zugleich irgendwelche Mißstände thematisieren lassen. In Lübeck offenbarte sich nun die Kehrseite der deutschen Fernseh-Seriosität: Um die allgemeine Sensationsgier guten Gewissens zu befriedigen, um der in einer Zeit verschärfter Programmkonkurrenz sich verschärfenden Neigung zum Spektakulären nachgeben zu können, brauchte man für diesen Brand einen rechtsradikalen Hintergrund.

Daß es in Wirklichkeit um nichts anderes als die Vermarktung der Tragödie ging, war nur zu offensichtlich. Es gab kaum eine Redaktion, die nicht mindestens einen Sonderberichterstatter zum Brandort schickte; die »Zeit« entsandte, wie sie später immerhin selbstkritisch bekannte, doppelt so viele Reporter wie beim Fall der Mauer. Kameramänner richteten ihre Objektive auf Verletzte, qualmende Trümmer und Angehörige von Toten. Im Blitzlichtgewitter kämpften Feuerwehrleute und Sanitäter um das Leben der Hausbewohner. Keine Einzelheit, nicht einmal ein pinkelnder Rettungsmann, entging dem Interesse der Bildberichterstatter. Nachdem die Polizei die Reporter hinter eilig aufgestellte Absperrgitter zurückgedrängt hatte, schwebten zwei Photographen des »Stern«, von einem Kranwagen emporgehievt, über dem rauchenden Gebäude. Dem Kranführer hatten sie eine Genehmigung der Polizei vorgetäuscht.

Sicherlich stand hinter den vorschnellen Ursachenabschätzungen und Schuldzuweisungen mehr als nur der Versuch der Medienvertreter, ihrem niederen Katastropheninteresse die höheren Weihen politischer Wächterschaft zu geben. Sicherlich gab es ebenso traurige wie triftige Gründe, bei einem Großbrand in einem deutschen Asylbewerberheim nicht gerade an ein defektes Stromkabel zu denken. Nach den Attentaten von Rostock, Mölln, Solingen und Tausenden weiterer Anschlägen, die etwas glimpflicher verliefen und weniger bekannt wurden, nicht zuletzt auch in Anbetracht der Tatsache, daß zwei Jahre zuvor in Lübeck zum ersten Mal seit der Zeit des Dritten Reichs eine Synagoge angezündet worden war, lag die Vermutung einer rassistischen Untat deutscher Neonazis durchaus nahe. Es stellt sich aber die Frage, was man mit Vermutungen publizistisch anfangen kann und darf. Die Frage wurde durch die folgenden Ent- und Verwicklungen auf äußerst lehrreiche Weise dekliniert.

Und zwar begann die Medien-Lektion mit einem Überraschungscoup der Staatsanwaltschaft, die wenige Stunden, nachdem die Meldung ihrer Festnahme die Runde machte, die vier jungen Männer aus Grevesmühlen laufenließ, weil sie angeblich ein sicheres Alibi besaßen. Eine Polizeistreife hatte sie unmittelbar vor Ausbruch des Brandes an einer Tankstelle in einem Lübekker Außenbezirk, mehrere Kilometer von der Hafenstraße entfernt, beim Betanken ihres »Wartburg« beobachtet. Plötzlich war wieder alles offen, plötzlich war die »Ursache des Brandes im Ausländerheim weiter unklar«[138] – was der Lübecker Oberbürgermeister auf einer »Solidaritätskundgebung« am Vortag nicht einmal hatte aussprechen dürfen: Er wurde, als er darauf hinwies, daß in der Tat noch alles unklar war, regelrecht niedergebrüllt und zog die betrübliche Konsequenz, im weiteren Verlauf der Affäre den Brüllern nur noch nach dem Mund zu reden und sogar zu »zivilem Ungehorsam« gegen das Ausländergesetz aufzurufen.

Während die Aufräumarbeiten an der Hausruine weitergingen und man noch immer befürchten mußte, weitere Todesopfer zu finden, während in Lübeck und Hamburg Hunderte von Schülern gegen Ausländerfeindlichkeit demonstrierten, während aber die vier Grevesmühlener Jugendlichen wieder auf freiem Fuß waren und es ein Polizeisprecher als unwahrscheinlich bezeichnete, daß es sich um einen rassistisch motivierten Anschlag handele, fielen Journalisten aus halb Europa in der Hansestadt ein und über das 30 Kilometer entfernte Grevesmühlen her. Sie hatten es schwer, ihre Klischees bestätigt zu finden. Von einer rechtsradikalen Szene wollten weder Bürgermeister noch Pfarrer noch Sozialarbeiter etwas wissen. RTL-Reporter fanden immerhin in einem Wald einen Stromkasten mit aufgemaltem Hakenkreuz; dieses »Beweisstück« wurde bald zu einem vielgefilmten Wahrzeichen. Auch die Tatsache, daß sich die Ortsjugend bei »Machmud«, dem Inhaber einer Döner-Imbißbude, zu treffen pflegte, paßte nicht so recht ins Bild einer rechtsradikalen Szene. In der Not griff der NDR beherzt ins Archiv und zauberte mit diesem Kunstgriff die Grevesmühlener Neonazis ins Abendprogramm. Die Aufnahmen waren gut drei Jahre alt. Am Freitag stand Grevesmühlen vor aller Welt als schuldig da; am Samstag, als sich die Kunde von der Freilassung der vier jungen Männer verbreitete, gab es Entwarnung, und die Reportermeute zog so schnell von dannen, wie sie gekommen war. Die Grevesmühlener hatten eine Medien-Erfahrung hinter sich. Im irrigen Glauben, daß sich für diese bittere Erfahrung irgend jemand interessiere, setzten der Bürgermeister und der Pfarrer einen offenen Brief auf. Die Schlußpassage lautet: »Wem am guten Miteinander von Deutschen und Ausländern wirklich gelegen ist, verschreibt sich eher der Mäßigung als der Hysterie, nimmt Presse- und Redefreiheit als Verantwortung und nicht als Instrument der Willkür wahr.«

Der Schwindel in den Köpfen hatte sich noch nicht gelegt, da wartete die Staatsanwaltschaft bereits mit dem nächsten Coup auf: Im Krankenhaus nahm die Polizei einen zwanzigjährigen Libanesen mit versengten Ohren fest, der bei seiner Familie in dem Asylheim gewohnt hatte und von dem ein Sanitäter das in jedem Sinne brandheiße Geständnis »Wir warn's« gehört haben wollte. Er galt fortan als Hauptverdächtiger, was wiederum so gut wie allen Medien ausreichte, um ihn unzählig viele Male mit Bild und vollem Namen der Öffentlichkeit vorzuführen. Dieser Richtungswechsel geschah so abrupt und entschieden, daß die Blamage für einen Großteil der Presse nicht ausblieb. Die Kommentare und Bilder der elektronischen Medien »versendeten« sich, doch das Gedruckte existierte schwarz auf weiß. Je nach Stil wurde das Ruder mehr oder weniger temperamentvoll herumgerissen. Die Berliner »taz« entschuldigte sich bei ihren Lesern auf Seite 1. Der »Stern« sprang eiligst auf den neuen Zug und recherchierte das Motiv des mutmaßlichen libanesischen Brandstifters: Eifersucht. Die »FAZ« indes geißelte die Voreiligkeit derjenigen, die von Neonazis geredet hatten, »als könnten sie es nicht erwarten«[139], und höhnte über »Lübeck als geistige Lebensform«, denn: »Die Deutschen wollen nicht bloß Täter unter anderen sein, sondern

Täter überhaupt, nicht ein Tätervolk, sondern das Tätervolk.«[140] Daran ist etwas falsch und etwas richtig. Es stimmt nicht, daß nur Deutschland mit neurotischen Reflexen auf die Traumata seiner Geschichte reagiert. Aber es stimmt, daß nur in Deutschland diese neurotischen Reflexe selbst für die Erörterung tabu sind.

Blut und Backe

Am 10. Mai 1990 erwachte Frankreich in einen Alptraum hinein, der in mancherlei Hinsicht mit dem Schock von Lübeck vergleichbar ist, und zwar vor allem in Hinsicht auf die Reaktion der Medien und der Öffentlichkeit. Auf dem jüdischen Friedhof des Provencestädtchens Carpentras waren mehrere Gräber verwüstet sowie ein Leichnam ausgegraben und gräßlich zugerichtet worden. Das Echo dieses Vandalenaktes übertraf alles, was Frankreich bislang an Auseinandersetzungen mit dem Rechtsradikalismus erlebt hatte. Kaum war die Meldung bis nach Paris gedrungen, wiesen alle Politiker links von der Mitte auf Jean-Marie Le Pen und seine »Nationale Front«, die bei den Parlamentswahlen in Carpentras immerhin 13,5 Prozent der Stimmen erhalten hatte. Am 13. Mai führte Staatspräsident Mitterrand in der Hauptstadt einen Protestmarsch von 100 000 Menschen an.

Unterdessen quartierten sich ganze Hundertschaften von Journalisten in Carpentras ein, um das Zentrum des Bösen zu suchen und zu untersuchen. Der Ort hat 30 000 Einwohner, ist friedlich und verschwiegen, berühmt höchstens für Trüffeln und Melonen. Über das Verbrechen brachten die Reporter nicht das Geringste in Erfahrung. Auch die Szenerie der Profanation konnten sie nicht nach eigenem Augenschein beschreiben; insbesondere die stets erwähnte Aufpfählung der Leiche hatte keiner von ihnen gesehen. Aber ein paar Wochen lang herrschte dieses Bild: Carpentras als Eiterbeule der französischen Gesellschaft, die unter der Ägide des präsumptiven Faschistenführers Le Pen zu jedem Horror fähig ist. Was fehlte, war nur die Spur eines Beweises gegen Le Pen und seine Parteigänger. Der wurde erst durch das überraschende Geständnis eines der Täter im Sommer 1996 erbracht – als niemand mehr an eine mögliche Aufklärung glauben wollte.

Die Polizei hatte mehrere Sympathisanten verhaftet, verhört und postwendend freigelassen; nach und nach kam der Verdacht auf, daß es sich um eine übel ausgeartete spiritistische Party wohlsituierter Bürgerkinder gehandelt haben könnte. Die öffentliche Meinung war davon natürlich enttäuscht. Hier jedoch endet die Parallele zum Fall Lübeck – vor allem aus zwei Gründen: Die französische Presse hat sich mit den Mechanismen der Medienempörung seither gründlich auseinandergesetzt. Bis hin zu einer diesbezüglichen Kontroverse zwischen den Intellektuellenzeitschriften »Le Débat«[141] und »Esprit«[142] reichte das Spektrum der Erörterungen über die soziologischen Ursachen des Vermutungsjournalismus. Auf der anderen Seite hat die französische Polizei gründlich versagt. Sechs Jahre lang kamen die Ermittlungen nicht von der Stelle; im Gegenteil: Sie wurden durch einen ungeklärten Todesfall und eine neue Zeugin, die ihre Aussage im entscheidenden Moment zurückzog, immer verworrener. Ein Staatsanwalt und eine Untersuchungsrichterin blockierten sich durch gegenseitige Drohungen mit Disziplinarklagen gegenseitig, bis der Fall Ende April 1996 auf höchstrichterliche Anordnung an die Marseiller Justiz übertragen wurde.

Die Pawlowschen Medienreflexe von Lübeck erinnern aber noch an eine andere Begebenheit: Im Winter 1993/94 berichteten Presse, Rundfunk und Fernsehen beinahe täglich von Übergriffen Rechtsradikaler gegen Ausländer in Deutschland. Am 10. Januar 1994 meldeten die Agenturen aus Halle einen neuen Gewaltakt: Eine siebzehnjährige Rollstuhlfahrerin sei von drei Skinheads auf offener Straße überfallen worden. Sie hätten von dem Mädchen verlangt, die Sätze »Ausländer raus!«, »Krüppel ins Gas!« und »Heil Hitler!« nachzusprechen. Einer der Skinheads sollte dabei gedroht haben: »Mach schon, sonst zieh'n wir andere Saiten auf.« Nach einer kurzen Rangelei – angeblich fuhr das Mädchen einem der Täter mit dem Rollstuhl ans Schienbein – ritzten ihr die Neonazis mit einem Messer ein drei mal vier Zentimeter großes Hakenkreuz in die linke Wange.

Das gehbehinderte Mädchen, Elke J., besuchte eine Schule, an der Behinderte und Nichtbehinderte gemeinsam lernen. Sie hatte in der Pause das Gelände des Gymnasiums verlassen, um einen Brief abzuschicken. Auf dem Rückweg hatte sie die Toilette im nahe gelegenen Ärztehaus besucht. Beim Verlassen des Gebäudes war sie angeblich überfallen worden. Als sie mit blutiger Backe auf das Schulgelände zurückkam, waren ihre Mitschüler schockiert. Der Direktor alarmierte die Polizei. Man brachte sie zur ambulanten Behandlung in ein Krankenhaus. Nachdem ihre Aussage protokolliert worden war, leitete die Polizei eine Großfahndung ein. 4000 Flugblätter mit Phantombildern der Täter wurden verteilt. Über Lautsprecherdurchsagen wurde die Hallenser Bevölkerung um Mithilfe bei der Fahndung gebeten. Die Polizei durchsuchte 200 Wohnungen und Treffpunkte der Neonaziszene und führte auf Bahnhöfen Personenkontrollen durch. Koordiniert wurde die Fahndung, die sich auf das gesamte Bundesgebiet erstreckte, von einer achtzehnköpfigen Sonderkommission. Insgesamt waren rund einhundert Polizisten mit den Ermittlungen beschäftigt.

Die Medien verbreiteten die Nachricht von dem Neonazi-Überfall zusammen mit den entsprechenden Photos des geritzten Gesichtes weltweit. In ihren Meldungen verwiesen die Agenturen auf eine Welle rechtsradikaler Untaten in Deutschland. Schuld an der Gewalt gegen Behinderte sei in Wirklichkeit die Bonner Sozialpolitik, wurde aus einer Stellungnahme des Behindertenverbandes BAGH zitiert. Bald erreichte die schreckliche Kunde auch den Heiligen Stuhl. Das offizielle Organ des Vatikans, der »Osservatore Romano«, verurteilte den Überfall auf die Rollstuhlfahrerin als »barbarisch« und warnte vor dem Wiederaufleben der Nazi-Ideologie in Europa.

Landespolitiker, Bundesjustizministerin Sabine Leutheusser-Schnarrenberger und Bundespräsident Richard von Weizsäcker verliehen ihrer Entrüstung Ausdruck. Die Bundesregierung erkannte Handlungsbedarf und verwies auf die geplante Strafverschärfung bei Körperverletzungsdelikten. Der Vorsitzende des Reichsbundes der Kriegs- und Zivildienstopfer, Behinderten, Sozialrentner und Hinterbliebenen, Walter Franke, äußerte die Ansicht, daß mit der Wange der Rollstuhlfahrerin auch »die Würde eines Volkes« verletzt worden sei.[143] Eine Schülerinitiative organisierte am Donnerstag, dem 13. Januar 1994, in Halle eine Demonstration, an der zwischen 10 000 und 15 000 Menschen teilnahmen, darunter der Justizminister von Sachsen-Anhalt, Jürgen Remmers, und andere prominente Vertreter des öffentlichen Lebens.

So wie die »Zeit« auf Seite eins kommentierte, dachten viele: »Die Tat von Halle: das jüngste Fanal der Bedrohung von Minderheiten, von Behinderten, Ausländern.«[144] »Blanker Terror« offenbare sich im Überfall auf die junge Rollstuhlfahrerin, fand die »Stuttgarter Zeitung«. Das eingeritzte Hakenkreuz, so das Blatt weiter, bedeute möglicherweise die lebenslange Stigmatisierung der jungen Rollstuhlfahrerin über ihr körperliches Handicap hinaus.[145] Doch während sich die öffentliche Anteilnahme ihrem Höhepunkt näherte, kamen der Polizei angesichts der intensiven, aber völlig ergebnislosen Fahndung erste Zweifel. Zeugen für den Überfall ließen sich nicht finden; die Rollstuhlfahrerin verwickelte sich bei ihrer Vernehmung in arge Widersprüche. Gerichtsmediziner fanden heraus, daß die penibel proportionierte Hakenkreuz-Wunde aus 30 kleineren, nicht sehr tiefen Einzelschnitten in einer ziemlich schmerzunempfindlichen Region bestand. Sie werteten dies als Indiz für eine Selbstverstümmelung. Noch am selben 13. Januar 1994 gingen die Ermittler zum ersten Mal mit ihren Zweifeln an der Version des Opfers an die Öffentlichkeit.[146]

Die Medien reagierten erst nach einer Schrecksekunde. Die meisten Zeitungen berichteten nicht vor dem darauffolgenden Montag, dem 17. Januar, von den neuen Erkenntnissen der Staatsanwaltschaft. Erst jetzt und in diesem Zusammenhang kehrte die professionelle Skepsis der Journalisten zurück. Ungläubig meldeten sie die jähe Wendung der Dinge im distanzierenden Konjunktiv. Dabei hatten die Ermittler selbst schon Skrupel gepackt, die aufgebrachte Öffentlichkeit derart düpieren zu müssen. Gegen wachsende Gewalt zu protestieren, könne nicht falsch sein, tröstete die Polizei die verunsicherten Demonstranten. Die Polizeipsychologin Kerstin Glanz, die Elke schließlich das Eingeständnis, die Tat »möglicherweise« in einem Blackout selbst begangen zu haben, entlockt hatte, räumte später ein: »Die spontanen Reaktionen spiegeln real den Zustand unserer Gesellschaft wider; auch wenn in diesem einen Fall die Geschichte ganz anders war, so wäre sie denkbar, und das ist schlimm.«[147]

An der Vortäuschung der Tat zweifelte schließlich niemand mehr. Abgesehen von einer kleinen Gruppe Rechtsradikaler ließ es dennoch niemand zu, Verärgerung über die Akteure des Schauspiels zu zeigen. Das Verhalten der Rollstuhl fahrenden Schülerin interpretierten die Psychologen und Ermittler als einen »Schrei nach Hilfe«. Weder Ermittler noch Medien, noch die politischen Akteure wollten sich gegenseitig Vorwürfe machen. Statt dessen einigte man sich auf die unausgesprochene Formel: Diesmal waren es zwar nicht direkt die Rechtsradikalen, indirekt waren sie aber doch schuld. Die Stoßrichtung der Proteste und Betroffenheitsbekundungen sei einfach richtig gewesen, daran ändere sich auch im nachhinein nichts. Ein Schüler aus Halle, der die große Demonstration mitorganisiert hatte, drückte das so aus: »Wir sind verunsichert, aber sauer sind wir nicht ... Und wenn ich mir die rechte Szene in Halle anschaue, dann ist schon sehr viel Schlimmeres vorgekommen als das, was Elke vorgetäuscht hat. Und da gab es keine Demo.«[148]

Eine Variante dieser Denkweise präsentierten verschiedene Journalisten, die in anklagendem Ton fragten, was für eine Gesellschaft das sei, in der Behinderte mit solch drastischen Mitteln auf sich aufmerksam machen müßten. Besonders zugespitzt präsentierte das PDS-Organ »Neues Deutschland« diesen Gedankengang, indem es sich die Diagnose des Psychologen Hans-Joachim Maaz zu eigen machte. Maaz, der in den Medien für die vereinigungsbedingten Seelenleiden der Ostdeutschen zuständig ist, konstatierte: »Wir leben in Verhältnissen, die genug seelische Not verursachen ...« Und diese Not existiert, so Maaz, weil »unsere Gesellschaft übermäßige Anpassung und Gehorsam fordert, einseitige Leistungsbereitschaft, Stärke und Konkurrenzverhalten verlangt und am Ende Konsum und Besitz höher bewertet als Liebe.«[149] Das kitschig-konsumkritische Urteil wäre sicherlich sehr viel härter ausgefallen, wenn die Rollstuhlfahrerin besser ins Klischee einer Vereinigungsverliererin gepaßt hätte. Doch Elke entstammte einer gutsituierten Familie, der Vater war an der Universität beschäftigt, die Mutter arbeitete als Physiotherapeutin in einem Krankenhaus.

Zur Selbstkritik wollte sich keiner der Beteiligten durchringen. Der Innenminister lobte die Arbeit der Polizei, die politischen Aktivisten hielten ihr vorschnelles antifaschistisches Engagement in jedem Fall für nützlich, und die Medien bewerteten ihr Vorpreschen selbst im nachhinein noch positiv. Die »Zeit« kam zum Ergebnis: »Nein, für Zweifel an jener ersten Nachricht aus Halle gab es keinen Spielraum. Das Erschrecken bleibt, denn noch in der Lüge steckt auch die Wahrheit.«[150] Ein kühner Satz für ein als seriös gelten wollendes Blatt. Tatsächlich hätte es sehr wohl Grund für Zweifel an der ersten Version des Überfalls gegeben. Franz Christoph, Initiator der »Krüppelbewegung«, war von Anfang an skeptisch gewesen: »Daß auf offener Straße Skinheads so rücksichtsvoll sind, daß sie aufpassen, bloß nicht zu tief zu schneiden, und so eine exakte Präzisionsarbeit liefern – solche Ungereimtheiten wären bei jedem Nicht-Behinderten sofort aufgefallen. Für mich zeigt der Vorfall, daß man sich mit Behinderten sowieso nicht auseinandersetzt.«[151]

Christophs Einwände können nicht als nachträgliche Besserwisserei abgetan werden. Obwohl bereits ein Jahr zuvor ein vierzehnjähriges Mädchen im sächsischen Bautzen einen ganz ähnlichen Überfall vorgetäuscht hatte, fragten die Journalisten in dem neuen Fall nicht weiter nach. Auch stand das Gerede von der »lebenslangen Stigmatisierung« des Mädchens durch die Verletzung im Widerspruch zu den Angaben der Ermittler. Im Polizeiprotokoll hieß es eindeutig: »Oberflächlich geritzte Wunde, ambulant im Krankenhaus behandelt. Ausheilung der Wunde ohne sichtbare Folgeschäden ist zu erwarten.«[152] Die Sprecher der Staatsanwaltschaft hatten auf den Pressekonferenzen mehrmals betont, daß die Wunde wahrscheinlich ohne sichtbare Narbe verheilen würde. Daß zu den drei vermeintlichen Skinheads ein Mädchen gehörte, war in keinem Pressebericht nachzulesen.

Denn in diesem Punkt wich die »Betroffene« von der ansonsten drehbuchreifen Beschreibung des Überfalls ab. (Die Polizeipsychologin vermutete später, in die vermeintliche Angreiferin habe Elke das Gesicht ihrer Schwester projiziert. Noch am Morgen vor dem vermeintlichen Überfall hatte es zwischen den beiden Schwestern Streit gegeben.) Die übrigen Details der Täterbeschreibung entsprachen weitgehend dem Klischee von einem Neonazi: kurzgeschorene Haare, Tarnkleidung, Springerstiefel sowie auffallend schwarze Fingernägel.

Eine »mitleidvolle Schnulze« nannte Franz Christoph die Erzählung vom angeblichen Überfall.[153] »Bild am Sonntag« fand heraus, daß sich die siebzehnjährige Hallenserin – wie vorher und nachher andere Mädchen – von einem im Fernsehen gelaufenen Film hatte inspirieren lassen. In »Die Zeitbombe« (The Ticking Bomb) war genau jene Szene zu sehen, die sie später selbst erlebt haben wollte. Wenn es aber eines Beweises für die völlige Folgenlosigkeit von sachlichen Erkenntnissen für gewisse Medien bedurfte, dann lieferte ihn der »Stern«, indem er anderthalb Jahre später auf Elkes Geschichte zurückkam und ihr ungerührt Raum gab, sich in einem Interview erneut als Attentatsopfer zu präsentieren und abenteuerliche Insinuationen zu verbreiten: »Der Staatsanwalt wollte halt die Sache vom Tisch haben, und ich wollte nur noch meine Ruhe. An den Überfall glaub' ich noch immer.«[154]

Kommissar Redakteur

Auch in bezug auf die Lübecker Brandkatastrophe gewann der alte Glaube bei vielen Journalisten allmählich wieder die Oberhand. Dem Chefredakteur der »Zeit« war »die große politische Beruhigung, die nach dem Brandanschlag so schnell ausbrach wie das Feuer selber« sowieso verdächtig.[155] Daß nicht Rechtsradikale das Feuer gelegt haben sollten, sondern ein im Hause selbst wohnender Ausländer, war auf jeden Fall kein sehr willkommenes Ergebnis. Wie die Medien mit diesem – vorläufigen – Ergebnis umgingen, wie sie in die Ermittlungen der Staatsanwaltschaft eingriffen, wie sie die Beamten persönlich diskreditierten und mit bruchstückhaften Informationen Stimmung machten, ist ein weiterer in jener langen Reihe von Skandalen, die rechtsstaatlichen Prinzipien hohnsprechen.

Erste Zweifel an der Schuld des Libanesen Safwan E. äußerte das ARD-Magazin »Monitor« im März 1996. Die »Woche« zog mit einem doppelseitigen Artikel nach, in dem sie der Polizei schlampige Ermittlungen vorwarf.[156] So liege der Brandherd nicht wie bisher angegeben im ersten Stock, sondern im Eingangsbereich. Als Täter habe Safwan E. kein Motiv. Die Ermittler würden in Beweisnot stecken und hätten deswegen einen »Lauschangriff« gegen den Tatverdächtigen gestartet. Doch das war erst der Anfang einer von den Verteidigern des Libanesen geschickt – und mit gutem Recht – organisierten Medienkampagne. Ihr Erfolg beruhte darauf, daß die Medien in ihrer ewigen Informationsbegier jemandem, der sie so reichlich füttert wie die Hamburger Rechtsanwältin Gabriele Heinecke, naturgemäß mehr zugetan sind als jemandem, der sich so zugeknöpft gibt wie die Lübecker Staatsanwälte.

So kam es, wie es kommen mußte: Heinecke und Partner waren der Gegenseite stets um eine Schlagzeile voraus. Freigebig teilten sie der Presse mit, was sie aus den Ermittlungsakten erfahren hatten. Die Staatsanwaltschaft geriet noch mehr in die Defensive, als sie unverhohlen die ideologische Tour ritt – wiederum mit den meisten Medien im Gefolge. Die »Frankfurter Rundschau« ließ sich zuflüstern, daß bei der Inhaftierung des Libanesen »politische Motive nicht ausgeschlossen« seien.[157] Die »Badische Zeitung« fragte, ob Lübecks Staatsanwälte »auf dem rechten Auge blind« seien.[158] Der stets mit dem Wind der öffentlichen Erregung segelnde Oberbürgermeister von Lübeck verstieg sich sogar zu der mit seinem demokratischen Amt schlecht harmonierenden Drohung, es sei zu »überlegen, ob ich nicht doch einmal mit dem Justizminister sprechen muß«.[159] Auch er hatte offenbar konkrete Vorstellungen davon, wie die Staatsanwälte ihre Arbeit *eigentlich* zu verrichten hätten.

Zweifellos gab es, soweit sich dies für Außenstehende erkennen ließ, bei diesem – wie fast jedem – Kriminalfall Ungereimtheiten, die den Ermittlern zu schaffen machten. Zweifellos waren die vier Männer aus Mecklenburg auch alles andere als Chorknaben, und es ist wahrscheinlich, daß es sich bei ihren Erklärungen, auf welche Weise sie sich die Haare angesengt hatten, um Schutzbehauptungen handelte. Doch die von den Medien verbreiteten Verdächtigungen und Anschuldigungen überstiegen bei weitem jenes Maß, das – unabhängig vom Ausgang des Verfahrens gegen Safwan E. – mit Pressefreiheit und Informationsauftrag zu rechtfertigen wäre.

Heribert Prantl, Ressortchef Innenpolitik bei der »Süddeutschen Zeitung«, attestierte den Lübecker Kriminalisten »Verfolgungsgeilheit«, »Besessenheit« und »Starrsinn«.[160] Als ehemaliger Staatsanwalt kannte er derlei Berufsrisiken natürlich, doch seine an die Adresse der einstigen Kollegen gerichtete Empfehlung, ihre 103seitige Anklageschrift zu zerreißen[161], wirkte nicht sehr überzeugend. Zu diesem Zeitpunkt war der Hauptverdächtige, Safwan E., gerade aus der Haft entlassen worden, da nach Ansicht der Jugendkammer am Landgericht Lübeck kein »dringender Tatverdacht« mehr gegeben war. Hingegen bestand in den Augen derselben Kammer sehr wohl ein »hinreichender Tatverdacht«, der die Eröffnung eines Hauptverfahrens deckte.

Während die Journalisten dem Publikum die Grundzüge der Strafprozeßordnung und insbesondere den subtilen Unterschied zwischen dringendem und hinreichendem Tatverdacht auseinandersetzten, ging der Kampf um die korrekte Gesinnung in eine neue Runde. Zwischen allen Zeilen machte sich eine besondere Art von Rechthaberei breit, eine publizistische Form von Verfolgungsgeilheit, Besessenheit und Starrsinn, die sich in erster Linie gegen jene Kollegen richtete, welche ihr Vertrauen in das rechtsstaatliche Vorgehen der Staatsanwälte bekundet und vor dem missionarischen Eifer der Medien gewarnt hatten. Am weitesten preschte dabei die einstige FDJ-Zeitung »Junge Welt« vor; nach der Haftentlassung des verdächtigen Libanesen titelte sie: »Deutschland verliert ein Alibi«[162] und konstruierte eine rechtsradikale Verschwörung von der Justiz bis zum Roten Kreuz. Doch auch gemäßigtere Blätter wollten sich offenbar nicht damit abfinden, daß die Lübecker Staatsanwaltschaft ihnen die Ermittlungsabsichten, -methoden und -ergebnisse nicht haarklein mitteilte, sondern sich dergleichen Darlegungen für den Gerichtstag aufsparte. So stellten die Journalisten ihrerseits intensive Ermittlungen gegen die Anklagevertreter an, aber der Vorwurf der politischen Rechtslastigkeit lief bei lauter Gewerkschafts- und SPD-Mitgliedern ziemlich ins Leere. Blieb höchstens die ebenso haltlose Beschuldigung der Inkompetenz, die ein sogenanntes »Lübecker Bündnis gegen Rassismus« erhob und in Presseverlautbarungen den Redaktionen in der ganzen Republik mitteilte. Dort wurden diese Texte begierig aufgegriffen, ausgewertet, zitiert und veröffentlicht, als ob der Name »Bündnis gegen Rassismus« ein Qualitätssiegel für Seriosität und Lauterkeit wäre.

Noch eindrucksvoller freilich klang der Name jener »Internationalen Unabhängigen Kommission« (IUK), die plötzlich mit eigenem Briefpapier aus dem Nichts hervortrat, »Plenarsitzungen« nach parlamentarischer Art abhielt und über die Vorgehensweise der Staatsanwaltschaft zu Gericht saß. Diese neunköpfige »Kommission« wurde von Anwälten und Journalisten aus Frankreich, Italien, Holland und Israel gebildet, auch Beate Klarsfeld war mit von der Partie, und wie einst bei den Terroristenprozessen diente sie dazu, die Arbeit der Strafjustiz ins politische Zwielicht zu rücken. So benutzte die »Kommission«, deren »Unabhängigkeit« schon dadurch zur Genüge dokumentiert wurde, daß sie als Korrespondenzadresse das Anwaltsbüro Heinecke angab, zwar die zurückhaltende Diktion oberster Staatsorgane oder zwischenstaatlicher Organisationen (sie »nimmt zur Kenntnis«, sie »ist ernstlich besorgt«, sie »empfiehlt«[163]), doch vom Inhalt her waren ihre Erklärungen reine Propaganda; sie scheute sich nicht einmal, mit der Europäischen Menschenrechtskonvention zu hantieren, um den Tatverdächtigen Safwan E. als Opfer obrigkeitlicher Obsession erscheinen zu lassen.

Außerdem beklagte die IUK, die Ermittler hätten es abgelehnt, sich von ihr beraten zu lassen. Ein Fehler sei es, so Klarsfeld und Kollegen, die Mörder nicht mehr »bei den Rassisten, sondern bei

Menschen, die selbst bedroht sind, zu suchen«. Das Ganze war nicht nur ein öffentlichkeitswirksamer Versuch, die durcheinandergeratene Ordnung von Gut und Böse wiederherzustellen. Es war ein weiterer Akt der Niederwerfung des Rechts durch die Medien.

Die Toten zählen

Ein großer Teil der Nachrichten,
die man im Kriege bekommt,
ist widersprechend, ein noch
größerer ist falsch und bei weitem
der größte einer ziemlichen
Ungewißheit unterworfen.

Clausewitz

Revolution in Transsylvanien

Unter den Journalisten der englischen »Times« gab es einmal eine Art Wettbewerb um die dümmste Überschrift. Die siegreiche Headline lautete: »Kleines Erdbeben in Chile – nicht viele Tote«. Dieses »nicht viele Tote« – »not many dead« – wurde inzwischen zu einem geflügelten Wort. Es sagt viel über die Gefahr gedanklicher Perversion, die der Beruf des Hiobsbotschafters mit sich bringt. Eingeschworen, eingespurt auf jede Menge Unheil, sind Journalisten manchmal fast enttäuscht, wenn es nicht viele, gewissermaßen nicht genügend Tote gibt.

War es dieser Reflex, der zu jener gigantischen Fehlinformation führte, mit der die rumänische Revolution behaftet bleibt? Die Rede ist von der ungeheuerlichen Zahl der Opfer, die während der Weihnachtstage 1989 im Kampf gegen das Ceausescu-Regime gefallen sein sollen: 60 000 bis 70 000 Menschen, wie sämtliche Medien der Welt tagelang gleichlautend meldeten. Einen Monat später, am 27. Januar 1990, gab es Rabatt. Nach offiziellen Angaben waren es jetzt an die 99 Prozent weniger, nämlich 689 Tote.

Solche Zahlen verleiten zum Zynismus. Um ihm nicht zu verfallen, kann man sich auf den Standpunkt stellen, es sei gar nicht so wichtig, wie viele Menschen damals ums Leben kamen, denn jeder Getötete sei ein Toter zuviel. Ein Mörder wird kaum weniger bestraft, wenn er nicht sieben, sondern nur drei Menschen umgebracht hat, und zumal in Deutschland muß man gegenüber dem Versuch, mit Rechenoperationen in die Dimension des Grauens vorzudringen, besonders wachsam sein. Doch dieses humanistische Argument birgt eine große Gefahr: Es unterminiert die härteste geschichtliche Gewißheit, die sich überhaupt denken läßt.

Selbst als Gegenstand wissenschaftlicher Erforschung ist Geschichte eine weiche, formbare Materie. Ihre Erzählung unterliegt dem Spiel der Perspektiven und der Interpretationen. Es gibt nur weniges von objektiver Geltung. Zahlen zählen dazu. Sie sind das unabdingbare Gerüst historischer Gewißheit, und abgesehen von der kalendarischen Rechnung spielt die Zählung von Toten dabei die wichtigste Rolle. So wie die Sterbestatistiken immer noch am zuverlässigsten Auskunft über den Gesundheitszustand eines Volkes geben, so stellen die Zahlen der jeweils Gefallenen gewissermaßen die Fieberkurve der schlachtenreichen Weltgeschichte dar.

Deshalb ist es kein Zynismus, sondern ein Beitrag zur geschichtlichen Wahrheit, mit buchhalterischer Genauigkeit die Toten zu zählen. Und es ist die Anerkenntnis, daß die Nachwelt ihre Existenz nicht durch den Schleier des Ungefähren entwürdigen soll. Die Toten zählen, und wir müssen sie beziffern.

Die Schwierigkeiten dabei können riesig sein: Kaum eine der großen Tragödien unseres Jahrhunderts läßt sich auf diese statistische Weise erfassen. Kurz vor dem Untergang der UdSSR veröffentlichte der KGB das Ergebnis einer Recherche in den eigenen Archiven, derzufolge mehr als eine Dreiviertelmillion Sowjetbürger in den Jahren des Stalinschen Terrors von 1930 bis 1953 als Staatsfeinde erschossen wurden. Doch die Gesamtzahl der Opfer des Regimes liegt weitaus höher. Der russische Historiker Roy Medwedjew schätzt sie auf 12 Millionen, der amerikanische Historiker Robert Conquest sogar auf 20 Millionen. Und wie viele Menschen starben vor 45 Jahren im brennenden Dresden? Offiziell 35 000, wahrscheinlicher ist das Dreifache.

Das Dreifache, aber nicht das Hundertfache. Um diese Diskrepanz handelt es sich jedoch bei den Angaben aus Rumänien: von 70 000 Toten war die Rede, dann von 10 000, und weitere zwei Wochen später von 700. Alle drei Zahlen waren amtlich, das heißt von Mitgliedern der »Front zur nationalen Rettung«, also den neuen Machthabern, bestätigt worden – auch wenn es der wendige Silviu Brucan später so hinzustellen versuchte, als sei mit der ersten Zahl die Summe aller Opfer der Ceausescu-Zeit gemeint gewesen.

Wer in Rumänien wann für welche Falschmeldung verantwortlich war und ist, braucht hier nicht erörtert zu werden. In einem Land, wo die Desinformation jahrzehntelang Bestandteil der Regierungspolitik war, wo der Staatschef selbst ein gefälschtes Geburtstagstelegramm der Queen veröffentlichen ließ, da ist vieles möglich. Die wesentliche Frage lautet: Wieso fanden diese und weitere, einander an Scheußlichkeit überbietende Falschmeldungen so leicht Eingang in unsere Medien, wieso wurden sie ungeprüft verbreitet?

Die französische Presse hat sich dieser Frage gestellt und nicht nur Selbstkritik geübt, sondern auch ausführliche Berichtigungen publiziert. Auf mehreren Kolloquien kam die Geschichte jenes Massengrabs zur Sprache, das die Monatsschrift »Le Monde Diplomatique« als »die größte Fälschung seit der Erfindung des Fernsehens« bezeichnete.[164]

Die Rede ist von jenen neunzehn Leichen auf dem Temesvarer Armenfriedhof, deren Bilder am Freitag, dem 22. Dezember 1989, um die Welt gingen: Bilder von hypnotischer Gräßlichkeit, die zum Härtesten gehören, was das Deutsche Fernsehen den Zuschauern bis dahin zugemutet hatte. Lange verweilte die Kamera auf dem Kadaver einer Frau, auf deren aufgeschlitztem Bauch ein Baby lag. Die Leichen seien in einem Massengrab entdeckt worden, erfuhr man: Opfer der Securitate. Und in den Zeitungen konnte man anderntags nachlesen, wie grauenhaft die Opfer gefoltert worden seien: »ausgerissene Fingernägel, ausgestochene Augen, aufgeschlitzte Bäuche, verbrühte und verstümmelte Gliedmaßen«, stand beispielsweise in der »Zeit«.[165] Und der »Spiegel« zitierte einen angeblichen »Arbeiter-Milizionär« mit der Behauptung, »die Teufel der Securitate« hätten der Frau den »fast ausgewachsenen Fetus« aus dem Leib geschnitten.[166]

Doch bald stand fest, daß nichts an der makabren Story stimmte. Die Leichen waren gerichtsmedizinisch obduziert und dann regulär bestattet worden – auch die vermeintliche Mutter mit Kind. In Wahrheit hatten beide nichts miteinander zu tun; die

Frau war bereits im November einer Alkoholvergiftung erlegen, das Kind, übrigens kein Fetus, war im Alter von zweieinhalb Monaten Anfang Dezember gestorben. Dafür verbürgte sich der Gerichtsmediziner Leonhard Dressler in Temesvar. Er selbst hatte die Autopsien an mehreren der gezeigten Leichen vorgenommen. Seine Aussage erreichte erstmals am 23. Januar 1990 die deutsche Öffentlichkeit, und zwar durch einen Beitrag von Heinz Hollaus in »RTL plus«.

Ist das möglicherweise der Grund, warum es die anderen deutschen Fernsehanstalten sorgfältig vermieden, der Fälschung eine Richtigstellung folgen zu lassen? Doch warum reagierte auch die deutsche Presse nicht? Man kann es allenfalls mit Scham erklären. Denn wahrhaftig: Der Fall ist so eklatant, daß er in den journalistischen Annalen wohl keine Parallele hat. In Temesvar gräbt jemand (und noch lange mußte man sich fragen: wer?) ein paar verweste Leichen aus, und schon läuft die Weltpresse zusammen, um ihrem Publikum eine durch nichts Vorfindliches gestützte Schreckensstory aufzutischen.

So wurden Obduktionsschnitte zu Foltermalen, und die Tatsache, daß die Verwesung schon vorangeschritten war, fand in der spanischen Zeitung »El País« ihre Erklärung damit, daß die Securitate die Leichen durch Säure unkenntlich gemacht habe. Manche Artikel grenzten schon an schriftstellerischen Amoklauf – und reflektierten allenfalls dadurch die Situation ihres Entstehens. Von Robert Capa, dem berühmten Pressephotographen, der zu allen Kriegsschauplätzen reiste, stammt der Satz: »Diese Toten wären umsonst gestorben, wenn sich die Lebenden weigern würden hinzusehen.« Der Satz mag in den schlimmsten Augenblicken manchem Reporter eine Stütze sein. Doch wie sehr hat sich die Arbeit der Reporter seit Capa verändert: In der Regel weiß die Redaktion viel mehr als sie und braucht keine Nachrichten, sondern Atmosphäre. Das heißt aber, keiner darf heimkommen und sagen: Es war nichts. Denn wohl gibt es manchmal keine Nachrichten, aber Atmosphäre findet sich natürlich immer.

Insofern war es schon ein journalistisches Bravourstück, als Colette Braeckmann, die am 23. Dezember 1989 vor Ort war, in der Brüsseler Zeitung »Le Soir« schrieb: »Ich habe nichts gesehen in Temesvar.« Doch auch sie rückte damit erst Ende Januar heraus, als die Zweifel an allem, was während der Revolutionstage aus Rumänien berichtet worden war, ein erdrückendes Maß erreicht hatten. Aber welcher Korrespondent hätte sich erdreistet, solche Zweifel laut werden zu lassen, während überall bodenlose, aber beeindruckend präzise Schreckenszahlen kursierten? 4632 Menschen habe die Securitate in Temesvar binnen weniger Tage hingeschlachtet, meldeten zunächst die Nachrichtenagenturen der DDR und Jugoslawiens, dann übernahmen alle übrigen die Zahl. 4632 Tote – das übersteigt die Hekatombe des Massakers von Katyn, zu dem sich die Sowjetführung schließlich bekannt hatte.

Offenbar besaß kaum einer der Reporter oder Redakteure, die mit den rumänischen Greuelnachrichten zu tun bekamen, eine Vorstellung von dieser Zahl, geschweige denn von jenen 60 000 bis 70 000 Toten, die es im Laufe einer Woche landesweit gegeben haben sollte. Niemand war in der Lage, das zu tun, was doch der Journalisten tägliches Geschäft sein sollte: nämlich die Plausibilität einer Nachricht abzuschätzen. Niemand erklärte, daß eine solche, mehrfach offiziell beglaubigte Bilanz nur durch eine Mordmaschinerie von der Art der nationalsozialistischen Vernichtungslager oder durch Abwurf von Bomben (mit einem entsprechend sichtbaren Ausmaß äußerer Zerstörungen) möglich gewesen wäre und daß man, sollte die Securitate während einer Woche in Temesvar mehr als 4000 Leichen in Massengräbern beerdigt haben, dort Tag und Nacht den Lärm von Baggern und Bulldozern hätte vernehmen müssen. Statt dessen wurde fast gleichzeitig gemeldet, welche Anstrengungen die Securitate unternahm, um zwei Dutzend Tote, die offenbar zu Beginn des Aufstands in Temesvar erschossen wurden, unerkannt verschwinden zu lassen: indem sie sie bei Nacht in die Hauptstadt transportierte und zu einem Krematorium brachte.

Verständlich und zu achten ist es, wenn einem diese brutalnüchternen Überlegungen widerstreben. Doch komme niemand und behaupte, solche Sensibilität habe die Journalisten gehindert, mit der gebotenen Verstandesschärfe an die furchtbare Zahl heranzugehen. Nein, es war nicht Sensibilität, sondern im Gegenteil: Nekrophilie. Die Medien waren auf Massaker begierig.

Die rumänische Revolution, das fühlte jeder, ging nicht so friedlich vonstatten wie die Umwälzungen in den anderen Ländern des einstigen Ostblocks. Irgendwo wollte man denn doch den Kommunismus mit gebührendem Getöse zusammenkrachen sehen; die schlichten Bankrotterklärungen der Regierungen in Warschau, Prag oder in Ost-Berlin erfüllten die westlichen Erwartungen einer Götterdämmerung bei weitem nicht. Die makabren Bilder, horrenden Zahlen und entsetzlichen Gerüchte aus Transsylvanien wirkten in diesem Kontext gleich viel wahrscheinlicher. Erinnert sei auch an die – später spurlos aus der Aktualität verschwundenen – syrischen Söldner, die tagelang durch Städte, Karpaten und einschlägige Reportagen geisterten. Von weiteren Ausschmükkungen wie den für Ceausescus Blutauffrischungen hingeschlachteten Jünglingen gar nicht zu reden.

So kam also mehreres zusammen: professionelle Unfähigkeit in den Redaktionen – wenn man schon sein Publikum mit Meldungen über Massenmord beliefert, sollte man auch über Spezialisten in der Bewertung von Massenmordmeldungen verfügen; sodann der übliche Konkurrenzdruck, der sich durch die moderne Übermittlungstechnik bis zur Besinnungslosigkeit verschärft – und eben die apokalyptischen Erwartungen. Dies alles führte dazu, daß die bereits am zweiten Weihnachtstag von Bernard Kouchner bekanntgegebene Bilanz einfach ungehört blieb. Kouchner, der Gründer der Gesellschaft »Médecins sans Frontières«, der später im Ministerrang die Katastrophenhilfe der französischen Regierung koordinierte, erklärte, nachdem er die Bukarester Kranken- und Leichenschauhäuser besucht hatte, die Revolution habe im ganzen Land 766 Todesopfer, davon 364 in der Hauptstadt, gefordert.

Doch alle Zahlen sind dem Geiste eins, wenn das Auge Bilder sieht. Und selbst kritische Geister waren um so mehr geneigt, den Bildern auf der Mattscheibe zu trauen, als doch das Fernsehen während der ganzen Umsturzperiode in Mittel- und Osteuropa eine maßgebliche Rolle gespielt hatte. Das »Nullmedium« war sozusagen auf dem besten Wege, aus McLuhans Schatten zu treten, indem es Sensation und Revolution verband. Selbst eingefleischte Medienkritiker mußten die Sprengkraft dieses Spektakels anerkennen. Falls es noch eines zusätzlichen Belegs für die politisch progressive Funktion des Fernsehens bedurft hätte, so lieferten ihn die Kämpfe um das Bukarester Funkhaus. Die Bevölkerung wurde via Bildschirm aufgerufen, es durch eine »lebende Mauer« zu schützen. Die Elektrizitätswerke wurden angehalten, die Versorgung zu gewährleisten, denn kein Strom, so lautete die Formel, bedeutete: kein Fernsehen, und kein Fernsehen: keine Revolution.

Elenas Tagebücher

Schlimme Momente der Geschichte haben bekanntlich einen zweiten Auftritt in komödiantischer Form. So kündigte die französische Zeitschrift »L'Evènement du Jeudi« im Frühjahr 1990 ganz groß und exklusiv ein literarisches »Ereignis« an: Die geheimen Tagebücher der Elena Ceausescu sollten im renommierten Verlag Flammarion erscheinen. 564 Hefte, hieß es, habe die blutige Elena seit 1977 vollgeschrieben. Sie seien im Dezember in den Räumen des Zentralkomitees in Bukarest gefunden worden. Auf drei Seiten druckte »L'Evènement du Jeudi« Textauszüge.

Wer sich dann die Mühe machte, den mit abgebildeten Buchumschlag des näheren zu betrachten, bekam allerdings Bedenken, ob es bei dieser Exklusivität mit rechten Dingen zuging: »Bibliothek der Securitate« stand da als Reihentitel, und die Abkürzung *bds* imitierte den beim Konkurrenzverlag Gallimard gebräuchlichen Schriftzug *nrf* der »Nouvelle Revue Française«. Als Herausgeber der angeblichen Ceausescu-Tagebücher zeichnete ein gewisser Patrick Rambaud, der bereits mit literarischen Parodien – zum Beispiel auf Marguerite Duras – einschlägig bekannt geworden war. Auch sonst deutete manches darauf hin, daß Rambaud hier als ein satirischer Kujau zuschlug: Zwar war die Story mit zwei Meldungen der französischen Nachrichtenagentur AFP garniert, wodurch sie einen besonders seriösen Anstrich bekommen sollte, aber unter einer Vielzahl teils verifizierbarer, teils erfundener Details fand sich dort auch die Behauptung, ein rumänischer Schriftsteller namens Negrescu habe die Authentizität der Tagebücher bestätigt: er selbst sei es nämlich gewesen, der sie im Auftrag der analphabetischen Frau Ceausescu in Schriftform gebracht habe. Negrescu, las man weiter, lebe heute in einem Hotel in Nizza. Das war wohl kein reiner Zufall: Negresco heißt Nizzas berühmtestes Hotel. Die Sache war vielmehr ein Reinfall – und zwar für einige Journalisten wie den Paris-Korrespondenten der italienischen Zeitung »La Stampa«, der anderntags einen vierspaltigen Artikel veröffentlichte, der zeigte, daß er die Parodie für bare Münze nahm.

Er war nicht der einzige. Die Fehlinformation wurde im Radio gesendet, ein italienischer Verleger zückte schon sein Scheckbuch, um die Übersetzungsrechte der vermeintlichen Dokumente zu erwerben, die flämische Zeitung »De Morgen« druckte Textauszüge nach, rang sich aber immerhin zu einem kritischen Kommentar bezüglich ihrer Echtheit durch.

In der Tat fiel es schwer, bei diesen Texten die satirische Absicht zu verkennen: »Ich beneide die einfachen Leute, die in ihren kleinen Wohnungen keine Heizung brauchen«, steht da etwa unterm Datum »Winter 1981«. »Diese Menschen können ja ganz eng zusammenrücken. Aber unsere Villen sind so groß und die Decken so hoch...!« – Aber wer hat schon Zeit, genau zu lesen, bevor er einen Sensationsartikel abfaßt?

Wüstensturm am Golf

Am 10. Oktober 1990 wurde die fünfzehnjährige Nayirah für eine Weile das einflußreichste Mädchen der Welt. Vor dem Menschenrechtsausschuß des amerikanischen Kongresses berichtete die junge Kuwaiterin von entsetzlichen Grausamkeiten, die die irakischen Besatzer in ihrer Heimat begangen hätten. Mit eigenen Augen, so berichtete sie unter Tränen, habe sie gesehen, wie Saddams Soldaten aus einer Entbindungsklinik Brutkästen raubten, während sie fünfzehn frühgeborene Babys auf dem kalten Fußboden ihrem Schicksal überließen. »Es war schrecklich«, preßte Nayirah unter Schluchzen hervor. Die Parlamentarier waren beeindruckt. Besonders betroffen war der demokratische Ausschußvorsitzende Tom Lantos, ein demokratischer Abgeordneter ungarischer Herkunft und Überlebener der Nazi-Konzentrationslager. Kameras hielten die anrührende Szene für ein Millionenpublikum fest. Die Abendnachrichten aller Fernsehstationen des Landes berichteten von der Anhörung in Washington.

Am 27. November 1990 wiederholte Nayirah ihre erschütternde Aussage vor einem sehr viel kleineren, aber weitaus wichtigeren Publikum. In New York tagte der UN-Sicherheitsrat unter Vorsitz des US-Botschafters Thomas Pickering. Eigentlich hatte der Palästina-Konflikt auf der Tagesordnung stehen sollen, doch als die UN-Botschafter den Saal betraten, hingen an den Wänden bereits großformatige Photos, die die Folteropfer von Saddams Schergen in Kuwait zeigten. Pickering gab Nayirah und sechs weiteren Zeugen aus Kuwait Gelegenheit, über den Mord an den

Frühgeborenen zu berichten. Am Ende der Sitzung beschloß der Sicherheitsrat, dem Irak ein Ultimatum bis zum 15. Januar 1991 zu setzen. Sollte Saddam bis dahin Kuwait nicht geräumt haben, drohten ihm die Vereinten Nationen Gewaltmaßnahmen an.

Nayirahs Augenzeugenbericht tat auch in den folgenden Wochen weiter seine Wirkung, vor allem bei hochrangigen amerikanischen Politikern. Präsident Bush verwies in seinen Reden im Dezember 1990 und Januar 1991 insgesamt elfmal auf die erschütternde Zeugenaussage. Als am 8. Januar das US-Repräsentantenhaus über die Gewaltanwendung in Kuwait debattierte, erwähnte Stephen Solarz, Mitglied im Auswärtigen Ausschuß, noch einmal den von Nayirah geschilderten Babymord der irakischen Soldaten. Andere Befürworter des Kriegseinsatzes taten es Solarz gleich. Schließlich fand sich eine Mehrheit für die militärische Intervention. Am 12. Januar erhielt Präsident Bush auch vom Senat die notwendige Vollmacht zur Gewaltanwendung. Mit nur fünf Stimmen Mehrheit hatten die Senatoren den Krieg gebilligt. Vier Tage später fielen die ersten Bomben auf Bagdad. Sechs Senatoren gaben später an, für ihre Zustimmung habe der Gedanke an die ermordeten Frühgeborenen den Ausschlag gegeben.[167]

Mit den Bildern, die Nayirahs Aussage evoziert hatte, zog Amerika in den Krieg. Kaum jemand ahnte, daß diese Aussage gefälscht war. Grausamkeiten begingen Saddams Truppen in Kuwait zur Genüge, doch die Brutkasten-Geschichte war eine reine Erfindung. Nur wenige Tage nach dem Einmarsch der Iraker hatten Exil-Kuwaiter in den USA die Vereinigung »Citizens for a Free Kuwait« gegründet. Die Organisation, die zu beinahe 100 Prozent von der kuwaitischen Regierung finanziert wurde, beauftragte noch im August 1990 die amerikanische Public-Relations-Agentur Hill and Knowlton mit einer Medienkampagne. Für 11,5 Millionen Dollar sollte das Image des Öl-Emirats verbessert und die öffentliche Meinung für einen Krieg gegen den Irak gewonnen werden. Hill and Knowlton arbeitete professionell und erfolgreich. In der Vergangenheit hatte die Agentur die Wahlkämpfe mehrerer republikanischer Präsidentschaftskandidaten unterstützt. Zu den Demokraten pflegte Hill and Knowlton ebenfalls gute Beziehungen. Schon für J.F. Kennedy hatte die in britischem Besitz befindliche Agentur gearbeitet.[168]

Der Auftritt von Nayirah vor dem Menschenrechtsausschuß des Kongresses am 10. Oktober 1990 war von Hill and Knowlton inszeniert worden. Bei der Vorbereitung hatten gute Kontakte geholfen. Der Ausschußvorsitzende Tom Lantos und der Vize-Chef von Hill and Knowlton, Frank Mankiewicz, waren alte Freunde. Lantos und der zweite Vorsitzende des Ausschusses, John E. Porter, waren Hill and Knowlton zu Dank verpflichtet. Einer von Lantos und Porter gegründeten Menschenrechtsvereinigung hatte die Agentur kostenlos Büroräume in ihrem Washingtoner Hauptquartier zur Verfügung gestellt. Hill and Knowlton hatte darüber hinaus Reisen der beiden Politiker finanziert und ihnen Wahlkampfspenden überwiesen.

Die PR-Agentur verwertete Nayirahs Auftritt optimal. Eigene Kameraleute hatten die tränenrührende Aussage gefilmt. Die Aufzeichnung ließ Hill and Knowlton als »VNR« (video news release) dem Netzwerk »Medialink« zukommen. Über »Medialink« wurde das Video rund 700 US-Fernsehstationen zugänglich gemacht. Nayirahs Schilderung vom Babymord in Kuwait landete auf Platz vier der VNR-Hitliste für 1990 und erreichte damit 35 Millionen Zuschauer.

In den Medien fand die Story ein enormes Echo. Die Zahl der Frühgeborenen, die die Iraker ermordet haben sollten, stieg binnen Wochen von 15 auf bis zu 350. Die Dimensionen des Baby-Massenmordes brachte viele Journalisten um ihren kühlen Kopf. Lange Zeit fragte sich niemand, ob die Krankenhäuser von Kuwait-City überhaupt 300 Brutkästen für Frühgeburten hatten.[169] Eine der größten Kliniken von Los Angeles, das »County-USC Medical Center«, verfügte beispielsweise nur über 13 Inkubatoren. Erst nach dem Golfkrieg erkannten mehrere Journalisten und Menschenrechtler, daß sich für den Raub der Brutkästen und den Mord an den Babys keine Belege finden ließen. Leitende Ärzte aus Kuwait gaben an, daß im September 1990 etwa 20 Neugeborene in den Inkubatoren der kuwaitischen Entbindungsklinik lagen.

Daß einige dieser Babys in der Tat starben, bestätigten in einem Fernsehinterview Dr. Mohammed Matar, Direktor der medizinischen Grundversorgung Kuwaits, und dessen Frau Dr. Fayeza Youssef, die die Geburtshilfe in der Entbindungsklinik leitete.[170] Doch für den Tod dieser Babys machten die Ärzte das Chaos verantwortlich, das nach der irakischen Besetzung in der Klinik herrschte. Qualifiziertes Personal war Hals über Kopf aus dem Land geflohen, die medizinische Versorgung war zusammengebrochen. Keiner der Zeugen konnte bestätigen, daß irakische Soldaten Babys aus den Brutkästen genommen hatten.

Die Menschenrechtsorganisation Amnesty International, die im Dezember 1990 die Brutkasten-Geschichte in einem Report zitiert und damit politisch aufgewertet hatte, korrigierte daraufhin im April 1991 die früheren Angaben. Amnesty stellte fest, daß sich keine Belege für den Baby-Massenmord hatten finden lassen.

Es dauerte allerdings noch ein Dreivierteljahr, bis die Welt erfuhr, wer Nayirah wirklich war. Am 6. Januar 1992 enthüllte der Journalist John MacArthur in der »New York Times«, daß Nayirah mit Nachnamen Al Sabah hieß und die Tochter des kuwaitischen Botschafters in den USA war. Bei den Anhörungen vor dem Golfkrieg war der vollständige Name des Mädchens verschwiegen worden, angeblich, weil sonst ihre Angehörigen im besetzten Kuwait Repressalien zu befürchten gehabt hätten. Nayirah und ihre Familie lebten freilich schon vor dem Golfkrieg in den USA. Außerdem deckte MacArthur auf, daß Hill and Knowlton auch die Anhörung vor dem UN-Sicherheitsrat manipuliert hatte. Mindestens fünf der sieben Zeugen, die den Mord an den Frühgeborenen vor den UN-Botschaftern bestätigt hatten, waren von der PR-Agentur präpariert und mit falschen Namen versehen worden. Wie Nayirah waren sie hohe Bedienstete der kuwaitischen Regierung oder enge Angehörige von Regierungsmitgliedern.

Bekannt wurde gleichfalls, daß Robert Gray, Chef von Hill and Knowlton in den USA, zwei Wochen nach der Show vor dem UN-Sicherheitsrat einen Brief an die Organisation »Citizens for a Free Kuwait« geschrieben hatte. Darin hatte er seinen Kunden vor einem Stimmungsumschwung in der öffentlichen Meinung Amerikas gewarnt und die Beschaffung weiterer »Augenzeugen« der irakischen Greuel angemahnt. Den Begriff »eyewitnesses« hatte Gray in Anführungszeichen gesetzt.[171]

Hill and Knowlton und die kuwaitische Regierung gaben sich trotz der Enthüllungen nicht geschlagen. Der kuwaitische Botschafter in Washington behauptete nun, seine Tochter Nayirah sei im August 1990 tatsächlich ins besetzte Kuwait gereist und habe als freiwillige Helferin im Al Addan-Hospital die Untat der Iraker beobachtet. Als auch diese Version auf Skepsis stieß, beauftragte die kuwaitische Regierung ein amerikanisches Detektivbüro mit der Suche nach den ermordeten Frühgeborenen. Der Bericht, den die Detektei Kroll Associates, Inc. vorlegte, wurde allerdings nie veröffentlicht. Inoffiziell wurde bekannt, daß die Detektive den Tod von sieben Babys ermitteln konnten. In keinem dieser Fälle ließen sich Zeugen finden, die beobachtet hatten, daß irakische Soldaten die Babys aus den Brutkästen genommen hatten. Nayirah, so die Ermittler, hatte nicht als freiwillige Helferin im Al Addan-Krankenhaus gearbeitet. Bei weiteren Befragungen hatte sie eingeräumt, bei einem Besuch im Krankenhaus nur kurz einen Streit zwischen irakischen Soldaten und kuwaitischem Pflegepersonal beobachtet zu haben. Dabei hatte sie angeblich ein Baby gesehen, das – aus welchen Gründen auch immer – auf dem Fußboden gelegen hatte. Später schloß sie daraus, daß die Iraker alle fünfzehn Frühgeborenen aus den Brutkästen auf den Fußboden geworfen hatten.

Der unhaltbaren Beweislage zum Trotz versuchte die Agentur ihre Kritiker mundtot zu machen. Im April 1992 klagte Hill and Knowlton gegen das WDR-Fernsehmagazin »Monitor«, das über die Lügengeschichten der PR-Firma berichtet hatte. »Monitor« sollte seine Anschuldigungen öffentlich widerrufen. Das Landgericht Frankfurt wies die Klage ab.

Einen Monat später hatte die mächtige PR-Agentur in einem anderen Fall mehr Erfolg. Daniel Schorr, ein Mitarbeiter der amerikanischen Rundfunkstation »National Public Radio« (NPR), hatte in einem Kommentar für die »Washington Post« geschrieben, daß die Brutkasten-Story eine Fälschung sei. Im Juni 1992 widerrief Schorr seinen Fälschungsvorwurf. In einem Leserbrief an die »Washington Post« bedauerte er, »einen Fehler begangen zu haben«. In der Zwischenzeit habe er von Frank Mankiewicz, Vize-Boß von Hill and Knowlton, weiteres Beweismaterial erhalten. Mankiewicz war früher Direktor des »National Public Radio« gewesen.[172]

Die meisten Journalisten, die vor dem Golfkrieg bereitwillig Nayirahs Schauermärchen reportiert hatten, schwiegen nach dem Auffliegen des Schwindels lieber schamhaft. Ganz im Sinne von Hill and Knowlton wuchs Gras über eine Fälschung, die einen »Wüstensturm« ausgelöst hatte.

Leibwächter und Nachtwächter

Hinterher war es von vornherein allen spanisch vorgekommen. Hinterher wollte jeder gleich gestutzt haben. Hinterher wurde wieder der ewig mißliche Zeitdruck in den Redaktionen verantwortlich gemacht. Hinterher hatte man es schon von Anfang an geahnt: Ein Leibwächter von Saddam Hussein, einer von 25 Auserwählten, rumpelt nicht, in Stofflappen gewickelt, auf einem Tanklaster über die türkische Grenze aus dem Irak hinaus. Vor allem nicht im September 1990, wenige Wochen nach der Annexion Kuwaits, als diese Grenze dicht war.

So aber stand es in »Transatlantik«[173], und so machte es die Runde: als ganzseitiger Text in der »taz«[174], als Serie in »Quick«[175] und wo nicht noch alles. Ihren Ausgang hatte die Geschichte beim französischen »Nouvel Observateur« genommen: eine Geschichte, die einem die Haare zu Berge stehen ließ – sei es wegen der darin enthaltenen Brutalität, sei es wegen der darin fehlenden Plausibilität.

In groben Zügen geht die Geschichte so: Ein gewisser Karim Abdallah Al-Jabouri, Sohn eines Scheichs, das heißt aus gutem Hause, wird 1985 von Saddam Hussein in seine Leibgarde aufgenommen. Sechs Jahre lang dient er dem Despoten und erlebt aus nächster Nähe dessen bestialische Blutgier: wie er während des

Kriegs gegen Iran bei einer Stabsbesprechung eigenhändig den General Salah El-Kadi im Konferenzraum erschießt, wie er bei einer Ausfahrt drei Kurden mit Benzin übergießen und bei lebendigem Leib verbrennen läßt oder wie er sich im Frühjahr 1988 daran weidet, daß eine alte Frau, die ihn beschimpft hatte, auf seinen Befehl hin totgeschlagen wird.

»Wenn wirklich wahr ist, was dieser ehemalige Leibwächter Saddam Husseins zu berichten hat«, schrieb der Wiener »Standard« nach Erscheinen des »Transatlantik«-Hefts, »dann ist dieses Gespräch ein recht ordentliches Sprengstoffpaketchen.« Doch der Sprengsatz explodierte aufgrund hartnäckiger Recherchen der französischen Zeitungen »Le Canard enchaîné« und »Libération« ganz anders als (durch wen eigentlich?) geplant. Denn es mag sein, daß diese Greuelgeschichten über Saddam wirklich wahr sind, bloß der angebliche Leibwächter ist, wenn man so sagen darf, ein Türke, freilich ein irakischer.

»Kapitän Karim« hieß in Wirklichkeit Muzir Affat und hatte in Paris einige Bekannte. Da war zum Beispiel jener Rechtsanwalt, der ihm 1980 20 000 Francs geliehen hatte, um sein Studium zu finanzieren. Da waren seine Lehrer und Kommilitonen an der Ecole Supérieure d'Architecture sowie deren Direktor, der den 23jährigen Muzir 1982 hinauswarf, weil er das Zertifikat seines nicht bestandenen Zwischenexamens umfälschte. Sie alle erkannten Muzir wieder, als er in seiner neuen Rolle als desertierter Leibwächter des Tyrannen von Bagdad auf französischen Bildschirmen zu sehen war: Muzir, dessen Vater keineswegs Scheich, sondern Chauffeur war, Muzir, der 1985 in Bagdad nicht bei Saddams Leibgarde, sondern beim Wirtschaftsministerium arbeitete, Muzir, der im September 1990 keineswegs über die türkische Grenze aus dem Irak zu fliehen brauchte, weil er sich nämlich schon seit Februar wieder in Paris aufhielt und im Sommer für die Betreuung eines Bücherstands im Institut du Monde Arabe 3000 Francs von der irakischen Botschaft erhielt.

Bei der Gelegenheit traf er auch einige Bekannte wieder, die sich nach seinem Fernsehauftritt am 23. Januar 1991 gut daran erinnern konnten. Identifiziert hat ihn auch der Redakteur und

Moderator jener Sendung, Patrick Poivre d'Arvor – aber im entgegengesetzten Sinne. Vor laufender Kamera erklärte er nämlich, er erkenne in dem angeblichen Karim durchaus jenen Leibwächter wieder, der ihn selbst vor einem Interview mit Saddam Hussein im letzten August durchsucht habe. Nach der Sendung vom »Canard enchaîné« mit den wirklichen Fakten konfrontiert, war sich Poivre d'Arvor allerdings schon viel weniger sicher: so genau habe er das Sicherheitspersonal natürlich nicht angeschaut, gab er zu, außerdem sähen sich alle Iraker verdammt ähnlich. Und dann folgte fast ein Geständnis: der putative Karim selbst hatte den Fernsehleuten vor der Sendung eingetrichtert, daß er Poivre d'Arvor in Bagdad gefilzt habe.

Eine Art Geständnis legte dann auch Muzir Najie Affat Al-Klifawi vor der französischen Geheimpolizei DST ab. Der 31jährige hielt zwar weiterhin an den unwahrscheinlichsten Details seiner Geschichte fest, Details, »bei denen der Lügendetektor fast explodierte«, wie ein DST-Agent witzelte, doch statt Saddams Leibgarde wollte er auf einmal nur noch »so etwas Ähnlichem wie der Garde« angehört haben. Dafür drohte ihm die Abschiebung aus Frankreich, worin er übrigens Erfahrung hatte: Schon 1983 war er, der »Führer des irakischen Widerstandes gegen den Diktator von Bagdad«, wie »Quick« schwadronierte, als Folge seiner Zeugnisfälschung ausgewiesen worden.

Ernst war der Medieneffekt der Fälschung. Während sich alle neunmalklugen Kritiker mit dem Phänomen einer noch nie dagewesenen Live-Berichterstattung in einem amerikanischen Nachrichtenkanal auseinandersetzten, während sie mit kulturanthropologischem Tremolo die *Über*information beklagten, kümmerte sich um den handfesten Tatbestand einer flagranten *Fehl*information offenbar kaum noch jemand.

Der Kalender von Karims medialem Siegeszug ist mehr als alarmierend: Er ist schon desarmierend. Nachdem der »Nouvel Observateur« die Geschichte am 20. Dezember 1990 exklusiv serviert hatte, trat der vermeintliche Überläufer am 23. Januar 1991 im französischen Fernsehen auf. Diese Sendung mit dem wunderhübschen Serientitel »Le Droit de Savoir« (Das Recht auf

Wissen) trug ebensoviel zur Verbreitung der Lüge wie zu ihrer Aufklärung bei, weil ein paar Zuschauer im falschen Karim den wirklichen Muzir erkannten. Noch während der Ausstrahlung rief der irakische Botschafter beim Sender an und dementierte dessen Ausführungen – mit sehr präzisen Argumenten, schließlich hatte Karim noch wenige Monate vorher beim Pressedienst der Botschaft gejobbt. Der »Canard enchaîné« ging diesen Widersprüchen nach und veröffentlichte am 30. Januar 1991 einen Artikel, der eigentlich schon als Schlußwort der Affäre hätte gelten können.

Doch es gibt Leibwächter, und es gibt Nachtwächter. Im Februar kam die Story im deutschen Sprachraum an und wurde, je nach Stimmungslage und Bedarf, redaktionell noch etwas angedickt. »Quick« schwelgte in Authentizität und wußte, daß Karim »ein unauffälliges Wohnhaus« bewohnt: »Ab und zu raucht er eine Zigarette.« »Transatlantik« tat wisserisch kund, »der Kollege Patrick Poivre d'Arvor« arbeite beim (öffentlich-rechtlichen) französischen Fernsehsender Antenne 2. Er war und ist aber beim (kommerziellen) Konkurrenzkanal TF1 angestellt. Allein, auf solche Petitessen kommt es bei so einer fetten Ente schon gar nicht mehr an.

Es ist merkwürdig (und beinahe menschlich), wie wenig handwerkliches Henkerswissen die als hart bekannten Mitglieder der Journalistenzunft (wer hätte nicht viel dafür gegeben, während der heißesten Phase zur Berichterstattung an den Golf entsandt zu werden?) im Endeffekt besitzen. Wie lange winden sich drei lichterloh brennende Menschen im Todeskampf? Eine Dreiviertelstunde, wie Karim angab? Kann ein ganzer Generalstab nach der Erschießung eines Kollegen (sieben Kugeln in die Brust) »geradezu im Blut waten«, wie Karim ebenfalls behauptete?

Nichts, gar nichts trugen oder tragen solche Fragen zu Saddam Husseins Entlastung und Verharmlosung bei. Wer mit volkspädagogischen Bedenken der Wahrheit aus dem Wege geht, ist für einen der wichtigsten journalistischen Werte schon verloren. Der gibt der Lüge eine Wohnung – wie der Produzent der TF1-Sendung »Le Droit de Savoir«: Er hatte, wie »Libération« heraus-

fand, das Gratis-Appartement besorgt, in das »Kapitän Karim« im
November 1990 (also schon vor seinem Fernsehauftritt) eingezo-
gen war.

Waffen für Sarajewo

Wer hätte es einem Dichter zugetraut, sich derart mit den Medien anzulegen? Wer hätte es für möglich gehalten, daß Peter Handke im Jahr 1996 durch einen einzigen Aufsatz die öffentliche Diskussion in Deutschland über den Krieg in Ex-Jugoslawien so nachhaltig beeinflussen würde? Im Rückblick ist es immerhin erstaunlich, wie sehr sich Tonlage und Optik des allgemeinen Räsonierens über Serbien, Bosnien und Kroatien seit der Publikation seines winterlichen Reiseberichts verändert haben, und man muß konstatieren, daß ein prominenter Schriftsteller mit einem wütenden literarischen Text vermochte, was keiner seriösen journalistischen Reportage je gelang: ein etabliertes Medien-Trugbild aufzubrechen.

Freilich bleibt im Gedächtnis auch ein groteskes Medienspektakel, das der Veröffentlichung dieser durchaus proserbischen Polemik folgte: Dieselbe »Süddeutsche Zeitung«, in der sie am 5./6./7. und 13./14. Januar 1996 erschienen war, nannte den Autor am 20. März »durchgedreht« und am 26. März »umnachtet«. Die von ihm angegriffenen Blätter und Kollegen, allen voran die »Frankfurter Allgemeine Zeitung«, deren Herausgeber er als »Haßwortführer«, »Reißwolf und Geifermüller« tituliert, und Peter Schneider, dem er die Urheberschaft an einem »feind- und kriegsbildverknallten Schrieb« vorgeworfen hatte, droschen erwartungsgemäß auf ihn ein. Und eine ganze Riege von Kommentatoren aus der zweiten Reihe trauten sich auf einmal mit deftigen Schmähungen hervor.

Aber der Text, der »Friedenstext«, wie Handke ihn trotzig bezeichnete, war da und tat seine Wirkung – um so mehr, als sein Verfasser eigensinnig genug war, ihn wiederholt und mit Erfolg vor Publikum zu lesen und damit die Meinungsführerschaft seiner publizistischen Gegner direkt herauszufordern. Seither begab es sich in manchen Redaktionen, daß Nachrichten aus dem Kriegsgebiet, die sonst bedenkenlos verbreitet worden wären, gründlicher nachgeprüft wurden; auf einmal konnten Korrespondenten vor Ort auch Berichte übermitteln, die Zweifel an der alleinigen Kriegsschuld der Serben erweckten; und alle Journalisten erinnerten sich plötzlich an Fälle, in denen ihre Eindrücke und Schlußfolgerungen nicht erwünscht gewesen waren, weil sie nicht in das vorherrschende Bild paßten.

Sie, die Journalisten, und die vorgeprägten Bilder waren ja Handkes Hauptthema, so poetisch sich seine Beschreibungen der Menschen, Dörfer und Landschaften an den Flüssen Donau, Save, Morawa und Drina ausnahmen. Mit einer an Claude Simon erinnernden nebensatzreichen und adjektivschweren Detailversessenheit entfaltete Handke eine fulminante Verteidigung der demütigen Einzelwahrnehmung gegenüber einer von den Medien transportierten Scheinrealität und traf damit genau den wundesten Punkt unseres sogenannten Informationszeitalters: Wir erfahren immer mehr und empfinden immer weniger, doch nur beides zusammen kann zum Verstehen führen.

Man konnte dem Verfasser der »Stunde der wahren Empfindung« vorwerfen, daß mit der von ihm vorgeführten Art Empfindsamkeit angesichts von Mord, Folter, Zerstörung und Vertreibung wenig zu gewinnen ist – vor allem keine rationalen Einsichten, die in dem höllischen Haßgefüge zwischen den Völkern Ex-Jugoslawiens so fürchterlich fehlen. Aber das hatte Handke schon bedacht. Er hatte sich sogar gefragt, ob ein derartiges Aufschreiben von Nebensächlichkeiten nicht obszön sei. Doch er gab in seinem Resümee auf diese Frage eine Antwort. Sie lautet: »Die bösen Fakten festhalten, schon recht. Für einen Frieden jedoch braucht es noch anderes, was nicht weniger ist als die Fakten. Kommst du jetzt mit dem Poetischen? Ja, wenn dieses als das gerade Gegenteil verstanden wird vom Nebulösen. Oder sag statt ›das Poetische‹ besser das Verbindende, das Umfassende – den Anstoß zum gemeinsamen Erinnern, als der einzigen Versöhnungsmöglichkeit.«

Selbst wenn er seinen Anspruch auf die bloße Feststellung von Fakten reduziert hätte, wäre Handkes medienkritische Methode unerhört brisant und produktiv gewesen. Sie bestand zwar in nichts anderem als jenem wachen Hinsehen, das angeblich zum Rüstzeug jedes Journalisten zählt, doch anscheinend wurden die professionellen Kriegsberichterstatter, die jahrelang die Welt mit Schreckensnachrichten und -bildern belieferten und bedienten, dieser Mindestanforderung mitnichten gerecht. Ihre Meldungen traten jahrelang auf der Stelle, Leichen häuften sich auf Leichen, Granaten auf Granaten, Verhandlungsakten auf Verhandlungsakten. Obwohl wahrscheinlich, nimmt man alles nur in allem, seit Jahrzehnten kein Thema derart häufig und ausgiebig in Presse, Funk und Fernsehen behandelt wurde wie der serbisch-kroatisch-bosnische Bürgerkrieg, war der Erkenntnisfortschritt selbst bei gebildeten und aufmerksamen Medienkonsumenten nahe null. Höchstens, daß man ein paar bislang unbekannte Ortsnamen gelernt hatte: Srebrenica, Tusla, Vukovar.

Handke stellte Fragen, die in der Tat zu denken gaben: Wie zum Beispiel sollten Menschen, die durch eine Staatsgründung wie die kroatische plötzlich in der eigenen Heimat zur Minderheit erklärt wurden, reagieren? Wie hätten diejenigen, die sich aus der Ferne über den Widerstand der Betroffenen so sehr empörten, selbst reagiert? Handkes zorniger Zweifel, subversiv und systematisch, an der ganzen publizistischen Behandlung des serbisch-kroatisch-bosnischen Bürgerkriegs konnte sich auf vielerlei Verdachtsmomente stützen: Wie leicht die überhasteten, vor blinder Reaktivität oft leerdrehenden Kriegskorrespondenten in ihren Bunkerstudios und -hotels vor Ort zu manipulieren sind, hatte sich nicht erst und nicht zuletzt während des Golfkrieges gezeigt.

Genau dieses Thema hatte ein Jahr vorher ein renommierter Dokumentarfilmer abgehandelt. Marcel Ophüls wollte die Scheinseriosität dieser abenteuerlustigen Reporterelite mit der Kamera entlarven, doch er verlor sich und seinen Vorsatz in manieriertem

Amüsement. Handke untersuchte als aufmerksamer Zeitungsleser einfach ihre Produkte sowie diejenigen ihrer redaktionellen Anstifter, die »von ihrem Auslandshochsitz aus auf ihre Weise genauso arge Kriegshunde sind wie jene im Kampfgebiet«. Er nannte sie die »Fernfuchtler«.

Ophüls versuchte sich an einem Stück Medienkritik, das von der Frage ausging, ob Auschwitz möglich gewesen wäre, wenn damals die Weltöffentlichkeit so minutiös informiert worden wäre, wie das in bezug auf Bosnien der Fall war. Doch gerade diese Voraussetzung ist falsch: Die Welt wurde im Falle Bosniens sogar systematisch desinformiert, und Ophüls wäre schon der Richtige gewesen, dies zu zeigen. Er hatte die Kriegsreporter bereits seit einer Weile im Visier: Zunächst wollte er sie während des Golfkriegs porträtieren, aber angeblich zogen weder die BBC noch das französische Fernsehen mit, so daß der vielversprechende Plan flachfiel. Dann bot sich der Krieg in Bosnien als eine günstige Gelegenheit.

Allein, vom ketzerischen Impetus des Filmemachers blieb wenig übrig: Statt dessen missionierte er für die Überzeugung, daß diese Journalisten eigentlich Helden seien, daß sie es ernst meinten mit ihrem Anspruch, die Wahrheit zu vermitteln, und daß sie dafür einen aufreibenden Kampf mit ihren Zentralredaktionen kämpften, die immer bloß Zwei-dreißig-Filmchen über das Thema der letzten Agenturmeldung von ihnen wollten. John Burns von der »New York Times« zum Beispiel, der für ein ziemlich problematisches Interview mit einem gefangenen bosnisch-serbischen Kriegsverbrecher den Pulitzerpreis bekam[176], wurde beinahe als Schutzengel für die Bevölkerung von Sarajewo hingestellt. Dafür ließ Ophüls ihn auch Sätze sagen wie: »Es ist zwar nicht spaßig, Leute sterben zu sehen. Aber wir haben hier enorm viel Spaß.«

Und das war auch die schlichte Wahrheit. Denn was hatte sie hergeführt – Burns und seine Kollegen, die im Namen und auf Rechnung der größten Fernsehanstalten, Rundfunksender und Zeitungen dieser Erde das mittlerweile legendäre Holiday Inn von Sarajewo bevölkerten? Gefahrengeilheit, Karrierekalkül und Alltagsüberdruß. Oder, wie bei Burns, der Wunsch, Abstand zu einer gerade überstandenen Krebskrankheit zu gewinnen – seinen Einsatz im Kriegsgebiet bezeichnete er allen Ernstes als »das beste Rehabilitationsprogramm, das ich bekommen konnte«.[177]

In solchem menschlich-allzumenschlichen Gequassel erschöpfte sich der Erkenntnisgewinn des vierstündigen Films »Veillées d'armes« (englische Fassung: »The Troubles We've Seen«), mit dem Ophüls die Arbeit der Kriegsberichterstatter in Bosnien entlarven (?), kritisieren (?), auf die Schippe nehmen (?) wollte. Während die Bevölkerung in offensichtlich nutzlosen UN-»Schutzzonen« massakriert wurde, erörterten die Medienvertreter ihre Urlaubsorte und ihre Sozialversicherung: ZDF-Korrespondent Heinz Metlitzky, seit dem Einmarsch der Russen in Prag immer an vorderster Front, vertraute Ophüls an, er fliege, um von dem Granatenhagel in Sarajewo auszuspannen, mit seiner Freundin in die Ferien nach Bali. Und Martine Laroche-Joubert, die fast jeden Abend mit den Neuigkeiten aus Ex-Jugoslawien im Programm France 2 zu sehen war, machte Ophüls das umwerfende Geständnis, sie brauche wegen ihrer vielen Abwesenheiten von Paris zu Hause ein Au-Pair-Mädchen, das sich um ihr Kind kümmere, und sei deswegen auf die Unterhaltszahlungen von ihrem Ex-Mann angewiesen.

Der erste Teil des Films begann an der Pariser Gare de l'Est und endete in einem Wiener Hotelzimmer. Am Anfang führte Ophüls einen Kofferkuli-Slapstick vor, am Schluß eine Naßrasur, ein Telephonat und ein Callgirl. Der zweite Teil begann und endete in Venedig mit Maskentanz zum Karneval. Das alles hatte zwar mit der Tätigkeit von Kriegsberichterstattern nichts zu tun, gehörte aber wohl zur atmosphärischen Ausstattung der Reportage. Dabei hatte Ophüls einst beim amerikanischen Fernsehsender CBS gelernt, daß sogar die Verwendung von Musik verpönt sein sollte – wegen emotionaler Manipulation.[178] Richtig abgefeimt indes war der Verschnitt von aktuellen Aufnahmen aus Bosnien mit Szenen aus alten Spielfilmen – montiert mit einem philiströsen Augenzwinkern an alle Filmhistoriker. Da folgte auf den erschütternden Anblick eines schwerverwundeten Kindes das theatralische Geträller einer Zirkusvorführung, zur Illustration der Kälte im Kriegsgebiet gab es eine Schlacht im Schnee aus einem anderen historischen Leinwandschinken, und wenn ein orthodoxer serbischer Priester eine Messe zelebrierte, dann fiel Ophüls dazu ein Archivstück aus der Nazizeit ein.

Natürlich sollte das alles etwas illustrieren: die Folgenlosigkeit optischer Schocks im Zapping-Zeitalter, das Archaische des Kriegführens, die geschichtliche Dimension der politischen Konstellation. Aber diese Erkenntnisse und Lehren – falls sie denn beabsichtigt waren – ergaben sich nicht aus der demonstrativ zynischen Nummernshow, die der maskenverliebte Ophüls, aalglatt-abgründig, ironisch-ernst, polyglott-sprachlos, am Schneidetisch zurechtmischte. Vor allem gingen die wesentlichen Probleme der Kriegsberichterstattung in jener sonderbaren Haudegenromantik völlig unter. Etwa die Tatsache, daß die Berichterstatter in *diesem* Krieg schon deshalb eine besondere Rolle spielten, weil sämtliche verfeindeten Parteien wußten, daß ihr Konflikt die Sicherheitsinteressen des Westens nicht essentiell berührte. Die einzige Möglichkeit, die westlichen Regierungen mit hineinzuziehen, bestand daher darin, die öffentliche Meinung in den westlichen Ländern zu mobilisieren, und dafür wurden die Medien gebraucht.

Mit welchen Mitteln die Journalisten in die Irre geführt wurden, hat die Münchner Journalistin Mira Beham in ihrem Buch »Kriegstrommeln«[179] ausführlich beschrieben. Die Beispiele reichen von den dramatischen Zerstörungsmeldungen des Bürgermeisters von Dubrovnik, die ein großer Bluff waren, über die ebenso trügerischen Appelle gewisser Amateurfunker, die nicht nur die Presse, sondern auch das UN-Personal nasführten, bis zu der Tatsache, daß die Nachrichtenagentur Associated Press in Sarajewo zwei Mitarbeiterinnen beschäftigte, die den höheren Rängen der bosnischen Armee angehörten.

Zwei Themen ragen aus diesem Meer der Desinformation heraus, weil sie größere Wirkungen im weltpolitischen Maßstab zeitigten als alle anderen – und weil sie bis heute in der öffentlichen Diskussion verdrängt werden.

Die Massenvergewaltigungslager

Zwischen Oktober 1992 und März 1993 berichteten die Medien über serbische Konzentrationslager, in denen muslimische Frauen systematisch – zum Zwecke der Demütigung und als Mittel der »ethnischen Säuberung« – vergewaltigt und geschwängert worden seien. Horrende Zahlen wurden gehandelt: Nach einem im Januar 1993 veröffentlichten EU-Bericht sollten es 20 000 sein, nach Angaben des bosnischen Innenministeriums 50 000, »Paris-Match« zufolge 60 000. Für die Europäische Union war eine sechsköpfige Delegation, angeführt von der britischen Ex-Diplomatin Anne Warburton und der französischen Ex-Ministerin Simone Veil, nach Kroatien und Bosnien gereist; sie hatten sich fünf Tage lang umgesehen, hie und da auch Flüchtlinge interviewt und sich vom Roten Kreuz, der Caritas und anderen humanitären Organisationen alles mögliche erzählen lassen. Die Zeugnisse, auf die sie sich stützten, waren fast durchweg aus zweiter oder dritter Hand. Aber obwohl die Kommission selbst die prekäre Quellenlage unterstrich, stürzte sich die Weltpresse – bis hin zu »Newsweek«[180] auf diese von einer Kriegspartei lancierten »Informationen«. Der stellvertretende Chefredakteur des öffentlich-rechtlichen Fernsehkanals France 2, Jacques Merlino, bekannte später, ihm seien angesichts dieser Leichtfertigkeit der Medien die Haare zu Berge gestanden.[181]

In Deutschland hatte die Journalistin Alexandra Stiglmayer mit der Story durchschlagenden Erfolg. Ihr im November 1992 vom »Deutschen Allgemeinen Sonntagsblatt« und der Zürcher »Weltwoche«[182] veröffentlichter Artikel wurde von vielen deutschen Tageszeitungen nachgedruckt; der »Stern« bekam eine eigene Fassung.[183] Auch die »Zeit« benutzte dieses Material und erzählte dasselbe: in Doboj beispielsweise seien 2000 muslimische und kroatische Frauen in einer »dunklen Turnhalle ohne Licht« festgehalten und »immer wieder vergewaltigt« worden. Daraufhin riefen Rita Süssmuth und andere Bundespolitiker zu einer Spendenaktion auf und warben für die Adoption der angeblich massenhaft zu erwartenden Babys, deren Mütter sie als Früchte der Feinde und der Schande betrachteten und sofort loswerden wollten. Das Fernsehen sollte diese Spendenaktion unterstützen. Deshalb schickte die ARD-Sendung »Panorama« eine Reporterin nach Zagreb los. Es galt, ein paar bewegende Filmaufnahmen zu machen: von vergewaltigten Frauen und von ausgesetzten Babys. Angesichts ihrer enormen Anzahl sollten sie leicht zu finden sein. Dachte die Reporterin.

In und um Zagreb gab es ein Dutzend Flüchtlingslager. Manche wurden von muslimischen Fundamentalisten geführt, die Unterstützung aus Ägypten erhielten. Hier bekamen westliche Reporter keinen Zutritt. Im Lager Resnik jedoch, etwas außerhalb der Stadt gelegen, hatte das ARD-Team mehr Glück. In ehemaligen Schul- und Kasernengebäuden inklusive Tiefgarage lebten an die 9000 von den Serben vertriebene Muslims aus Bosnien und Herzegowina, darunter viele Frauen, die auf die Frage nach Vergewaltigungen erstaunlich offen und detailreich zu berichten anfingen – sogar in Anwesenheit von Männern und vor laufender Kamera.

Die Reporterin hatte erwartet, daß es schwer sein würde, mit vergewaltigten Frauen zu sprechen, und noch schwerer, sie zum Sprechen zu bringen. Jetzt war sie von den ausdrucksstarken Schilderungen scheußlicher Szenen doch überrascht – und ein bißchen irritiert; deswegen tat sie, was in einer solchen Situation vielleicht das Schwerste ist: Sie fragte nach. Sie fragte, wann und wo genau die Vergewaltigungen stattgefunden hätten und ob die Frauen die Täter kennen würden. Das löste einige Verwirrung aus. Woher sie das denn wissen sollten, war die Antwort. *Sie* seien doch nicht vergewaltigt worden, erklärten die Frauen. Sie hätten bloß wiedergegeben, was ihnen von anderen Frauen erzählt worden sei.

Auch alle weiteren Bemühungen, eine einzige Zeugin für etwas zu finden, was 60 000 Menschen widerfahren sein soll, erwiesen sich als vergeblich. Kroatische Ärztinnen und Psychologinnen in den Krankenhäusern Zagrebs waren zwar meistens bereit, gegen Honorar über das Thema zu sprechen, aber sie weigerten sich stets, direkten Kontakt zu einer Betroffenen zu vermitteln. Von einem Chefarzt, den sie eine Woche lang bestürmte, erfuhr die deutsche Journalistin schließlich, warum er sie von einer Frau, die als Vergewaltigungsopfer bezeichnet worden war, fernhielt: Sie war geistig behindert. (In der »Frankfurter Rundschau« hieß es dann, sie habe nach dem, was ihr zugefügt worden war, den Verstand verloren.[184])

Auch die vielen Babys, von denen ständig die Rede war, schienen auf einmal verschwunden zu sein. Nicht einmal Jelena Brasja, die örtliche Caritas-Chefin, die das ARD-Team auf die Fährte bringen wollte, war mehr zu erreichen. Die Kinder, die der »Panorama«-Mitarbeiterin schließlich in einem Waisenhaus gezeigt wurden, waren alle über vier Jahre alt: So lange hatte der Krieg – zum Glück – noch nicht gedauert. Da begriff die Fernsehjournalistin, daß sie den geplanten Film nicht drehen konnte. Statt dessen hätte sie ein Stück über falsche Informationen und fehlende Beweise liefern können. Aber das wünschte die Redaktion ganz und gar nicht. Man bat die Reporterin, unverrichteter Dinge heimzukehren, und schickte eine andere nach Zagreb, die dann auftragsgemäß die vierjährigen Waisenkinder filmte – als Beweis für Massenvergewaltigungen, die höchstens ein Jahr zurücklagen.

Der Fernsehjournalist Martin Lettmayer, der bereits im Herbst 1992 ähnliche Recherchen angestellt und ähnliche Erfahrungen gemacht hatte, schrieb in der »Weltwoche«: »Ich führte damals mit zahlreichen Chefredakteuren von Fernseh-Auslandsmagazinen Gespräche (n-tv, ZDF, Sat1, Deutsche Welle usw.) und berichtete ihnen von meinen Nachforschungen. Einigen zeigte ich das Filmmaterial. Keiner zweifelte am Ergebnis meiner Recherchen. Aber keiner traute sich damals, gegen den Wind der öffentlichen Meinung zu blasen. Wer die Vergewaltigungslager anzweifelte, lief Gefahr, als Vergewaltigungsverharmloser und Serbenfreund verschrieen zu werden. Eine Medienkarriere ist schnell beendet...«[185]

Die Marktplatz-Massaker

Im Gerichtssaal des Pariser Tribunal de Grande Instance wurde Ende 1995 über einen Fall verhandelt, zu dessen Klärung einzig ein geheimes Gutachten der UN-Truppen in Bosnien beitragen hätte können. Es ging um eines der spektakulärsten Massaker des postjugoslawischen Bürgerkriegs, und zwar um die Granate, die am 5. Februar 1994 auf dem Marktplatz von Sarajewo gleichsam vor den Kameras der Weltpresse ein Blutbad anrichtete, bei dem 68 Menschen starben und 200 weitere verletzt wurden. Es war das zweite von drei ganz ähnlichen Vorkommnissen am selben Ort, doch es war dasjenige mit den wohl weitreichendsten Folgen, führte es doch zu einem deutlichen Meinungsumschwung in den USA und damit zum ersten Eingreifen der Nato in den Konflikt – zunächst in Form eines den Serben gestellten Ultimatums zum Rückzug ihrer schweren Waffen.

Natürlich sprach der bosnische Serbenführer Karadzic im Hinblick auf die Untat gleich von einer »Inszenierung«, doch in der europäischen und amerikanischen Öffentlichkeit war man sich schnell darüber einig, daß dieser Anschlag auf die muslimische Zivilbevölkerung von serbischer Seite verübt worden sei. Ballistische Beweise dafür lagen freilich keine vor, und der Bericht, den Fachleute der Unprofor gewissermaßen gewohnheitsgemäß erstellten, wurde nie veröffentlicht. Im Gegenteil: Er wurde abgeleugnet, weggeschlossen und als äußerst brisante Geheimsache behandelt – aus gutem Grund. Allein die Vorstellung, es habe sich bei diesem Massaker um eine Provokation aus bosnischen Reihen gehandelt, war schwindelerregend. Ein Journalist, der diese Möglichkeit laut aussprach, mußte sich seiner Sache sehr sicher sein.

Der französische Fernsehreporter Bernard Volker ist seit 25 Jahren im Metier und gilt bei seinem Sender TF1 als zuverlässiger Entdecker heißer Sujets. Am 18. Februar 1994, knapp zwei Wochen nach der verhängnisvollen Explosion in Sarajewo, berichtete Volker in einem Beitrag für die Abendnachrichten, daß die 120-Millimeter-Granate von bosnischen Stellungen aus abgefeuert worden sei. Die Reaktion auf diese Meldung kam selbst einem

Granateneinschlag gleich: Auf einmal stand die Möglichkeit der skrupellosesten Medienmanipulation am Firmament. Auf einmal schien es nicht undenkbar, daß die Bosnier ein so entsetzlich opferreiches Massaker an ihren eigenen Leuten verübten, um sich in der öffentlichen Meinung als Opfer zu präsentieren.

Daß man keine Eventualität, und sei sie noch so gräßlich, von vornherein ausschließen sollte, hatte schon der kanadische Blauhelm-General Lewis MacKenzie durchblicken lassen, der bei dem ersten massenmörderischen Bombenein- bzw. -anschlag in Sarajewo am 27. Mai 1992, als es unter den Wartenden vor einer Bäckerei 17 Tote gab, auf Posten war: »Unsere Soldaten sagen, daß gewisse Einzelheiten nicht [zur These eines Fremdangriffs] passen. Die Straße wurde kurz vorher abgesperrt. Nachdem sich die Warteschlange [vor der Bäckerei] gebildet hatte, zogen bosnische Medienleute auf, hielten sich aber im Hintergrund. Bis sie dann sofort nach den Explosionen vorstürmten.«[186] Auch ein französischer Blauhelm-Kommandeur, der Anfang 1995 unter dem Pseudonym »Commandant Franchet« ein Buch über seine Erfahrungen im Kriegsgebiet veröffentlichte, warnte vor den oberflächlichen Darstellungen der meisten Journalisten: »Nichts ist unmöglich. Man muß einen muslimischen Sniper in Sarajewo auf Muslims schießen gesehen haben – nur ein paar Dutzend Meter vom Hauptquartier der Unprofor entfernt! – um zu verstehen, daß die Bosnier in ihrer äußersten Verzweiflung zu jeder Provokation bereit sind, um die Streitkräfte der Vereinten Nationen zum Eingreifen gegen die Serben zu bewegen.«[187]

Bernard Volker erntete mit seiner quer zum antiserbischen Medientenor stehenden Behauptung nicht nur Erstaunen und Empörung, sondern auch eine Privatklage eines Vereins namens »TV Carton Jaune«. Diese 1992 im sozialistischen Milieu gegründete Initiative hat sich die Überwachung der französischen Fernsehprogramme auf Wahrhaftigkeit und Zuverlässigkeit zum Ziel gesetzt, insbesondere freilich des kommerziellen ersten Kanals TF1. Die Klage gegen Volker war schon deswegen ein Novum, weil damit zum ersten Mal ein Journalist für die von ihm verbreiteten Informationen persönlich haftbar gemacht werden sollte.

Die Unprofor dementierte zwar umgehend die von Volker behauptete Existenz eines Rapports, der den Abschußort der Granate anderthalb Kilometer hinter den bosnischen Linien ortete. Aber dann kam immerhin heraus, daß Lord Owen, der EU-Vermittler, einen Geheimbericht verfaßt hatte, in dem die Möglichkeit einer bosnischen Provokation erörtert wurde. Allerdings hatte David Owen sich diese Version nicht zu eigen gemacht; er hatte sie nur dokumentarisch zitiert, und angeblich verschwanden auf dem offiziellen Dokument (in Griechenland, das gerade den EU-Vorsitz innehatte und daher für die Verteilung solcher Dokumente zuständig war) einfach die Anführungszeichen.[188]

Volker erklärte unterdessen, er halte an seinen Informationen fest; seine Quellen seien ohnedies nicht mit dem Owen-Bericht, von dem er erst nachträglich erfahren habe, identisch. Allerdings weigerte er sich entsprechend journalistischer Gepflogenheit, seine Quellen preiszugeben. Das Gericht erklärte sich damit zufrieden. Die Hauptfrage jedoch blieb offen: Wer hat das (beziehungsweise die) Marktplatz-Massaker auf dem Gewissen? Ein wesentlicher Hinweis erschien Anfang 1996 an unvermuteter Stelle, und zwar in einem Buch der Journalistin Laure Adler, die François Mitterrand während seines letzten Regierungsjahres begleiten und beobachten konnte. Nach diesem Zeugnis soll der Präsident am 18. Mai 1994 im Ministerrat geäußert haben: »Vor wenigen Tagen sagte Butros Ghali mir, er sei sicher, daß die Granate auf dem Markt von Sarajewo eine bosnische Provokation war.«[189]

In der Tat hatte der UNO-Generalsekretär diese Auffassung bereits am 10. Februar 1994 dem amerikanischen Außenminister Warren Christopher telephonisch mitgeteilt (war bei ihm damit aber auf Ablehnung gestoßen). Denn in der Tat verfügten die Unprofor-Leute über einige irritierende Erkenntnisse: Als sie unmittelbar nach den Explosionen am Ort des Geschehens eintrafen, wurde ihnen der Zutritt zum Marktplatz erst einmal von muslimischen Polizisten verwehrt. Zwei Stunden später begannen die Experten mit der Bestimmung der Herkunft des Geschosses. Ihre Resultate fielen widersprüchlich aus: Ein französischer Hauptmann schloß eindeutig auf eine muslimische Urheberschaft; ein kanadischer Major kam zu dem Ergebnis, man könne die Flugbahn nicht genau genug ermitteln, um die Tat irgendeiner Kriegspartei zuzuschreiben. Ein Woche später nahm ein siebenköpfiges Spezialistenteam neue Untersuchungen vor und gelangte zu dem Schluß, die Zone, aus der die 120-Millimeter-Mörserrakete abgeschossen wurde, überlappe die Frontlinie zwischen Serben und Muslims um jeweils zwei Kilometer.[190]

Die Blutbäder vom 27. Mai 1992 (17 Tote) und vom 5. Februar 1994 (68 Tote) blieben faktisch unaufgeklärt, wurden in der Weltöffentlichkeit aber durchweg als serbische Verbrechen an der Zivilbevölkerung gehandelt. Am 28. August 1995 kam zu einem weiteren Massaker auf dem Markt von Sarajewo: Diesmal starben 37 Menschen, 90 wurden verletzt. Wiederum wurden die Serben dafür verantwortlich gemacht, wiederum waren Nato-Einsätze die Folge (zu denen die bosnische Armee die Pläne ausarbeitete – ein US-Offizier bemerkte nicht ohne Bitterkeit: »Wir sind jetzt die Muslim Air Force«[191]), und wiederum war der Verdacht, es handele sich um eine diabolische Inszenierung, dringend gegeben. Diesmal sogar mehr denn je: Britische und französische Unprofor-Sachverständige, die den Krater 40 Minuten nach der Explosion untersuchten, sahen es als erwiesen an, daß der Anschlag nicht von serbischen Stellungen aus verübt worden war.[192] Sie stellten fest, daß von fünf Mörsergranaten, die an jenem Morgen in Sarajewo einschlugen, vier – die niemanden trafen – von der serbischen Seite kamen und eine – die tödliche – anderswoher.[193]

Yossef Bodansky, langjähriger Berater der amerikanischen Regierung und Direktor der »Task Force on Terrorism and Unconventional Warfare« des Repräsentantenhauses, resümiert die Affäre wie folgt: »Es gibt seit 1992 eine lange Reihe von muslimischen Terroranschlägen und Sniper-Schüssen auf die eigenen Leute; leitende UNO-Beamte, hochrangige Unprofor-Militärs, französische und englische Untersuchungsteams und andere Experten bestätigen dies. Allerdings gab es die Bestätigungen für selbstzugefügten Terror in Sarajewo erst nach langen und gründlichen Untersuchungen; da waren die schockierenden Bilder von den Blutbädern schon weidlich gegen die Serben ausgenutzt worden. Überdies wurden die späteren Erkenntnisse kaum je von den westlichen Medien verbreitet, da sie als ›alte News‹ und nicht ›politisch korrekt‹ galten.«[194]

Der Krieg der Kommunikationsexperten

Wie blind und einseitig selbst renommierte Medien über den Balkankonflikt berichteten, stellte Peter Brock im Winter 1993 in der amerikanischen Zeitschrift »Foreign Policy« dar. Er wies nach, daß ein zum Skelett abgemagerter Mann auf dem Titelbild eines US-Nachrichtenmagazins keineswegs ein »muslimischer Gefangener in einem serbischen Lager« war, wie die Redaktion behauptete[195], sondern ein wegen Plünderung festgenommener Serbe, der seit zehn Jahren Tuberkulose hatte. CNN strahlte im März und Mai 1993 Bilder aus, die Muslims zeigten, die von Serben getötet worden waren; doch die angeblichen Moslems waren Serben. Die »New York Times« brachte Anfang August 1993 das Photo einer Kroatin, die – laut Unterzeile – ihren bei serbischen Angriffen getöteten Sohn beweinte: Die Kämpfe hatten jedoch zwischen Muslims und Kroaten stattgefunden.

Brock ging aber noch viel weiter: »Die Washingtoner PR-Firmen Ruder Finn und Hill & Knowlton waren als erste Agenturen hinter den Linien am Werk; sie feuerten Medien- und politische Salven ab und kassierten Hunderttausende, vielleicht sogar Millionen von Dollars, indem sie die feindlichen Republiken im jugoslawischen Krieg – manchmal zwei gleichzeitig – vertraten.« Über die Tätigkeit und Methoden der politischen PR-Firmen war bis dahin kaum etwas veröffentlicht worden; die meisten europäischen Journalisten kannten nicht einmal ihre Namen. Das waren hervorragende Voraussetzungen für effiziente PR-Arbeit, die im Fall von Ruder Finn ab 1993 ausschließlich Bosnien zugute kam (das Land verfügte im Gegensatz zu dem ausgepumpten Kroatien über großzügige Spenden aus der islamischen Welt; Serbien durfte wegen des Embargos keine amerikanischen Lobbyisten engagieren).

Ruder Finn & Rotman Inc., mit einem Jahresertrag von 36 Millionen Dollar die siebtgrößte Werbeagentur in Washington D.C., ist ein Familienunternehmen. Chairman David Finn betätigt sich als Kunstsammler und photographiert Skulpturen; über Henry Moore hat er eine vielbeachtete Monographie verfaßt. Ruder Finn macht nicht nur für Konsumgüter oder Dienstleistungen Reklame, sondern auch für politische Ideen und fremde Staaten. So gehörten 1991 beispielsweise die griechische Regierung sowie das »U.S. Council for Energy Awareness« zum Kreis der Kunden. Als Ruder Finn den Job für Bosnien übernahm, geschah dies mit dem erklärten Ziel, »gegen die Desinformationskampagne der Regierung Bush zu arbeiten, welche fälschlich behauptet, die Bosnier würden von den Vereinigten Staaten die Unterstützung durch Bodentruppen verlangen, um ihnen beim Kriegführen zu helfen«. So steht es in dem Bericht, den die Agentur vorschriftsgemäß beim Justizministerium einreichte.[196]

Derartige Rechenschaftsberichte müssen alle amerikanischen Unternehmen, die sich im Bereich internationaler Public Relations engagieren und mit ausländischen Regierungen zusammenarbeiten, halbjährlich beim »Foreign Agents Registration Act Office« abliefern. 1993 betraf dies 800 Firmen, die für 272 Staaten oder Territorien – von Kanada und Großbritannien über Libyen und den Irak bis zum Vatikan und Bophuthatswana – tätig waren. Diese Berichte sind öffentlich zugänglich. Das bedeutet, daß trotz der enormen manipulativen Macht dieser PR-Agenturen eine gewisse Transparenz besteht. Journalisten, die es wissen wollen, können ohne Schwierigkeiten in Erfahrung bringen,

– daß Wise Communications in Washington und Ian Greer Associates in London für die serbische Seite arbeiteten, bevor die UN-Sanktionen dies vereitelten;

– daß Ruder Finn und Hill & Knowlton in kroatischen Diensten standen;

– daß Slowenien ein PR-Büro in Washington eröffnete und Phyllis Kaminsky, eine Mitarbeiterin von Ruder Finn, beschäftigte.

Was die Aktivitäten von Ruder Finn Global Communications für Bosnien betrifft, geben übrigens nicht nur die Dossiers des Justizministeriums darüber detailliert Auskunft (bis hin zur Auflistung der mit Parlamentariern, Senatoren und Journalisten geführten Telephonate[197]), sondern auch Jim Harff, der für die Kampagne verantwortliche Direktor. Er brüstete sich im Gespräch mit dem französischen Fernsehreporter Jacques Merlino ganz offen, daß es »ein großartiger Bluff« gewesen sei, »die jüdischen Organisationen auf seiten der Bosnier ins Spiel zu bringen; in der öffentlichen Meinung konnten wir auf einen Schlag die Serben mit den Nazis gleichsetzen.«[198] Daß dafür auch frisierte Nachrichten benutzt werden, gab Harff mit erstaunlicher Offenheit zu: »Unser Job ist es nicht, Informationen zu überprüfen. Wir sind dafür gar nicht ausgerüstet. Unsere Aufgabe ist es, die Zirkulation von Nachrichten, die uns nützen, zu beschleunigen und damit sorgfältig ausgewählte Ziele zu treffen.« Schnelligkeit ist, wie Harff dozierte, äußerst wichtig, um eine Information in der öffentlichen Meinung zu verankern: »Was zählt, ist die erste Behauptung. Dementis sind dann wirkungslos.«

Die Erfolge der Washingtoner Propaganda-Profis ließen denn auch nicht lange auf sich warten. Einen der größten Public-Relations-Treffer landeten sie nach Auffassung von Peter Brock, als sie die Wiener Menschenrechtskonferenz im Juni 1993 dazu brachten, in einer mit 88:1 Stimmen angenommenen Resolution die Aufhebung des Waffenembargos gegen Bosnien zu verlangen. Doch diese Betrachtungsweise galt in den meisten weltlichen Medien als ungehörig und frivol. Als Brocks Artikel – unter dem provokativen Titel: »Bosnien: So logen Fernsehen und Presse uns an« – in der Zürcher »Weltwoche« erschien,[199] brach ein Sturm der Entrüstung los: Unzählige Zeitungs- und Rundfunkkommentatoren wiesen das quer zum Mainstream liegende Blatt zurecht, vor dem Verlagshaus marschierten Demonstranten auf, und auch redaktionsintern fand sich der für die unerhörte Publikation verantwortliche Chef des außenpolitischen Ressorts, Hanspeter Born, auf einmal ziemlich isoliert – in höheren Etagen wurde sogar seine Ablösung erwogen.

Born, der als gründlicher Rechercheur und erfrischend eigensinniger Publizist hohes Ansehen genießt, wurde von Nachwuchsjournalisten wie ein Schuljunge abgekanzelt. »Der Reaktionär Born, hieß es, sei einem Artikel aufgesessen, der in einer dubiosen, ultrarechten Publikation erschienen sei – was angesichts der progressiven politischen Ausrichtung von ›Foreign Policy‹ recht amüsant ist.«[200] Er selbst erklärte die Gründe der landläufigen Voreingenommenheit so: »In kriegerischen Auseinandersetzungen ist es für Journalisten schwer, nicht Stellung zu beziehen. Und es ist schon fast ein moralisches Gebot für die Medien, sich der Sache der Opfer anzunehmen. Weil in Kroatien und Bosnien die Serben im Krieg die Oberhand hatten und weil folglich dort die Mehrheit der Opfer kroatische und muslimische Männer, Frauen und Kinder waren, sahen es viele Berichterstatter als ihre moralische Pflicht, gegen die Serben Partei zu ergreifen.«[201]

Die von manchen Redakteuren ausdrücklich geforderte und gutgeheißene »Opferberichterstattung« geht folglich jenen perspektivischen Projektionen, welche die PR-Profis aushecken, leicht in die Falle, und zwar um so leichter, als sich die Journalisten in diesem Krieg mit gutem Grund selbst als Opfer empfinden. Zwischen 40 und 80 von ihnen – je nachdem, ob man auch Hilfskräfte der Medienorganisationen mitzählt – haben bei ihrem Einsatz in Kroatien und Bosnien ihr Leben gelassen. Was diesen Krieg für sie so gefährlich machte, war nicht zuletzt seine Ähnlichkeit mit Dritte-Welt-Konflikten, wozu auch der Umstand gehörte, daß man es mit drei Armeen und zahlreichen marodierenden Verbänden zu tun hatte. Der Unterschied zwischen einem versprengten Trupp Soldaten und in pures Banditentum verfallenen Freibeutern war dabei ebenso schwer zu erkennen wie derjenige zwischen Mitgliedern kämpfender Einheiten und einfachen Zivilisten, in die sie sich, indem sie ihre Waffen weglegten, von einer Sekunde zur nächsten verwandeln konnten. Daß die Reporter hier nicht immer rechtzeitig zu unterscheiden vermochten, war für einige von ihnen tödlich: Die mit Hochgeschwindigkeitswaffen ausgerüsteten, aber schlecht ausgebildeten und organisierten Angehörigen der Streitkräfte (sogar der »regulären«) konnten in der

Regel davon ausgehen, daß niemand sie dafür zur Rechenschaft ziehen werde, wenn sie unliebsame Zeugen (von denen sie beispielsweise beim Niederbrennen von Häusern gefilmt wurden) kurzerhand erschossen.

Kunstformen des Engagements

Obschon die wenigsten Journalisten vor Ort gewillt und in der Lage waren, sachlich und neutral über den Krieg in Bosnien zu berichten, zogen andere mit dem erklärten Vorsatz aus, Partei zu ergreifen, Emotionen zu wecken und sich auch jenseits ihrer publizistischen Funktion zu engagieren. Zu diesen anderen gehörte etwa der Pariser Essayist, Verlagslektor und Zeitschriftenherausgeber Bernard-Henri Lévy, dessen Initialen BHL als Markenzeichen in Frankreich so bekannt sind wie sonst nur die von Yves Saint-Laurent und der an Eitelkeit von keinem Intellektuellen im Quartier Latin übertroffen wird. Seine Bücher schreibt er grundsätzlich in Hotelsuiten. Im Fernsehen tritt er stets mit einem bis zur Brustmitte aufgeknöpften weißen Hemd auf. Photographieren läßt er sich nur nachmittags, weil er sich morgens nicht schön genug findet.

Doch 1993 posierte er auch unrasiert und übernächtigt. Das verlieh seinem Engagement für Bosnien zwar Kolorit, aber nicht unbedingt Glaubwürdigkeit. Die französische Presse publizierte jedenfalls genüßlich ein Photo, das bei den Aufnahmen zu seinem beim Festival in Cannes vorgeführten Film »Bosna!« entstand: Es zeigte einen hinter einer Mauer dramatisch Deckung suchenden BHL, während auf der anderen Straßenseite völlig entspannt und ungeschützt mehrere Soldaten schlenderten. Im Anschluß an die Filmpremiere Mitte Mai landete Lévy seinen seit langem größten Coup: die Partei zum Film. Er war mit Sicherheit der erste Philosoph, der bei den Filmfestspielen eine politische Bewegung von europäischen Dimensionen ins Leben rief.

Und was für eine Bewegung: Zwei Wochen lang okkupierte BHL durch seine Ankündigung, bei den Europawahlen mit einer

eigenen Partei namens »L'Europe commence à Sarajewo« anzu-
treten, die Titelseiten der Zeitungen und die Nachrichtensendun-
gen von Funk und Fernsehen. Er zwang mit seiner Forderung nach
sofortiger Aufhebung des westlichen Waffenembargos für Bosnien sämtliche etablierten Parteien, in diesem konkreten Konflikt
Stellung zu beziehen und ihr bürokratisch-behäbiges Wahlkampf-
getue um ein Europa der Sonntagsreden aufzugeben. Der Effekt
war enorm, und die Folgen waren teilweise erstaunlich: Soziali-
stenführer Rocard schwenkte unvermittelt auf Lévys Linie ein und
verkrachte sich prompt mit den eigenen Leuten. Mitterrand, zu
dem Lévy sonst ein durchaus privilegiertes Verhältnis hatte, gif-
tete auf einmal gegen den Rambo-Rimbaud, der Waffen in ein
Kriegsland liefern wollte. Und die Rechte feixte – bis Umfragen
ergaben, daß sie ebenfalls Stimmen an die Sarajewo-Liste verlie-
ren würde.

Doch dann zogen Lévy und die meisten seiner Mitstreiter die
Liste unter burlesken Umständen wieder zurück, während der als
Spitzenkandidat vorgesehene Léon Schwartzenberg, ein Medizinprofessor und Krebsspezialist,[202] im Alleingang weiterfocht. Am
Wahlabend zerstoben allerdings die hehren Hoffnungen auf einen
Abgeordnetensessel; die Partei erlebte ein Fiasko und ward seither nicht mehr bemerkt. Lévy fungierte derweil als eine Art
bosnischer Hilfsaußenminister, indem er dem Ministerpräsidenten
Izetbegovic eine Einladung bei Mitterrand verschaffte und tausenderlei andere Propagandadienste für den Mann übernahm, den er
in seinem über 500seitigen Tagebuch freundschaftlich »Izet« oder
pathetisch den »Gerechten« nennt.[203]

Susan Sontags Rechtfertigungsschrift war etwas kürzer und prä-
ziser, aber auch sie fühlte sich verpflichtet, aus den edelsten Motiven regelmäßig Sarajewo anzufliegen und dies entsprechend feierlich bekanntzugeben. Im Sommer 1993 – während BHL sich
auch dort aufhielt, ohne sie zu bemerken – probte die New Yorker
Schriftstellerin mit einer Handvoll Schauspieler im Theater der
Jugend an der Marschall-Tito-Straße ein absurdes Stück, das dort
noch viel absurder wirken mußte: Becketts »Warten auf Godot«.
Mit den Akteuren, deren Sprache sie nicht spricht und nicht ver-

steht, mußte Susan Sontag via Dolmetscher verkehren. Die Proben fanden bei Kerzenlicht statt, denn es gab in dem Theater weder Strom noch Wasser. Aus Sicherheitsgründen durfte niemand im Saal unter dem Lüster sitzen, denn bei schwerem Artilleriefeuer drohte er herunterzustürzen.

Den Vorwurf, daß es sich um einen eher peinlichen Versuch der Selbstinszenierung handele, wies Susan Sontag entrüstet von sich. In einem dutzendfach publizierten Aufsatz[204] beteuerte sie, daß sie bloß den Bewohnern der belagerten Stadt zu einer Kunstveranstaltung verhelfen und eben nichts für den kulturellen Weltmarkt, auf dem sie sonst zu Hause ist, produzieren wollte. Begleiten ließ sich Susan Sontag indes von einer guten Freundin aus New York: der Photographin Annie Leibowitz, Mitarbeiterin der Zeitgeist-Zeitschriften »Rolling Stone« und »Vanity Fair«, berühmt für ihre Porträts von Leuten, die dafür berühmt sind, daß sie berühmt sind. In Sarajewo »dokumentierte« sie nicht nur Sontags Bühnenschaffen, sondern auch die Kriegsgreuel. Das Ergebnis war im Frühjahr 1994 in der Londoner National Portrait Gallery zu besichtigen: Neben Bildern von Arnold Schwarzenegger und Mick Jagger hing dort ein Dutzend Aufnahmen, die in dieser Umgebung obszön wirkten. Sie zeigten ein auf der Straße liegendes Fahrrad, Blutflecken auf dem Pflaster, eine Leiche, ein Baby, ein paar Schuhe in der Gefriertruhe eines Lebensmittelladens. Natürlich wies auch die Photographin den Vorwurf, sie beute hemmungslos das Elend aus, entrüstet zurück.

Während die Sontag in der Musenstadt Sarajewo inszenierte und die Leibovitz dort knipste, führte die zwölfjährige Zlata Filipovic fleißig Tagebuch über den Krieg. Auszüge davon hatte gerade die Unicef publiziert, woraufhin jede Menge Journalisten den Filipovics die Tür einrannten. Zlata beeindruckte alle durch ihre frühreife Art, außerdem sprach sie sehr gut englisch. Durch Vermittlung der Pariser Photojournalistin Alexandra Boulat landete ihr Tagebuch bei dem französischen Verlag Robert Laffont, der sofort zugriff. Spätestens ab diesem Augenblick verliert sich die Spur des Tatsächlichen im dicken Nebel der Bewußtseinsindustrie. Sicher ist nur soviel: Das Buch wurde auf Anhieb ein Bestseller. Zlata und ihre Familie wurden kurz vor Weihnachten 1993 aus Sarajewo ausgeflogen und ließen sich, gestützt auf üppig fließende Tantiemen, in Paris nieder. Laffont konnte die Übersetzungsrechte in 30 Länder zu Höchstpreisen verkaufen: Die deutsche Version, basierend auf der französischen, erschien im Januar 1994, die englische, basierend auf der serbokroatischen, zur selben Zeit.

Die Medienmaschinerie begann auf Hochtouren zu laufen: Zlata, inzwischen 13, trat in »Aspekte« und »Stern TV« auf, wurde in London von John Major empfangen und sprach in Washington vor dem amerikanischen Kongreß. »Newsweek« zahlte für die Vorabdruckrechte von drei Seiten aus dem Buch 25 000 Dollar an Laffont, der Londoner Verlag Penguin unterschrieb für 565 000 Dollar, Universal Pictures in Hollywood legte für die Filmrechte eine Million Dollar drauf.

Kritiker, die diese kommerziellen Hintergründe aufdeckten, wurden umgehend als gefühlskalte Erbsenzähler angeprangert: Der Millionendeal war nämlich moralisch abgedichtet. Als der amerikanische Journalist David Rieff – übrigens der Sohn von Susan Sontag – die von vielen Rezensenten geäußerte Vermutung, das Tagebuch der »bosnischen Anne Frank« sei nicht ganz echt, in einem sehr ausführlichen Artikel der Zeitschrift »The New Republic« mit Belegen unterfütterte, schlug ihm die gesammelte Empörung aller Profiteure des Reinen und Guten entgegen. Dabei deuteten allein schon die in dem Tagebuch enthaltenen Anspielungen auf Anne Frank darauf hin, daß der Wortlaut kräftig frisiert worden war.

Entrüstung in der Bewußtseinsindustrie

War es nicht unerhört, ein so anrührendes Dokument des Leidens eines so unschuldigen Kindes in Zweifel zu ziehen? Wer Zweifel sät, erntet Entrüstung: Das, so zeigte sich wieder einmal, ist der Horizont aller Kritik. Ob Krieg, ob Aids, ob Hungersnot – unser Kulturbetrieb hat sich moralisch derart aufgetümmelt, daß ästhetische, praktische oder technische Einwände schon wie Niederträchtigkeiten wirken. Die Diskussion um »Schindlers Liste« zeigte besonders drastisch, wie stark der edle Empörungsdruck schon ist. Man durfte nämlich nicht einmal daran Anstoß nehmen, daß jemand, der eben noch einen solchen Kokolores wie »Jurassic Park« gedreht hatte und als nächstes einen solchen Kokolores wie die Science-fiction-Serie »Dr. Who« fürs BBC-Fernsehen drehen wollte, die Chuzpe besaß, das ernsteste Thema dieses Jahrhunderts ins Kino zu bringen.

Man durfte nicht Anstoß nehmen, weil es gerade angesichts dieses ernsten Themas als unwürdig und pietätlos galt, über die Zuständigkeit oder Unzuständigkeit des Regisseurs Spielberg zu streiten. Wer hemmungslos zulangt und die heikelsten Dinge vermarktet, lautet die Lehre daraus, der ist gegen jede Kritik immun. Und Hemmungslosigkeit ist in der Bewußtseinsindustrie reichlich vorhanden, nicht nur in ihrer Weltzentrale Hollywood. Von Benettons Plakaten bis zu der Tatsache, daß die Londoner »Times« einen Kunstmaler nach Sarajewo sandte, der »Schmerz und Not im menschlichen Antlitz zur Darstellung bringen« sollte, erstreckt sich ein weites Feld zwielichtiger Initiativen, die Schmerz und Not als neuen Schmierstoff für den kommerziellen Motor des Kulturbetriebs verwenden.

Kriegskunst ist, laut Brockhaus-Enzyklopädie, eine »veraltete Sammel-Bezeichnung für Theorie und Praxis der Vorbereitung und Durchführung von Kampfhandlungen«. Kriegskunst kann aber auch etwas ganz anderes sein, wie die Mission des 36jährigen Kunstmalers Peter Howson lehrte. Der Absolvent der Kunsthochschule von Glasgow durfte mit dem britischen Blauhelm-Kontingent in das Kampfgebiet ziehen und gewissermaßen an vorderster Front malen. Denn es gehört zur Tradition des Londoner Imperial War Museums, einen Künstler offiziell mit der Darstellung aktueller Kriege zu beauftragen.

Howson kam von seinem dreiwöchigen Bosnien-Trip unter anderem mit einem Bild heim, das in England wochenlang für Schlagzeilen sorgte. Zu sehen war darauf eine brutale Vergewaltigung – Titel: »Croatian and Muslim«. Das Bild hätte vom Museum angekauft werden sollen (für 50 000 Mark), doch das dafür zuständige Komitee fand es zu stark und wählte ein anderes, harmloseres Werk, das bloß ein paar am Boden sitzende Figuren vor dem nur undeutlich zu erkennenden Hintergrund eines Dorfes zeigt. Allein der Titel »Cleansed« (»Ethnisch gesäubert«) wies darauf hin, daß es sich um Vertriebene handelte, und nur mit diesem Wissen konnte man erkennen, daß das Dorf zerstört war. Howson warf den Verantwortlichen Feigheit vor; ihm allerdings wurde vorgeworfen, daß er eine solche Vergewaltigung wie die von ihm gemalte gar nicht in Wirklichkeit gesehen habe. Freilich: Weder Goyas »Schrecken des Krieges« noch Picassos »Guernica« waren aus der unmittelbaren Anschauung gemalt. Schließlich kaufte der zum Kunstmäzen gewandelte Rockstar David Bowie das abgelehnte Bild und bot es dem Museum als Schenkung an.

Krieg ist immer ein Generator starker Bilder. Der visuelle Kitzel des Kriegsschreckens beeinflußt selbst die seriösesten Anstrengungen journalistischer Dokumentation. Um wieviel bedenklicher sind erst jene Aktionen der Bildvermittlung, die explizit auf den ästhetischen Effekt abzielen? Die Kunst des Peter Howson ist dafür nur ein Beispiel; die Benetton-Reklame ist ein anderes. Auch sie hat im übrigen einen ganz besonderen Hintergrund. Zu den unterdrückten Nachrichten des Kriegs in Ex-Jugoslawien gehört nämlich jene über Marinko Gagro, geboren 1964 im kroatischen Ort Blizansi (Gemeinde Sitluk), dessen blutiges T-Shirt in nicht weniger als 110 Ländern zu sehen war. Die italienische Textilfirma hatte sich die Publikation dieses Bildes im Rahmen ihrer reißerischen Anzeigen- und Plakatkampagne Anfang 1994 über 20 Millionen Mark kosten lassen. Mehrere renommierte Zeitungen, darunter die »Frankfurter Allgemeine«, »Le Monde« und »Le Figaro« lehnten die Veröffentlichung der Schock-Werbung ab.

Was die Öffentlichkeit nie erfuhr, war, daß es sich bei dem getöteten T-Shirt-Träger keineswegs um ein unschuldiges Opfer, sondern um einen heimtückischen Sniper handelte, der in Mostar aus dem Hinterhalt auf Kinder und Frauen geschossen hatte. Das fand ein deutscher Fernsehjournalist heraus, der für »Stern TV«

bei der Familie des Jungen vorstellig wurde und sich vom Vater erzählen ließ, »daß er sogar extra nach Deutschland gefahren sei, um für seinen Sohn ein ordentliches Sniper-Gewehr zu besorgen«.[205] Leider ist der betreffende Journalist keine zitierbare Referenz mehr. Sein Name: Michael Born.

Bewußt Schein

Wie in Rom außer den Römern
noch ein Volk von Statuen war, so ist
außer dieser realen Welt noch eine
Welt des Wahns, viel mächtiger
beinahe, in der die meisten leben.

Goethe

Die große Verlade – Von der Freude am Fälschen

Der Name klang irgendwie unglaubwürdig. Daß ein Journalist namens Born als Fälscher entlarvt wurde, nachdem ein Schriftsteller namens Born einen Roman namens »Die Fälschung« über Journalisten geschrieben hatte, war einfach ein bißchen stark. »Die Fälschung« von Nicolas Born spielte im bürgerkriegszerrissenen Beirut der siebziger Jahre. Genau dort drehte Mitte der achtziger Hans-Michael Born für ARD und ZDF seine ersten Filme. Er hatte gute Kontakte zu den Entführern des deutschen Ingenieurs Rudolf Cordes. Später erinnerte er sich an »Aufnahmen diverser Reporter, die angeblich im ›heißen‹ Bourgui al Baragui und Bir al Abit, den Hochburgen der Hisbollah, gemacht worden waren; in Wirklichkeit stammten sie aus dem christlichen Osten, der relativ sicher war.«[206] Michael Born gewann rasch ein gewisses Ansehen in der Branche. Er galt als Mann für gefährliche Einsätze, war jederzeit reisebereit und brachte oft spektakuläre Bilder heim. Er war Mitte zwanzig, als er in dem Job anfing und gutes Geld verdiente. Zehn Jahre später verdiente er noch besser, hatte eine eigene Produktionsfirma und war – nach den Worten von »Spiegel«-Chefredakteur Stefan Aust – eine »Legende der Fernsehszene«.

Unsinn! Borns Honorare waren alles andere als fürstlich. Wieviel Geld sonst beim Fernsehen herumgeschoben wurde, konnte er gerade bei den privaten Sendern sehen, für die er hauptsächlich arbeitete. Born war einer von zahllosen »Freien«, die immer wieder bei den Redaktionen anrufen und hoffen, für ihre Angebote Abnehmer zu finden. Wenn er Glück hatte, kam dabei ein Monatsverdienst heraus, meistens jedoch bloß ein halber. Dafür mußte Born, der unter widrigen Bedingungen durch Angola, Eritrea, den Jemen und den Irak, Somalia, Iran, Afghanistan und die postjugoslawischen Kriegsgebiete gereist war, sich von gleichaltrigen Redakteuren sagen lassen, daß, wenn in seinen Filmen nicht dies oder nicht jenes zu sehen sei, es mit der Ausstrahlung wohl nichts würde. Keine Close-Ups von Leichenteilen? Keine Kapuzenmänner vom Ku-Klux-Klan? Keine deutschen Jäger, die auf Katzen schießen? Born, chronisch knapp bei Kasse, verstand derartige Fragen als Aufforderung. »Wie soll man sich als freier Journalist gegen maßlose Forderungen aus den Redaktionen wehren, wenn man auf Sendeminuten angewiesen ist?« räsonierte er später in der Justizvollzugsanstalt Koblenz, nachdem seine Beiträge haufenweise als Fälschungen entlarvt worden waren. Nicht nur Borns Anwalt, auch die meisten Kommentatoren sahen in ihm geradezu ein Opfer des Systems.

Unsinn! Es gehört schon eine tüchtige Portion krimineller Energie dazu, Freunde mit selbstgeschneiderten Kutten auszustatten, um sie dann als Ku-Klux-Klan-Mitglieder in einer Felshöhle bei Mending/Eifel vor die Kamera zu schicken. Desgleichen täuschte er mit Hilfe von Kondensmilch Rauschmittel vor, mit albanischen Tagelöhnern PKK-Terroristen, mit Bewachern eines SOS-Kinderdorfs in Somalia einen bewaffneten Überfall, mit den Insassen eines deutschen Asylbewerberheims das Basteln von Bomben und dazu einiges mehr, was schwerlich durch äußeren Druck zu entschuldigen ist. So sah es der Staatsanwalt, der Born am 11. Dezember 1995 festnehmen ließ. (Weshalb die Münchner »Abendzeitung« am 19. Januar 1996 korrekt meldete: »Michael Born war gestern nicht zu erreichen.« Und eine Fälschung folgen ließ: »Er sei beruflich im Ausland, sagt seine Schwester.«) Aufgefallen war Kriminalbeamten, daß die Stimmen zweier verschiedener von Born gefilmter »Täter«, eines Ku-Klux-Kapuzenmannes und eines Drogenschmugglers, ziemlich ähnlich klangen. Kein Wunder: Es war derselbe Darsteller. Das hatten die Redakteure von »Stern TV«, die in ständigem Kontakt mit Born standen, nicht bemerkt.

Unsinn! Sie wußten über seine Tricksereien nur zu gut Bescheid, erklärte Born später zu seiner Verteidigung. Tatsächlich wurden die Ermittlungen alsbald auf 20 Leute ausgedehnt. Die Vorstellung, daß die Kommerzsender korrekte Recherchen auf dem Altar reißerischer Aufmachung opfern, leuchtete sowieso jedermann ein. »Man ist geneigt, dem Fälscher zu glauben«, formulierte beinahe witzig der Chefredakteur der »Süddeutschen Zeitung«, Hans Werner Kilz.[207] Und hatte nicht der »Stern TV«-Star Günther Jauch beinahe vorwitzig erklärt, daß Borns Geschichten »zu neunzig Prozent wasserdicht recherchiert« gewesen seien – »nur fehlten ihm die Bilder. Und die hat er dann nachgestellt«[208]? Das ist nämlich immer das Problem im Fernsehen: Zu den interessantesten Behauptungen fehlen die Bilder! Meistens hilft dann das Archiv mit ein paar passenden Aufnahmen aus. Manchmal aber muß der Autor selber Hand anlegen, was dann zu der beinahe aberwitzigen Frage führt: Wo beginnt die Realität – und wo hört sie auf? Was ist der Unterschied zwischen einer um zwölf Uhr gefilmten Uhr, die zwölf zeigt, und einer, die um des Effektes willen vor der Aufnahme auf zwölf gestellt wurde? Gerät hier nicht jeder Filmemacher in eine ontologische Krise?

Unsinn! Born hatte einfach keine Skrupel, gegen journalistische Grundregeln zu verstoßen. Seine Bildberichterstattung war vollendeter Betrug; deswegen bekam er ja auch den Prozeß gemacht – auf Betreiben seines Hauptkunden »Stern TV«. Der Schaden wurde auf 350 000 Mark beziffert, die Honorarsumme von 21 Filmen. Der ehemalige Tierhändler, der während des Golfkriegs zum Islam konvertierte, der Abenteurer, der die Kameras für seine Filme bei Bekannten auslieh, der Inhaber der Firma »Expofilm«, der in Lahnstein bei Koblenz wohnte und Adressen in Berlin sowie im Libanon angab, der Mann, der sich zwischen seinen halbseidenen Reportagen auf der griechischen Insel Simi ein Haus baute – er ist, alles in allem, ein besonderer Fall.

Unsinn! Sein Fall ist bloß die Spitze eines Eisbergs. Fälschungen im Fernsehen sind derart gängig, daß während der großen Aufregung um Michael Born Dutzende von weiteren Beispielen aufs Tapet kamen: Ein ebenfalls von »Stern TV« ausgestrahlter Bericht

über angebliche Exzesse deutscher Sprachschüler im südengli-
schen Eastbourne zeigte in Wirklichkeit einheimische Jugend-
liche.[209] »Spiegel TV« stellte die kubanische Bekannte eines
Münchner Journalisten als Gelegenheitsprostituierte dar und behauptete hinterher noch dreist, die Szenen seien »eher diskret
dargestellt« gewesen.[210] Eine im März 1996 gesendete ARD-Re-
portage über die »Hundemafia« stammte von einem Filmemacher, der für das Erschlagen eines Hundes vor der Kamera 20 000
Mark geboten hatte.[211] Eine Münchner Produktionsfirma stellte
für eine »Vox«-Sendung eine ganze Schülerdemo auf die Beine;
die Teilnehmer bekamen für ihren Auftritt je 130 Mark.[212] Genau
den doppelten Tarif bezahlte das japanische Tokyo Broadcasting
System an Berliner Skinheads für einen erhobenen Arm.[213]

Andere Länder, gleiche Sitten: In Frankreich wurde im April
1996 gerichtlich festgestellt, daß eine Reportage über Waffenge-
schäfte extremistischer Jugendgruppen in der Pariser Vorstadt
Créteil ein Fake war: Der 27jährige Filmemacher, der sechs Jahre
zuvor auf der kommunistischen Liste für den Gemeinderat kandi-
diert hatte, gab an, die Bilder von einer geheimen Verkaufsver-
handlung mit versteckter Kamera gedreht zu haben, doch waren
die Aufnahmen nachträglich manipuliert worden, um sie technisch mangelhaft erscheinen zu lassen. Seinen Zuschauern suggerierte der Reporter, er habe sich als Kaufinteressent in den Kreis
der Händler eingeschlichen. Die vorgezeigten Waffen erwiesen
sich aber als Attrappen oder Schreckschußpistolen.[214]

Das gemeinsame Merkmal aller bisher erwähnten Fälschungen
ist, daß sie den Möglichkeiten ihrer Zeit weit hinterherhinken. »In
die Geschichte der Fälscher wird Born vermutlich als der letzte
vordigitale Handwerker seiner Innung eingehen«, schrieb der
Filmkritiker und -historiker Klaus Kreimeier. Born habe »noch
mit Sorgfalt und ›on location‹ gebastelt, was uns schon heute
versuchsweise und morgen als Standardprogramm von den Hoch-
leistungsrechnern im virtuellen Studio mittels Knopfdruck vorge-
gaukelt wird.«[215] In der Tat ermöglicht die Computertechnik jede
beliebige Manipulation von Bild und Ton: Statt grauer Wolken
kann man Sonnenuntergänge simulieren, auf leere Plätze Men-

schenmassen zaubern, und umgekehrt aus dem Gedränge einzelne Gestalten hinwegeskamotieren. Im Unterschied zur klassischen Retusche, die seit der Erfindung der Photographie Anwendung findet,[216] hinterlassen digitale Bildveränderungen keine Spuren mehr.

Gestellte Szenen ziehen sich durch die gesamte Geschichte der Bildreportage: Robert Flaherty, der Pionier des Dokumentarfilms, überließ nichts dem Zufall und legte auf die darstellerischen Qualitäten der von ihm gezeigten Menschen größten Wert. Als Joris Ivens eine Arbeiterdemonstration verpaßte, ließ er sie extra für die Kamera wiederholen. Und Robert Doisneau gab kurz vor seinem Tod zu, daß sein wohl berühmtestes Photo, »Le Baiser de l'Hôtel de Ville«, vollkommen inszeniert war. Zu sehen ist ein anonymes Liebespaar, das sich vor dem Pariser Rathaus, dem Hôtel de Ville, auf offener Straße, im Gehen fast, inmitten von Passanten, inbrünstig küßt: Er ähnelt dem jungen Yves Montand, sie, zurückgebeugt, eine Hand nach unten weggestreckt, erinnert an Edith Piaf. Genaueres ist nicht erkennbar, die Gesichter der beiden sind logischerweise einander und nicht dem Photographen zugewandt. Geschossen – wenn man bei einer alten Rolleiflex so sagen kann – hatte Doisneau das Bild im Frühjahr 1950 für das amerikanische Magazin »Life«. Es illustrierte einen Artikel über das ewige Thema von Leben und Liebe in der französischen Hauptstadt und wurde zu einem der meistpublizierten Photos überhaupt. Allein das Poster, das 1986 auf den Markt kam, hat sich über eine halbe Million Mal verkauft, dazu 80 000 Postkarten, Puzzles, Duschvorhänge, Aschenbecher, Bettbezüge und so weiter. »In Paris küssen sich die jungen Leute, wo es ihnen gefällt, und niemand scheint sich darüber zu verwundern«, lautete die Bildlegende von »Life«. Jedoch kam Ende 1992 im Zuge einer juristischen Farce um nicht abgegoltene Persönlichkeitsrechte heraus, daß Doisneau für seine aus dem vollen Pariser Straßenleben geschöpften Ansichten meistens Schauspieler engagiert hatte.

Scherzartikel

Kann man überhaupt von Fälschung reden, wenn es bloß darum geht, besonders schöne oder schockierende Bilder zu produzieren? Sind nicht die Medien grundsätzlich Illusionsmaschinen, denen die Erzeugung von Illusionen vorzuwerfen wenig Sinn macht? In der visuellen Dimension sind Information und Unterhaltung sowieso durch ästhetische Reize fest miteinander verklebt. Selbst offensichtliche Absurditäten wie Erdenbesuche von Außerirdischen bekommen deshalb Nachrichtenqualität, kaum daß ein englischer Videogroßhändler namens Ray Santilli behauptet, Aufnahmen von der Autopsie eines verunfallten Marswesens zu besitzen. Die Aufnahmen wurden im Rahmen einer gigantischen Marketingaktion an Fernsehstationen rund um den Erdball verkauft und von Frankreich bis Südchina am 28. August 1995 ausgestrahlt.

Zu sehen war die angebliche Leiche eines wasserköpfigen Ufo-Insassen, die von vermummten Pathologen nicht gerade kunstgerecht seziert wurde. Blut floß, Eingeweide quollen, und aus dem aufgesägten Schädel ergoß sich eine glibberige Hirnmasse. Wenn es ein Fake war, dann – so meinten Spezialisten der in Hollywood für Special Effects zuständigen »FX«-Departments – war es ein ziemlich guter Fake. Genausoviel Anerkennung freilich galt der Tatsache, daß der oder die Außerirdische just so aussah, wie man es sich in den »FX«-Departments immer vorstellte. Doch nicht nur Fernsehzuschauer (in Deutschland bei RTL), sondern auch Zeitungs- und Illustriertenleser kamen in den Genuß von schaurigen Bildern, die noch acht Monate später Diskussionsstoff hergaben, als ein Münchner Dermatologe behauptete, der aufgedunsene, entstellte Körper sei die Leiche eines dreizehnjährigen Mädchens gewesen, das unter der seltenen Erbkrankheit Progerie gelitten habe.[217]

Für derlei Spekulationen bestand gar keine Notwendigkeit; die Herkunftsgeschichte des unscharfen Schwarzweiß-Streifens enthielt genügend faule Stellen. Filmpromoter Santilli wollte die Aufnahmen von einem mittlerweile 82jährigen Kameramann der US-Armee gekauft haben, dessen Namen er der Weltpresse jedoch hartnäckig verschwieg. Auf der Filmbüchse habe »Restricted access« und als Geheimhaltungsstufe »A01« gestanden. Als Journalisten herausfanden, daß diese Bezeichnungen bei der Armee gar nicht gebräuchlich sind, ließ Santilli sie flugs fallen. Dafür präsentierte er ein – undatiertes – Schreiben der Firma Kodak, mit dem bestätigt wurde, daß es sich bei dem Filmmaterial um altes Zelluloid handele. Allerdings stammte das Schreiben von einem Handelsvertreter in Hollywood, der später zugab, nur ein nichtssagendes Stück Vorspannfilm vorgelegt bekommen zu haben.

Daß die morbide Posse überhaupt so große Aufmerksamkeit fand, liegt an Roswell im amerikanischen Bundesstaat Neumexiko. Dort stürzte am 4. Juli 1947 irgend etwas Seltsames aus der Luft und ging unter dem Namen »Roswell Incident« in die Annalen der UFO-Forscher ein. Der »Zwischenfall von Roswell« ist der berühmteste und bestdokumentierte in der ganzen UFO-Historie. Das Städtchen Roswell verfügt über nicht weniger als zwei UFO-Museen, und unzählige Bücher und Presseartikel sind über den vermeintlichen Untertassen-Crash geschrieben worden. Doch dieser Boom begann erst in den siebziger Jahren, begleitet von Filmen wie »Unheimliche Begegnung der dritten Art«; dreißig Jahre nach dem Absturz behaupteten auf einmal Augenzeugen, sie hätten das Wrack eines Raumschiffs gesehen und trotz Armeeabsperrung mitbekommen, daß leblose kleine Wesen fortgetragen worden seien.

Die sechsfingrige Leiche des Santilli-Films wurde als eines dieser Wesen angekündigt. Dem Volksglauben zufolge wurden diese Wesen samt ihrem Flugkörper von amerikanischen Militärstellen beschlagnahmt und an geheimem Ort untersucht. Dieselben Stellen hätten das Ereignis dann vertuscht, indem sie behaupteten, ein Wetterballon sei abgestürzt. Daß der Volksglaube in bezug auf die Vertuschung nicht ganz fehlging, kam im September 1994 mit der Veröffentlichung eines 600 Seiten starken regierungsamtlichen Berichts[218] ans Licht: Es hatte sich wahrhaftig nicht um einen ordinären Wetterballon, sondern um ein Gerät gehandelt, das im Rahmen des Geheimprojektes »Mogul« sowjetische Atomversuche registrieren sollte. Orthodoxe UFO-Gläubige waren mit dieser

Erklärung natürlich nicht zufrieden und lehnten sie als einen weiteren Vertuschungsversuch ab. Wenn sie den Santilli-Film trotzdem in Zweifel zogen, dann höchstens wegen der Aussage einer Augenzeugin, die sich genau daran erinnerte, daß die in Roswell gelandeten Außerirdischen nur vier Finger besaßen, nicht sechs.[219]

Daß der makabre Alien-Film seinen PR-Siegeszug von England aus antrat, kommt nicht von ungefähr: Das Abstruse ist in den angelsächsischen Medien ebenso zu Hause wie das Akkurate; Journalismus und Entertainment sind beinahe gleichberechtigte Kategorien der Presse – selbst der seriösen. Wie erst sieht es da bei der unseriösen Presse aus! Die Boulevardblätter (tabloids) von »Sun« bis »Mirror« pflegen abwegige Nachrichten zusammen mit Nacktphotos und reißerisch-rassistischen Tiraden gleichsam als Normalservice. Dagegen ist die »Bild«-Zeitung nachgerade ein Pfarreiblatt. Doch eine englische Gazette gibt es, die besonders deutlich demonstriert, daß die Verbreitung von gedrucktem Schund auch eine Art Sport sein kann. Die Rede ist von »Sunday Sport«.

Gegründet 1986, hatte die im Besitz des Porno-Millionärs und Reitstallbesitzers David Sullivan befindliche Postille zwei Jahre später eine Auflage von 800 000 Exemplaren. Berühmt wurde sie mit den Schlagzeilen »Bomber aus dem Zweiten Weltkrieg auf dem Mond gefunden« und »Londoner Doppeldecker-Bus am Südpol gefunden«. Als in Berlin die Mauer fiel, wartete »Sunday Sport« mit einem Bericht von Korrespondent John Wall (!) auf. Unter der Überschrift »Fatso Busts Berlin Wall« (Fettsack durchbricht die Berliner Mauer) berichtete die Zeitung von der angeblich 285 Kilogramm schweren Leipzigerin Gertrude Müller. Von Freßsucht getrieben, durchbrach der »Krautkoloß« die Mauer in Richtung Westen. Die Ausgabe mit dem Photo der übergewichtigen, unbekleideten Dame auf dem Titelbild verkaufte 80 000 Exemplare mehr als sonst.

Eine erfolgreiche Serie des Blattes handelte von einem Killer-Roboter, der sich selbständig gemacht hatte. Die Leser wurden aufgefordert, jede Begegnung mit dem Ungeheuer sofort zu mel-

den. Mit Elan verfaßten die Redakteure die vermeintlichen Leser-
zuschriften, doch nur wenige Ausgaben später erreichte die Story
bereits ihren Höhepunkt. Leserin June Pringle, so delirierten die
Schreiber, habe der Redaktion ihr Sexabenteuer mit dem metalle-
nen Monster gebeichtet; es folgten die Details. Begegnungen mit
Außerirdischen zählen zu den Dauerthemen von »Sunday Sport«.
Die Geschichten lauten etwa so: »Hausfrauen verwechselten
Mini-Ufos mit Aspirintabletten, jetzt summen die kleinen Flugma-
schinen in ihren Köpfen«. Über Adolf Hitler wußte die Zeitung zu
berichten, daß der Diktator erstens lebt und zweitens in Wirklichkeit eine Frau war. Ein Photo zeigte Hitler, die übereinanderge-
schlagenen Beine bis zu den Knien mit einem Rock bedeckt.

Als »Sunday Sport« aber auf der ersten Seite Farbphotos einer
von Kannibalen gekochten Nonne brachte – mit dem Verweis:
»Blättern Sie auf Seite 15, wenn Sie es aushalten!« – und Kioskbe-
sitzer sich über Übelkeitsanfälle beschwerten, erteilte der britische Presserat, dessen Statuten »Sunday Sport« nie unterschrieben hat, der Redaktion einen Verweis. Der damalige Chefredakteur Ian Pollock verteidigte die Story dagegen als »bahnbrechen-
den investigativen Journalismus at it's best«, denn buddhistische
Mönche in Thailand hätten wirklich das Fleisch ihrer Äbtissin
gegessen, um ihrer Spiritualität teilhaftig zu werden. Gleichwohl
sank die Auflage inzwischen auf 260 000, und Mister Sullivan tat
sicher gut daran, einen Fernsehkanal zu kaufen.

Auch und gerade im Fernsehen sind Falschinformationen
Scherzartikel. Das haben sogar schon deutsche Produzenten ge-
merkt. Die Münchner Firma MPR, die für den Süddeutschen
Rundfunk die Sendung »Verstehen Sie Spaß?« herstellt, ging unter der Ägide von Didi Hallervorden dazu über, ihre holzigen
Späße mit den Medien zu treiben. Anfang März 1996 täuschte sie
die Boulevardpresse mit der Nachricht, ein Teil eines chinesischen
Satelliten sei über München abgestürzt. An vorderster Stelle
brachten die Geleimten Photos von einem angeblich durch Welt-
raumtrümmer demolierten Auto. Darüber amüsierten sich die
Zuschauer natürlich köstlich. Hallervordens Einschaltquote
machte einen Sprung nach oben.

Zwei Monate danach wiederholten die Entertainer einen ähnlichen Scherz mit den Fernsehstationen RTL und n-tv. Den angelockten Kamerateams präsentierten sie ein perfekt nachgebildetes Fragment des legendären Bernsteinzimmers. Nach dem verschollenen Kunstschatz veranstalten vom Sommerloch geplagte Journalisten alle Jahre wieder eine mit breiiger Kulturgeschichte garnierte Jagd. So auch Maurice Philip Remy, Inhaber der Produktionsfirma MPR. Er hatte für die ARD bereits eine seriöse Dokumentation über das Bernsteinzimmer gedreht. Dabei war ihm die Leichtgläubigkeit seiner Kollegen aufgefallen. So kam ihm die Idee, sie durch eine Kunstharznachbildung kirre zu machen. Tatsächlich glaubten sie so fest an die Echtheit der ihnen gezeigten Attrappe, daß sie die Polizei auf die Spur der vermeintlichen Schmuggler brachten. Die spektakuläre Festnahme der Show-Producer auf der Autobahn zwischen Nürnberg und München verlieh dem Fernsehspaß besondere Würze. Immerhin erwies sich die Polizei als Spaßverderber: Sie stellte dem Süddeutschen Rundfunk die Kosten für den Einsatz in Rechnung.

Remy arbeitete derweil schon an seinem nächsten seriösen Stück: einem Dokumentarfilm über die Hitler-Tagebücher, mit dem er den »Stern«-Reporter Heidemann in einer solchen Opferrolle präsentierte, wie sie der »Stern-TV«-Reporter Born erst anstrebte. Oder wollte er nicht lieber ein Kujau sein? Der nachmalige Stuttgarter Galerist, bekannt durch 400 Fernsehauftritte, bekam für die Tatsache, daß er flüssig des Führers Handschrift imitieren konnte, immerhin neun Millionen Mark, die er nach Verbüßung einer viereinhalbjährigen Gefängnisstrafe in Immobilien anlegte. Der »Stern« hat das Geld nie zurückgefordert.

Lust am Lügen

Habgier und Missionseifer sind starke Motivationen, um Unwahrheiten zu verbreiten, aber eine Triebfeder gibt es, die ist im Zweifelsfall noch kräftiger: der Spaß, die Freude, das Vergnügen. Von der Lust am Lügen lebt nicht nur ein Großteil der Literatur, die Lust am Lügen gehört zu den geradezu göttlichen Gaben des Menschen, weswegen es hinsichtlich des Gebrauchs der Gabe gleich wieder göttliche Restriktionen gibt: Bekanntlich wird das Lügen mit dem achten Gebot untersagt, was jedoch den Reiz der Sache höchstens steigert.

Obwohl die Lust am Lügen zeitlos ist, bekam sie durch die Massenmedien eine neue Dimension. Die Medien sind für Mythomanen mehr als ein bloßes Arbeitsfeld, sie sind eine wahre Glücksmaschine: Erstens können sie sich sich fühlen wie Narziß in einem Spiegelsaal, und zweitens können sie sich darauf verlassen, daß diese Maschine auch auf getürkte Nachrichten schnell und zuverlässig anspringt. So entwickeln sich die Kommunikationsmittel zum idealen Instrument für Fake-Happenings, bei denen moderne Märchenerzähler sowohl das Publikum als auch die Medienleute mit Phantastereien eindecken, die sich bloß in ihrem Grad an Raffinement unterscheiden. Zum Beispiel ist es ein leichtes, in einer Talkshow aufzutreten und mit Bekenntnissen wie »Die Freundin des Vaters meiner Freundin bekommt ein Kind von mir« Aufsehen zu erregen.[220] Das bringt in der Regel 400 Mark Honorar und, wenn man den Schwindel hinterher auffliegen läßt, noch einmal zusätzliche Publicity.

Zu den Münchhausen der Mattscheibe zählt auch jener Kölner, der über sechzehn Mal in den verschiedensten Sendungen auftrat – jeweils als Zeuge selbsterdachter Ungeheuerlichkeiten: Für die Kulturmagazine von ARD (»Titel, Thesen, Temperamente«) und ZDF (»aspekte«) gab er sich als Kunstraub-Spezialist aus. Für andere mimte er einen eifersüchtigen Ehemann, einen profitgierigen Unternehmer oder einen Abhörexperten, der Wanzen an Ermittlungsbeamte verkauft. Er berichtete (im WDR-Morgenmagazin), was ein Mensch, der während vier Minuten klinisch tot war, zu berichten hat. Und er beklagte sich, daß ihm die Leber eines Alkoholikers eingepflanzt worden sei, weshalb er täglich mehrere Schnäpse trinken müsse.

Mit diesem Register an Eulenspiegeleien reiht sich der Kölner Lügenbaron würdig in die Reihe jener großen Hoaxer (Schwindler) ein, die vor allem in angelsächsischen Ländern Tradition haben.[221] Manche von ihnen gehen systematisch vor und lehren ganze Generationen von Journalisten das Fürchten. Etwa Barry Gray, ein freundlicher Londoner, der unter den verschiedensten Namen als Immobilienhai, Waffenhändler, IRA-Mitglied und Privatdetektiv auftrat und durch geschickte Verwendung von Informationen, die er in der Presse auflas, CIA und KGB gleichzeitig gegeneinander ausspielte. 1976 bekam er von einer New Yorker Tageszeitung immerhin 50 000 Dollar für die angeblichen Schuhe eines ermordeten Gewerkschaftsführers ausgezahlt. Die hatte er in einem Billigladen für 3,50 Dollar gekauft. Oder Adam Lunardi, der schon mit 19 Jahren Schlagzeilen machte als »das Kind, das Fleet Street narrte«: Seine Erzählungen handelten von toten Bankiers, von Waffenverstecken unter Kirchenfundamenten und von Polizisten, die heimlich Hundekämpfe organisierten.

Da Journalisten, die sich im Besitz von Sensationen wähnen, nichts so sehr fürchten wie die Möglichkeit, daß ihre Konkurrenten Wind davon bekommen, sind der rigorosen Nachprüfung Grenzen gesetzt. Erfahrene Hoaxer wissen das und treten grundsätzlich in Situationen auf, wo zwei Parteien einander an der Gurgel haben und sich sehnlichst wünschen, den Gegner durch irgendeine indiskrete Information zu Fall zu bringen. Die schwindlerische Einmischung verspricht um so größeren Erfolg, je energischer die Journalisten selbst Partei ergreifen. Dann reichen die richtigen Reizwörter, um in der flirrenden Atmosphäre von Eifer und Absicht auch die abstrusesten Erfindungen druck- und sendereif erscheinen zu lassen.

Diese schon damals nicht unbedingt neue Erkenntnis faßte Anfang der dreißiger Jahre ein österreichischer Antriebsriemenfabrikant namens Arthur Schütz in bleibende Worte. Ohne jede Prätention berichtete er über seine Erfahrungen bei der Veröffentlichung atemberaubend sinnloser Artikel, die er mit technischen Vokabelperlen schmückte oder – je nach Bedarf – mit einer trüben Sauce politisch reaktionärer Floskeln andickte, um sie den betreffenden Redaktionen schmackhaft zu machen – allen voran der »Neuen Freien Presse«, an der sich bereits ein Könner von noch ganz anderem Kaliber, nämlich Karl Kraus, abgearbeitet hatte.

Einmal in Fahrt, brachte Schütz so interessante Dinge wie ovale Räder, feuerfeste Kohlen oder kupferne Isolatoren problemlos unter. Sofern er mit einem klangvollen Titel zeichnete, konnte er sicher sein, daß das »hochangesehene Blatt« die Beiträge des Herrn Zivilingenieurs, des Handelskammerrates oder des Bergdirektors veröffentlichen würde. Am 18. November 1911 hatte er als Dr. Erich Ritter von Winkler seinen ersten druckschwarzen Auftritt, bei dem er auch das Tier erwähnte, das fortan allen weiteren derartigen Unternehmungen den Namen geben sollte: der Grubenhund.

Salopp gesprochen, ist der Grubenhund eine lancierte Ente. Doch indem er Schwindel und Schwachsinn verbellt, verfolgt er durchaus aufklärerische Ziele. »Die kulturelle Mission des Grubenhundes liegt in der Umschulung der Geister, in der Lockerung der Bindung zwischen Blatt und Leser, in der Erziehung zur Kritik durch Selbstentschleierung der Autorität. Von Grubenhund zu Grubenhund machte die Befreiung von der Suggestion des gedruckten Wortes Fortschritte. Bei den Zeitungen bemerkte man eine gewisse Unsicherheit, ein tiefes Mißtrauen selbst gegen die treuesten Abonnenten. Die Grubenhundeangst ging so weit, daß in manchen Redaktionen Beiträge bewährter fachlicher Mitarbeiter, ja sogar medizinischer Kapazitäten abgelehnt wurden mit der Bemerkung: ›Man kann nie wissen.‹ Andere Zeitungen gingen sogar so weit, nur das abzudrucken, was die Redakteure wirklich verstanden. Dadurch wurde die Anzahl der veröffentlichten Zuschriften wesentlich eingeschränkt.«[222]

Ein treuer, wenngleich sich dessen vielleicht gar nicht bewußter Schüler des österreichischen Grubenhundezüchters ist der New Yorker Physiker Alan Sokal, der im Frühjahr 1996 ein ganz ähnliches Experiment mit der sozialwissenschaftlichen Zeitschrift »Social Text« unternahm und damit einen ganzen Zoo von Akademikern, die unter der Rubrik »Cultural Studies« firmieren, aufs Glatteis führte. Unter der Überschrift: »Grenzüberschreitung – Annäherung an eine transformative Hermeneutik der Quantenschwerkraft« reichte er dem In-Organ der amerikanischen Poststrukturalisten ein geschwätziges Unfugs-Traktat ein, das mit den plattesten progressiven Parolen parfümiert war: Der Aufsatz wurde von den herausgebenden Professoren dankbar angenommen und in der nächsterreichbaren Ausgabe publiziert.

Dort konnte man so grobschlächtigen Unfug lesen wie die Behauptung, die Zahl Pi sei eine historisch variable Größe oder die New-Age-Theorie der »morphologischen Felder« spiele in der Quantenphysik eine Rolle. Doch weil Sokal das alles in einem modischen Jargon der Eigentlichkeit darbot, mit einem Basso continuo aus Begriffen wie »Transgression«, »selbstreflexiv« und »operationalisieren«, wäre sein freches Spiel wahrscheinlich keinem Leser aufgefallen, wenn er sich nicht zugleich in einer anderen Zeitschrift mit dem treffenden Titel »Lingua Franca« geoutet hätte. Da war der Ärger von Professor Fish, dem »Social Text«-Vorsitzenden, natürlich ähnlich groß wie die Freude aller Journalisten von der »Washington Post« über die »Times« bis zur »FAZ«, die sich begierig über den Fall hermachten.

Allerdings haben sie sich bei ihrer Berichterstattung bloß auf die vorgefertigte Enthüllung durch den Autor selbst gestützt. Der wisserische Ton, in dem sie hinterher die hereingefallenen Kulturprofessoren verhöhnten, legt jedoch ein Bedenken nahe: Was wäre, wenn Sokal eine ganz andere Versuchsanordnung gewählt hätte? Wenn sein Experiment nicht dem Nachweis akademischer, sondern journalistischer Dummheit gegolten hätte? Wenn also etwa die New-Age-Theorie der »morphologischen Felder« in der Quantenphysik tatsächlich eine Rolle spielte und die Journalisten nur aus wohlfeiler Schadenfreude geneigt gewesen wären, Sokal zu glauben? – Für wissenschaftlichen Erkenntnisfortschritt ist hier jedenfalls noch Raum.

In den stößt regelmäßig die Berliner Gruppe »Story Dealer« vor, die sich seit Jahren auf »simulierte Wirklichkeit« spezialisiert hat. So lud im Herbst 1995 eine »Vereinigung Arche Noah« nach Potsdam ein, um über die »Petrifikation« zu berichten, eine geheime russische Methode, das ewige Leben zu erreichen. Die Medien von »taz« bis Pro Sieben berichteten fleißig und ahnungslos. Nicht weniger groß war das Medieninteresse ein Jahr zuvor gewesen, als in Berlin Angler neben geöffneten Gullydeckeln

Platz nahmen und in der Kanalisation ein Aal-Wettangeln veranstalteten. Ein Fernsehteam, das zu spät zum Ort des Geschehens kam, reagierte pragmatisch. Die TV-Leute stellten den Wettbewerb kurzerhand mit eigenen Mimen nach. Das war der exquisite Fall einer gefälschten Fälschung.

Dünne Luft am Gipfel – Ein wahres Medienmärchen

Journalist Nummer 0815 hat seine Akkreditierung endlich hinter sich gebracht. Das dauerte eine ganze Weile, weil das Pressezentrum, als er ankam, schon ziemlich überlaufen war; dann stand er in der falschen Reihe an, da sich die alphabetische Aufteilung, wie er erst hinterher erfuhr, nicht auf die Namen der Journalisten, sondern der Medien bezog, für die sie angemeldet waren; als er endlich in der richtigen Reihe stand, gab es mit seinem Vordermann ein besonders langwieriges Problem, worüber der sich lautstark aufregte und in approximativem Englisch etwas von Pressefreiheit und diplomatischen Konsequenzen schimpfte, was aber an der Tatsache, daß seine Anmeldung entweder verlorengegangen oder nie angekommen oder nie abgeschickt worden war, nicht das Geringste änderte, so daß er vorerst unverrichteter Dinge abziehen mußte.

Dann war Journalist Nummer 0815 an der Reihe, das heißt, in diesem Augenblick konnte er noch nicht wissen, daß dies seine Akkreditierungsnummer sein würde. Bei ihm ging jedoch alles glatt, und binnen Minuten war die Sache abgewickelt, was ihm in Anbetracht des Theaters mit dem Vordermann eine ganz spezielle heimliche Genugtuung bereitete: Zeigte sich doch daran, daß er ein bedeutenderer Journalist war; immerhin schrieb er für eine Zeitung von internationalem Renommee, mit der es solche Anstände nicht gab. Sein Anmeldeformular war von dem natürlich gerade abwesenden Pressechef bereits visiert, signiert und abgestempelt worden, so daß er nun geradewegs zum Photographieren gehen konnte.

An einer anderen Stelle des Pressezentrums waren zwei Polaroidgeräte aufgebaut, die kleine, in Plastik eingeschweißte Lichtbildausweise von Kreditkartengröße ausspuckten. Auf Französisch heißen diese Kärtchen »Badge«, auf Englisch »Badge«, »Badge« auf Chinesisch und auf Schweizerdeutsch. Zum Badge bekommt man einen Clip, um ihn gut sichtbar wie eine Medaille an der Kleidung zu befestigen. Das macht selbst hartgesottene Journalisten stolz. Sie witzeln zwar über die mißratenen Photos und tun so, als seien ihnen die Formalien bloß lästig, doch die Stimmung bei den Polaroidgeräten ist ganz anders als an der Akkreditierungstheke: Dort bestimmen Nervosität und Aggressivität den Ton; hier treffen sich die Auserwählten, die ihre Prüfung schon bestanden haben. Hier bekommen sie das Abzeichen ihrer Dazugehörigkeit. »Presse« steht groß darauf – und neben dem Photo eine Nummer: in diesem Fall 0815.

Mehr als 2000 Medienvertreter – vom Agenturberichterstatter bis zum Kameramann und vom Hörfunkkorrespondenten bis zum Zeitungsreporter – wurden zu diesem Gipfel erwartet. Um welchen Gipfel es hier geht, ist übrigens vollkommen nebensächlich; sagen wir: die Weltklima-, Weltbevölkerungs- und Weltfrauenkonferenz in einem, zusammen mit einem »G7«-Treffen und einer Begegnung à la Dayton oder Scharm-el-Scheich. In gewisser Hinsicht sind all diese Veranstaltungen gleich: Das wußte auch Journalist Nummer 0815.

Er hatte nämlich schon manchen internationalen Großkongreß von dieser Art besucht. Immer hatte es geheißen – und auch er selbst hatte solche Formulierungen benutzt –, daß dort »Geschichte gemacht« und »Weichen gestellt« würden. Allerdings hatte er daran auch immer gezweifelt, ganz leise und für sich. Denn seine ganze journalistische Erfahrung lehrte ihn, daß Geschichte in der Regel dort gemacht und Weichen dort gestellt werden, wo nicht gerade 2000 Medienvertreter herumstehen. Trotzdem hatte er es auch diesmal übernommen, für seine Zeitung »vor Ort« zu berichten.

Die Hotels der Konferenzstadt waren natürlich total ausge-
bucht, und Zimmer kosteten doppelt soviel wie sonst. Manche
Fernsehsender, allen voran die amerikanischen Stationen CNN,
CBS, ABC und NBC belegten in den teuersten Häusern ganze
Etagen. Davor waren ganze Gehege von Parabolantennen aufgebaut, die alle in dieselbe Himmelsrichtung schauten. Wenn er so
etwas sah, war Journalist Nummer 0815 stets froh, ein Zeitungs-
mann zu sein. Er kam mit weniger Technik aus: Früher war es eine
Reiseschreibmaschine gewesen, inzwischen besaß er einen Lap-
top, mit dem er die fertigen Artikel in Sekundenschnelle per
Telephon an seine Redaktion übermitteln konnte.

Und nun wurde es Zeit, genau dies zu tun. Die Redaktion
wartete nämlich auf einen Vorbericht. Ein Vorbericht wird, wie
der Name sagt, geschrieben, bevor es etwas zu berichten gibt. Ein
Vorbericht kann daher auch zu Hause, vor der Abreise geschrieben werden. Allein, die Zeitung möchte, da sie soviel Spesen für
einen eigenen Reporter ausgibt, just dies auch ihren Lesern demonstrieren. Der Mann (oder die Frau) »vor Ort« ist also beauf-
tragt, im Vorbericht vor allem Kolorit zu bieten: Atmosphäre,
Impressionen, Gossip – das alles erweckt den Eindruck, als sei man
am Geschehen ganz dicht dran.

Doch wie verhält es sich in Wirklichkeit? Journalist Nummer
0815 wußte genau, was ihn erwartete: er würde bei der Eröffnungspressekonferenz in einem Riesensaal sitzen und hinter einer
Mauer von Fernsehkameras und Photographen kaum etwas mitbekommen. Deshalb nahm er sich vor, die Pressekonferenz gleich
im Fernsehen zu verfolgen. Sie sollte nämlich von CNN live
übertragen werden. Die Fernsehleute hatten ihre Kameras natürlich optimal postiert, die Tonqualität war besser als über die
Saallautsprecher, und im Hotelzimmer war es sowieso bequemer;
im Fernsehen konnte Journalist Nummer 0815 die Protagonisten
der Veranstaltung, Staatspräsidenten und Regierungschefs, aus
nächster Nähe betrachten.

Als er das Pressezentrum verlassen wollte, um ins Hotel zurückzukehren, fiel ihm ein, daß er noch rasch seine Redaktion anrufen
sollte – sicherheitshalber, denn es war ja möglich, daß sie ihm

etwas mitzuteilen hatte. Und in der Tat: sie hatte. Vor dem Konferenzgebäude sei es zu gewalttätigen Ausschreitungen gekommen, wurde ihm mitgeteilt. Die Polizei habe Demonstranten niedergeknüppelt. Die Agenturen meldeten etliche Verhaftungen. Ob er darüber mehr wisse? Gar nichts wußte er davon – natürlich nicht, denn er hatte sich ja bis jetzt nur in dem hermetisch abgeschirmten Pressezentrum aufgehalten.

Um zu erfahren, was um ihn herum, »vor Ort«, geschah, griff er als alter Profi zu einem probaten Mittel: Er bat die Redaktion, ihm die betreffenden Agenturmeldungen gleich zuzufaxen – am besten direkt ins Hotel. Aus diesem Material würde er dann eine authentische Reportage machen.

Er wollte sich gerade zum Gehen wenden, da tippte ihn ein jüngerer Kollege vom Rundfunk an. Der war in bezug auf aktuelle Nachrichten noch dümmer dran: Er sollte schon in einer halben Stunde seinem Sender einen Stimmungsbericht liefern, natürlich wegen der Agenturmeldungen über die verhafteten Demonstranten, von denen er nicht die geringste Ahnung hatte. Auch er hatte gebeten, daß man ihm die Meldungen zufaxe, und war seither mit nichts anderem beschäftigt, als ein freies Faxgerät zu finden und dessen Nummer zu erfahren. Recherche nennt sich das im Fachjargon.

Da gab sich Journalist 0815 einen Ruck und führte seinem Radio-Kollegen vor, was Organisationstalent und Liebenswürdigkeit vereint vermögen: Er nahm ihn mit in sein Hotel, reichte ihm die inzwischen eingetroffenen Depeschen von zu Hause und ließ ihn obendrein sein Telephon benutzen, um den Beitrag abzusetzen. Da zeigte auch der junge Funkreporter, was er konnte: Er schilderte, live und »vor Ort«, was vorgefallen war: Demonstration, Polizeieinsatz, Verhaftungen – dramatischer Beginn einer Gipfelkonferenz, auf der Geschichte gemacht und Weichen gestellt werden sollten.

Die Sache mit der verpaßten Demonstration hinterließ bei beiden einen schalen Nachgeschmack. Nicht, daß es unüblich wäre, die eigenen Berichte mit den Wahrnehmungen anderer, in diesem

Fall: der Agenturreporter, anzureichern; im Gegenteil, erstens kann man bekanntlich nicht überall zugleich sein, und zweitens bezahlen Zeitungen und Rundfunkanstalten stattliche Tarife an die Agenturen, um deren Material auf jede Art und Weise auswerten und ausnutzen zu können – selbst ohne Angabe der Quelle. Doch daß sie ausgerechnet das einzige nachrichtenwürdige Ereignis dieses öden Tages, vielleicht der ganzen öden Konferenz, versäumt haben sollten, stieß ihnen bitter auf. Denn was an einem so sterilen Super-Staatsakt konnte interessanter sein als eine handfeste Keilerei mit den Sicherheitskräften auf der Straße?

Hier ist vielleicht der Hinweis angebracht, daß Journalisten von jeher ein pathetisches Verhältnis zur »Straße« haben. Die »Straße« nicht bloß als Kanal der Fortbewegung, sondern als soziologisierendes Synonym für »das einfache Volk«. Daß Geschichte »auf der Straße« gemacht werde, leuchtet den meisten Journalisten unmittelbar ein, weil sie sich selbst als Anwälte des »einfachen Volks« verstehen. Daß Geschichte von einzelnen Persönlichkeiten abhänge, ist eine Vorstellung, bei der ihnen eher unbehaglich wird; daher die hölzernen Umstandsbeschreibungen und krampfhaften Verweise auf drahtziehende Lobbies, wenn es gilt, wirkliche Machthaber zu porträtieren.

Journalist 0815 nannte sie immer nur »Charaktermasken«. Er tat dies still bei sich; sein jüngerer Kollege hätte den Ausdruck sowieso nicht verstanden. Aber anscheinend bewegten den Jüngeren ähnliche Gedanken, denn unvermittelt stellte er die Frage aller Fragen: Was das ganze Buhei eigentlich solle? An dieser Stelle war auch Journalist 0815 gedanklich schon gewesen. Er hatte sich folgendes überlegt: Entweder bestand das ganze Gipfeltreffen nur aus einer durchinszenierten Schau, bei der die politischen Akteure minutiös nach einem im voraus festgelegten Drehbuch handelten: Dann war die Anwesenheit der Journalisten eigentlich überflüssig, weil »in Wirklichkeit« gar nichts »passierte«. Oder – diese Möglichkeit erschien ihm mindestens ebenso verwerflich – es ging bei der Begegnung von Staatspräsidenten und Regierungschefs tatsächlich um etwas erst zu Erringendes: Das würde bedeuten, das Ergebnis einer solchen weltgeschichtlichen Konferenz würde abhängen von – ja, von was eigentlich? Von der Intelligenz der Beteiligten? Ihrer Trinkfestigkeit? Ihrer guten Laune? Dem Wetter? Der Menükarte?

Seine Ratlosigkeit hatte – ohne daß er es wußte – eine historische Dimension. Schon im Mittelalter, nein, schon in der Antike hielten die Chronisten weltgeschichtliche Begebenheiten am Zipfel umständlicher Umstandsbeschreibungen fest: Kein Bericht, egal ob vom Habsburger Hoftag 1315 zu Basel, ob vom Konzil zu Konstanz 1418 oder vom Wiener Kongreß vierhundert Jahre später spart die Art der dargereichten Speisen und Getränke, die Kleider, Transportmittel und das Gefolge der Teilnehmer aus. Denn in der Tat spielten diese Äußerlichkeiten schon immer eine wesentliche Rolle.

Was die beiden Gipfeljournalisten aus weiteren Grübeleien riß, war das zackige Hallo ihres Agenturkollegen, der sie an der Hotelbar erspäht hatte. Er wollte kurz mit ihnen schwätzen, ohne sich zu setzen, denn Agenturjournalisten sind immer auf dem Sprung. Sie bilden in der Journalistenkaste eine Spezies für sich; vermutlich haben sie einen anderen Blutkreislauf, ein anderes Nervensystem und eine andere Gehirnstruktur als alle übrigen Reporter. Das kommt daher, daß sie in ihrem ganzen Berufsleben nur kurze Aussagesätze schreiben und immer so, daß man die hinteren auch wegstreichen kann. Dafür sind sie privat meist redselige Sprachspieler. Außerdem sind sie immer auf dem Sprung, denn schneller zu sein als die Konkurrenz ist bei ihnen nicht eine Sache von Wochen, Tagen oder Stunden, sondern von Minuten oder gar Sekunden. Dafür besitzen sie oft ein erstaunliches Phlegma – im Gegensatz etwa zu den permanent panischen Leuten vom Fernsehen.

Hallo, sagte der Kollege, und fügte beiläufig hinzu, die Demonstration sei wohl nicht gerade groß gewesen, er selber habe jedenfalls von Demonstranten nichts gesehen. Moment mal, riefen da der Journalist 0815 und sein jüngerer Begleiter, der für den Rundfunk arbeitete, die Agenturen hätten doch die Ausschreitungen ausführlich geschildert. Wo sei die Meldung denn dann hergekommen? Der Agenturkollege seufzte. Es war nämlich so: Vor dem

Konferenzgebäude hatten ein paar Protestierer mit Plakaten, die kaum jemand bemerkte und an denen niemand Anstoß nahm, gestanden. Plötzlich war eine Crew vom amerikanischen Fernsehen angerückt, deren Anführer den Protestierern zuschrie, wenn sie der Welt etwas mitzuteilen hätten, dann sollten sie es jetzt tun und ihre Plakate mal schön hochhalten und sich mitten auf die Straße stellen und den Verkehr blockieren, sonst bräuchte er erst gar nicht anfangen zu filmen. Das brachte Bewegung in die Gruppe. Sie waren zwar etwas verblüfft, aber sie parierten: Sie stoppten die Autos, gingen auf die Fahrbahn und gebärdeten sich, während die Kameras liefen, auf einmal wild und wagemutig. Nun marschierte auch die Polizei auf, um sie abzudrängen. Es gab Bewegung und Tumult und Sprechchöre. Das amerikanische Fernsehen nahm alles auf. Der Producer war mit den Bildern sehr zufrieden. Als seine Crew abzog, zerstreuten sich die Demonstranten; schon eine Viertelstunde später gab es keine Spur mehr von dem Spuk.

Ein aufmerksamer Agenturreporter, der das zurückkehrende Fernsehteam an der Eingangstür des Pressezentrums kreuzte und sich reflexgemäß erkundigte, ob »da draußen was los« sei, bekam die Antwort, daß ja. Eine schöne Demo habe es gegeben. Mit Polizeieinsatz. Leider jetzt vorbei. Aber man habe alles im Kasten. Er könne das Material gern anschauen. Letzteres war nicht bloß Hilfsbereitschaft, es steckte auch Kalkül dahinter. Und zwar gibt es ein Naturgesetz der Medien, das lautet: Alles Seiende muß durch Agenturmeldung bestätigt werden. Da kann ein Zeitungs-, Rundfunk- oder Fernsehkorrespondent im Ausland noch so heiße News und Stories bieten, seine Redaktion zu Hause wird sich erst dann dafür interessieren, wenn dasselbe Thema »über die Agenturen läuft«. Insofern war es eine reine Marketingmaßnahme, daß der Fernsehproducer dem Agenturjournalisten seine Aufnahmen vorführte: Je größer der Wirbel um den kleinen Vorfall auf der Straße, desto besser für ihn, denn er war ja der einzige, der Bilder hatte.

Das Weitere ergab sich von allein. Informiert sein heißt: das tun, was auch der Nachbar tut. Was Reuters (rtr) bringt, will auch die

Deutsche Presse-Agentur (dpa) vermelden, und was über Associated Press (AP) läuft, muß auch Agence France Presse (AFP) haben. So kam es, daß alle Dienste noch am selben Vormittag von einer Demonstration berichteten, die einzig für das Fernsehen stattgefunden hatte und von niemandem sonst wahrgenommen worden war. Aber alle waren auch sehr froh über die Abwechslung, denn außer der Ankunft einiger Staatschefs in der Stadt – schwarze Limousinen, Türenklappen, Händedrücke, lächelnde Gesichter – und der dürren Tagesordnung des Konferenzprogramms gab es wenig zu berichten. Die Eröffnungspressekonferenz brachte überhaupt nichts.

Auch Gipfel haben Höhepunkte. Die Unterzeichnung der Schlußakte sollte einer werden. Deren Zustandekommen hatten die Medienleute Tag für Tag verfolgt, erörtert, bezweifelt, gefordert und verheißen. Eigentlich ging es nur darum. Doch da die Verhandlungen wie gewöhnlich hinter verschlossenen Türen stattfanden, konnten die Journalisten nichts anderes tun, als im Kaffeesatz zu lesen. Gewiß, manche von ihnen, allerdings sehr wenige, hatten Kontakt zu den Verhandlungsführern selbst; sie waren auf dem laufenden, aber sie standen ihren Informanten zugleich so nahe, daß sie die Informationen auch nur in deren Sinn verwendeten. Ihre Kontakte zu den Regierenden waren dermaßen gut, daß sie es gar nicht nötig hatten, am Konferenzort anwesend zu sein: Sie telephonierten einfach mit den betreffenden Delegationsmitgliedern.

Für eine zweite Gruppe von Auserlesenen, die zwar nicht zum Serail der intimen Präsidenten-, Kanzler- oder Ministerfreunde gehörten, aber noch immer weit über dem Gros der gemeinen Reporter rangierten, gab es regelmäßig Briefings, bei denen es recht landsmannschaftlich zuging: Diese – oft vertraulichen – Informationsgespräche wurden jeweils von den nationalen Delegationen für Korrespondenten mit gleicher Staatsangehörigkeit veranstaltet. Dabei stellte Journalist 0815 insofern eine rare Ausnahme dar, als er manchmal auch die Briefings der französischen und amerikanischen Seite besuchte. Das war möglich, weil er beide Sprachen nahezu akzentfrei beherrschte und jeweils von guten Freunden mitgenommen wurde.

Diese Briefings waren der Ursprung ominöser Andeutungen über »Verstimmungen im bilateralen Verhältnis«, über »Geheimabsprachen« oder über »Details, die das Verhandlungsklima belasteten« – Andeutungen, mit denen die Berichterstatter zeigen konnten, daß sie den vielzitierten »gut unterrichteten Kreisen« immerhin auch nahestanden. Ob jene »Hintergrundinformationen«, die sie auf diese Weise transportierten, der Wahrheit entsprachen oder gezielt gestreut wurden, konnten sie natürlich nicht nachprüfen. Ihre Redaktionen allerdings auch nicht. Und das Publikum schon gar nicht.

Für alle übrigen Reporter, und das betraf den weitaus größten Teil der 2000 akkreditierten Medienleute, bestand dieser Gipfel aus einem fabelhaften Leerlauf, den dankenswerterweise Hunderte von sogenannten »Non Governmental Organisations« (NGO's) durch einen unablässig fließenden Strom von Bulletins, Communiqués, Rapports, Pressekonferenzen, Picture Events, Interview Proposals und sonstigen Information Opportunities füllten. Diese Nichtregierungsorganisationen vertraten zwar zuweilen ziemlich fragwürdige Thesen, Interessen, Gruppen oder Völkerschaften, die sich meistens als verfolgte, verfemte oder wenigstens verheimlichte Opfer erstens ihrer jeweiligen Regierungen und zweitens irgendwelcher anderen Thesen, Interessen, Gruppen oder Völkerschaften darstellten, so daß man manchmal nicht recht wußte, ob die hier in Form von »Dossiers« und »Augenzeugenberichten« geoffenbarte Weltgeschichte sachlich haltbar sei, aber zumindest bekamen die Reporter von diesen emsig Öffentlichkeitsarbeit treibenden Nichtregierungsorganisationen das, was der Gipfel viel zuwenig hergab: Bild und Ton und Stoff zum Schreiben.

Aber dann stand schließlich doch der lang ersehnte Höhepunkt bevor, die Klimax, die Apotheose des Konferenzgeschehens: die feierliche Unterzeichnung des Schlußdokuments mitsamt Historischem Handschlag der politischen Gegner. Da konnte sogar Journalist 0815 nicht umhin, seine unfertigen Reflexionen über den

Sinn von Symbolen im öffentlichen Leben ein- oder hintanzustellen und sich auf das Ereignis vorzubereiten. Das heißt, es galt, den handelnden Personen nun doch wenigstens einmal nahezukommen. Einmal wollte auch Journalist 0815 im selben Raum mit ihnen sein, ihr Fluidum spüren, sie sehen und hören und ihnen vielleicht auch eine Frage stellen; dann hätte er eine Art Beweis dafür, daß sich das Ganze wirklich zugetragen habe; dann hätte er jedenfalls eine Rechtfertigung dafür, daß er die ganze Reise auf sich nahm.

Doch ach, das Glück war ihm nicht hold: Er zog ein schlechtes Los. Die Plätze der Beobachter beim Historischen Handschlag (HH) wurden wahrhaftig verlost, da beim HH wegen räumlicher Beengtheit und um der intimen Atmosphäre willen nur ein Pool von Journalisten anwesend sein durfte. Das war vorauszusehen. Wenn es ernst wird, sind im entscheidenden Moment von 2000 angereisten Journalisten höchstens 50 dort, wo die Musik spielt. Man nennt das einen Pool. Für den Rest ist eine Videoübertragung ins Pressezentrum vorgesehen. Die Mitglieder des Pools werden nach einem ziemlich willkürlichen Quotensystem ausgewählt, wobei natürlich diplomatische Erwägungen, die Machtstellung bestimmter Medien sowie die Wünsche der politischen Hauptfiguren eine Rolle spielen. Die Mitglieder des Pools sind zwar gehalten, ihr Material den übrigen Kollegen zur Verfügung zu stellen, doch das gilt nur für Bildmaterial; den meisten Angehörigen der schreibenden Zunft bleibt gar nichts anderes übrig, als den Lauf der Dinge aus großer Distanz zu verfolgen.

So erging es Journalist 0815. Seine Reise zum Gipfel endete vor Fernsehschirmen, die den Gipfel zeigten. Sie zeigten übrigens auch eine kleine Rauferei im Vorfeld: Ein Berichterstatter, der seinen mühsam ergatterten Platz nicht für ein amerikanisches Fernsehteam frei machen wollte, wurde ziemlich unsanft vom Stuhl gerissen. Daraufhin wollten die lokalen Sicherheitsbeamten den Amerikanern die Leviten lesen, sahen sich aber plötzlich mit einer kampfbereiten Gruppe von Gorillas konfrontiert. Mit den Schlägertrupps des amerikanischen Präsidenten hatte die örtliche Polizei schon schmerzhafte Erfahrungen gemacht; da wollte sie es nun nicht noch einmal darauf ankommen lassen und zog sich zurück. Der angegriffene Berichterstatter blieb belemmert und ohne Sitzplatz an der Wand stehen. Plötzlich erkannte Journalist 0815, daß es der Mann war, der bei der Akkreditierung vor ihm gestanden und bereits damals Schwierigkeiten bekommen hatte. Jetzt tat er ihm irgendwie leid. Er nahm sich vor, einmal über ihn zu schreiben – über ihn und die ganze journalistische Seite des Gipfels.

Hätt' ich doch kein Kino! – Hundert Jahre sind genug

Das Schöne an hundertsten Geburtstagen ist, daß man sie hundert Jahre lang kommen sieht und sich entsprechend darauf vorbereiten kann. So beging zum Beispiel jene Branche unserer Kulturindustrie, die über den bei weitem wirkungsmächtigsten Werbeapparat verfügt und ein wahrhaftig weltumspannendes Marketing betreibt, ihr Jubiläum 1995 nicht gerade im Verborgenen. Schon im voraus bekam man den Kanal voll davon: Das Jubeljahr des Kinos war noch nicht halbwegs absolviert, da bebte die Medienlandschaft bereits vom Aufmarsch der Cineasten und der Cinephilen. Die große Stunde der historischen Verklärung schlug rund um die Uhr, und wer sich dieser Retrospektionsekstase nicht freudig anschloß, der mußte schon ein ziemlicher Kulturbanause sein.

Es läßt sich zwar nicht leugnen, daß die Erfindung der beiden französischen Brüder mit dem unwahrscheinlich sachgerechten Namen Lumière unsere Epoche kulturell so nachhaltig geprägt hat wie kaum ein anderes Produkt technischer Phantasie. Aber das ist mitnichten ein Grund, den flimmrigen Fortschritt, den der Film uns brachte, zu begrüßen. Im Gegenteil: Von sämtlichen Errungenschaften des Erfindergeistes in den letzten hundert Jahren ist das Kino allemal die überflüssigste und die zweitschädlichste.

Das offene Bekenntnis hat den Vorteil, daß jetzt nicht mehr der Vorwurf des Banausentums erhoben wird. Auf einen Banausen könnte man sich zur Not wohlwollend pädagogisch einlassen. Einem erklärten Filmfeind hingegen muß man schon anders kommen. Etwa mit dem Hinweis auf die fabelhaften Kino-Kunstwerke, die wunderbaren Schöpfungen der Filmgeschichte, die durchaus intrinsische Erzeugnisse des Mediums seien. Denn nicht wahr: Durch die Filmtechnik haben sich dem menschlichen Ausdrucksstreben im wahrsten Sinn ganz neue Perspektiven aufgetan. Die Kamera kann zeigen, was niemand je zuvor gesehen hat; und auch die Schauspielkunst kam überhaupt erst dank der Großaufnahme zu ihrer vollsten, höchsten und endgültigen Entfaltung.

Geschenkt, antworten wir hier, das sieht man ja an allen großen Leinwandstars unserer Gegenwart: von Arnold Schwarzenegger über Clint Eastwood bis zu Ronald Reagan. Aber gewiß hält man uns sogleich einige Traumfrauen à la Michelle Pfeiffer entgegen, vor denen wir ganz kleinlaut werden. Dabei steckt just in diesen Stars als solchen eines der gräßlichsten Phänomene des Films überhaupt. Der Star ist das schlechthinnige Symbol der modernen Massengesellschaft. Er ist die leere Projektionsfläche der anonym agglomerierenden Emotionalität der Massen.

Leer ist die Projektionsfläche insofern, als der Star eben nicht für seine Leistung, ja nicht einmal für sein Aussehen angehimmelt wird – diese Faktoren spielen nur anfangs und keineswegs zwingend eine Rolle. Der Star-Status beruht hingegen einzig und allein auf einer blinden Hysterie des Publikums, die durch nichts anderes als den medialen Mechanismus entsteht, erhalten und verstärkt wird. Es gab in früheren Zeiten nichts, was dieser brisanten Konstellation entspräche. Weder Papst noch Kaiser waren in der Lage, mit ihren Untertanen so zu kommunizieren, wie es Madonna täglich tut – zum Schein, als buntes Schattenspiel. Der Film, die Audiovision macht's möglich, und zu erörtern bleibt höchstens die Frage, ob der Film die Massengesellschaft als solche zumindest mit hervorgebracht hat oder ob er ihr bloß perfekt entspricht.

Aber bitte, sagen die Verteidiger der Kino-Kunst, was kann der arme Film dafür, daß er vom visuell-industriellen Komplex kommerziell korrumpiert und bisweilen zu einem Massengeschäft wurde? Bisweilen ist er nämlich *keins*. Bisweilen dient er als Medium für ästhetische Experimente, als Ausdrucksform der Avantgarde und spricht nur ein ganz kleines, intellektuelles Publikum an. Dann folgt meist noch die Aufzählung von ein paar

Namen, bei denen jeder Filmgourmet entzückt die Augen rollt, und wir wissen Bescheid. Wir treten in diesem Fall ans Buchregal und lesen einen Satz des Schweizer Literaturhistorikers Walter Muschg vor. Er stammt aus dem Jahr 1927 und lautet: »Was kümmert uns das vergebliche Kunstgerede dieser ganzen Gegenwart, nachdem dies vollkommen Neue, dies neue Vollkommene unsere Augen ergriffen hat? Nicht besonders viel.«

Das vergebliche Kunstgerede in Sachen Film ist auch heute noch im Gang. Es schwoll sogar unlängst wieder an, weil auf die Zentenarfeiern natürlich der Glanz einer hochkulturellen Handlung fallen mußte. Drum sei es jetzt unmißverständlich ausgesprochen: Film ist genausowenig Kunst, wie Eistanz Sport ist. Und diejenigen, die etwas anderes behaupten, sind dringend verdächtig, den heißen Hauch der Wahrheit schon verspürt zu haben. So unglaubwürdig nämlich wie der Sportfan, der ständig auf die kurzen Röckchen und tiefen Dekolletés der Eistänzerinnen stiert und lauthals bloß über ihre Sprungtechniken räsoniert, so unglaubwürdig ist der Adept des Kunstfilms, der stundenlang von Filmkunst redet und ihren wirklichen Dollpunkt ausspart. Denn der ist von strahlender Dunkelheit und absolut erörterungsbedürftig.

Das entscheidende Moment des ganzen Filmwesens und Filmschaffens liegt in der doppelten Schwäche unserer Augen – sowohl physiologisch, indem wir zwei ähnliche Bilder, die uns kürzer als eine Vierundzwanzigstelsekunde lang gezeigt werden, nicht mehr einzeln und getrennt wahrnehmen, als auch metaphysisch, indem die Augen – wie die abendländische Philosophie seit zweieinhalb Jahrtausenden lehrt – einen zwar privilegierten, aber zugleich ungeschützten Zugang zu unserer Seele bieten.

»Wär' nicht das Auge sonnenhaft, / Wie könnt' die Sonne es erblicken? / Läg' nicht in uns des Gottes eig'ne Kraft, / Wie könnt' uns Göttliches entzücken?« So lautet – in Goethes Worten – die Wahrnehmungslehre Platons, die das *Sehen* als die wesentlichste Form der Weltaneignung *betrachtet*. Selbst wo die normalen Gesetze der Optik nicht greifen, zum Beispiel beim abstrakten Denken, dominiert das Visuelle metaphorisch – etwa im Begriff »Theorie«, der von »horan« kommt, was wiederum nichts anderes heißt als »sehen«.

Doch neben dieser eher positiv gefärbten Tradition gibt es auch eine pessimistische Tendenz, die sich beispielsweise in religiösen Bilderverboten manifestiert: In der prinzipiellen Kunstfeindlichkeit des Calvinismus oder der peinlichen Vermeidung figürlicher Darstellungen im Islam äußert sich ja nichts anderes als eine Abwehrreaktion auf die Erkenntnis, daß Bilder in der Lage sind, die Köpfe und Herzen der Menschen zu verwüsten. Bilder durchdringen alle Schranken von Geist und Vernunft, sie haben hypnotische Gewalt. Wir sind ihnen ausgeliefert, weil sie das eigentliche Substrat unserer Realitätserfahrung bilden. Nicht von ungefähr gilt die Aussage des Augenzeugen bei der Beweiswürdigung am meisten; die okulare ist eben die unmittelbare Wahrnehmungsform.

Als die Bilder laufen lernten, gerieten allerdings auch diese fast naturgesetzlichen Gewißheiten in Bewegung. Seither können wir unseren Augen immer weniger trauen, denn der Film ist eine Täuschungsmaschinerie par excellence. Nicht bloß wegen des kleinen Tricks, der aus der Trägheit unserer Netzhaut in jeglichem Sinn Kapital schlägt, sondern hauptsächlich, weil alles, was der Film uns zeigt, zum Trug tendiert. Diese Entwicklung war ganz am Anfang der Kino-Epoche nicht unbedingt abzusehen, da die bloße Technik der Bildaufzeichnung auch andere Anwendungen zuläßt. Deshalb begrüßten manche den Kinematographen zunächst als eine Erweiterung und Bereicherung der menschlichen Apperzeption.

In der Tat kann man die Kamera auch dazu gebrauchen, die wirkliche Welt zu explorieren und zu dokumentieren, und es sei zugegeben, daß diese Anwendung ein starkes Argument gegen die pauschale Filmverdammung hergibt. Doch die Geschichte lehrt, daß die Leinwand-Lichtspiele auf das genaue Gegenteil hinzielen: Nicht die Realität, sondern das Phantastische in seinen monströsesten Erscheinungen ist ihr bevorzugter Gegenstand, und das ist auch kein Wunder, da hierin die technischen Möglichkeiten dieses Mediums und die schreckliche Schaulust des Menschen total konvergieren.

Es gehört wohl zu unserer anthropologischen Grundkonstitution, daß wir den Schrecken suchen. Der Film stellt sich ganz fabelhaft in den Dienst dieses prekären Dranges. Seine Faszinationskraft hat sich im Lauf von hundert Jahren tausendfach gesteigert – wobei Faszination durchaus im ursprünglichen Sinne zu verstehen ist. Denn Faszination ist keineswegs ein Synonym für Unterhaltsamkeit, sondern eine Form von Verhexung, zum Beispiel durch den bösen Blick – also eine gefährliche Sache. Der Begriff Faszination, vom Begriff Faschismus lautlich und sachlich gar nicht weit entfernt, drückt einen mythischen, archaischen Zusammenhang von Augen und Unheil, von Ästhetik und Tod aus, der die Essenz des Kinos ist.

Gewiß, auch in der Literatur oder auf dem Theater gibt es eine Ästhetik des Schreckens, aber sie konnte sich während Jahrtausenden nicht derart radikal verwirklichen wie in der kurzen Zeit, seitdem der Film erfunden wurde. Und was immer man über artistische, dokumentarische, wissenschaftliche oder aufklärerische Zwecke und Erfolge dieses Mediums äußern mag, sein eigentliches Element ist das Schockieren. Das liegt bereits in jenem zwiespältigen Verhältnis zur Zeit begründet, das für die Filmtechnik charakteristisch ist: Einerseits setzt sie auf Dauer; die Abfolge, der Fluß der Bilder sind festgelegt und spiegeln ein Kontinuum vor, das gerade nicht besteht, weil andererseits bei der Aufnahme und Montage die Zeit vollkommen aus den Fugen gehoben wird.

Dadurch stellt sich jener Effekt der Beschleunigung des Sehens ein, von dem die Filmsoziologen schwärmerisch behaupten, daß er dem modernen Lebensgefühl in der Industriegesellschaft entspreche, so daß das Kino quasi eine Hervorbringung des Zeitgeists selber wäre. Kann sein. Allein, auch in der Dritten Welt findet es denselben begeisterten Zuspruch und richtet in Köpfen und Herzen das gleiche Unheil an. Denn was ist das Ergebnis des manipulativen Aufwands? Worauf läuft das ganze raffinierte Blendwerk hinaus? Auf Todesbilder von einer so bedrohlichen Eindringlichkeit, wie es sie niemals zuvor gab.

Sicherlich berufen sich unsere Filmfreunde jetzt auf Siegfried Kracauer und erklären: der Film sei, wenn er einen Schrecken zeigt, den Menschen in lebendigen Szenen kaum zu ertragen vermöchten, dem Schild der Athene vergleichbar, in dem Perseus das Haupt der Medusa erblicken kann, ohne von Angst gelähmt zu werden oder zu fliehen. Und weiter: dem Kinopublikum bleibe es sogar erspart, die Medusa mit Hilfe dieser Spiegelung zu besiegen – es könne sie gewissermaßen genußvoll anschauen.

So spricht allerdings nur ein professioneller Betrachter, der die Spiegelung durchschaut. So könnte man zum Beispiel angesichts historischer Zelluloidstreifen reden, die trotz aller Illusionsmechanik nie völlig vergessen lassen, daß es sich um Lichtspiele handelt. Doch die Entwicklung ist weitergegangen und hat einen Punkt erreicht, wo die Film-Illusion eine neue, totalitäre Qualität annimmt. Es läßt sich jetzt wahrhaftig alles zeigen, und also geschieht es. Die bereits erwähnte Schnelligkeit des Sehens wird mit Kaskaden von Leichen, Leichenteilen, Auflösung und Untergang bedient, während der an die Nahperspektive gewöhnte Blick dank detaillierter Darstellungen jeglicher Todesart auf seine Kosten kommt.

Dies ist die heutige Situation des Kinos, und sie ist kein Unfall der Filmgeschichte, keine Fehlentwicklung, die sich mit ein paar Jugendschutz-Resolutionen korrigieren ließe. Dies ist vielmehr die inhärente Tendenz der sogenannten siebten Kunst: Das Kino ist, weil es ein Schaumedium ist, strukturell ein Vernichtungsmedium, denn nichts ist so spektakulär wie Sterben und Verderben.

Die Entgrenzung des Kunstbegriffs, die Substitution von Sinn durch Sinnlichkeit – all dies geht parallel mit der Entwicklung einer technischen Apparatur, die Schrecken und Schmerz in einem Maße zu halluzinieren vermag, daß von Innen- oder Außenwelt überhaupt nicht mehr gesprochen werden kann. Als nächstes steht uns vermutlich die Holographie bevor. Sie findet im Schaugewerbe erste Anwendung und dient – etwa in Geisterbahnen – dem Verkauf größtmöglichen Schauderns.

Es geht gar nicht darum, daß unseren Augen wieder ein psychotroper Qualitätssprung der Illusionstechnik bevorsteht, sondern daß der noch nagelneue Apparat schon in der Dimension des Grauens probeläuft. Das Bedürfnis nach Schrecken und Schmerz scheint derart groß, daß der gesamte Vorgang, wenn sich eine technische Neuheit etabliert, nur als Verrohung wirkt, wie Günter Anders es vor langer Zeit beschrieben hat. Es fehlt nur noch, daß es Schmerz-Tabletten gäbe, um die Wirkung holographischen Total-Kinos zu komplettieren – in dem Sinne, daß die Substanz, statt Schmerzen zu dämpfen, für die festgesetzte Dauer der Vorführung welche erzeugt. Oder gibt es das gar schon? Sind nicht die harten Drogen ein eigentliches Schmerzenskino?

Dann wäre das konventionelle Kino wenigstens als Ersatzdroge zu befürworten – so wie ihm manche generell eine sozialpsychologische Hygienefunktion zuschreiben: Immer noch besser, sagen sie, der massenweisen Auslöschung von Menschen und Dingen auf der Leinwand zuzusehen, als sie am Ende selber zu begehen. Das ist ein alter Hut. Die Köpfe, die ihn tragen, sind Opfer wie wir alle: Versuchsobjekte bei dem großen Experiment, wie man in unsere Hirne Bilder ätzt, die sich lebenslänglich nicht mehr wegwaschen lassen. Daß es sich dabei stets und immer um Todesvisionen handelt, liegt einfach daran, daß Film und Kino eher einem menschenfeindlichen Naturgesetz als unserem etwaigen Kunstanspruch gehorchen.

Worte essen können – Über Redefreiheit und freie Rede

Worte essen können nur die Engländer. Vielleicht, weil es mit ihrer Kochkunst nicht weit her ist; vielleicht sogar, weil sie besonders wahrheitshungrig sind. Die metaphorische Verbindung von Sprache und Speise bezeichnet jedoch kein kulinarisches Vergnügen, sondern eine ausgemachte Peinlichkeit. »To eat one's words« heißt nämlich zugeben, daß man etwas Falsches gesagt hat, daß man seine Worte gewissermaßen in den Mund, aus dem sie kamen, zurücknehmen und hinunterschlucken möchte.

Nur eben: Worte essen, das weiß jeder, geht nicht. Gesagt ist gesagt, da gibt es kein Zurück. Allenfalls kann man versuchen, das Gesagte abzuschwächen, umzudeuten oder unter nachfolgenden Wortschwallen zu verstecken. Doch dann besteht noch immer die Gefahr, daß jemand auf den Originaltext stößt, ihn ausgräbt, ausbreitet und zubereitet nach allen Regeln der Zitierkunst. Was immer wir an Worten in die Welt setzen, sie schlagen sich als Zitate nieder: »Verba volant«, sagten die Alten – die Worte sind flüchtig, aber sie stürzen auf uns selbst zurück.

Hier gilt es allerdings zu unterscheiden zwischen mündlichen und schriftlichen Äußerungen. Während letztere bereits von ihrem Autor in eine zitierbare Konservenform gebracht werden, hat die freie Rede einen prinzipiell anderen Charakter. Die Freiheit des gesprochenen und die Freiheit des geschriebenen Wortes können also nur verschieden definiert werden. Redefreiheit ist keineswegs dasselbe wie Meinungsfreiheit, sondern geht in einer ganz bestimmten Weise über sie hinaus. Mit diesem Unterschied, der zugleich die Basis einer jeden wirklichen Kultur verbalen Austauschs ist, tun wir in Deutschland uns indes ein bißchen schwer.

Mag sein, daß sich die deutsche Sprache von ihrer syntaktischen Struktur her für das freie Sprechen einfach weniger gut eignet als andere Idiome. Die bei uns üblichen Sperrungen, die zwischen Verben und Hilfsverben beziehungsweise versprengten Präpositionen klaffen, führen dazu, daß man den Mund eigentlich erst aufmachen kann, wenn man seinen Satz vollständig zu Ende gedacht, das heißt *durchdacht* hat – kein Wunder, daß dieses Wort unübersetzbar ist. Das Verfertigen der Gedanken beim Sprechen ist daher im Deutschen nur sehr eingeschränkt möglich.

Egal, ob diese linguistische Gegebenheit Ursache oder bloß Ausdruck unserer Mühen mit dem Mündlichen ist, ein kurzer Blick ins Parlament zeigt, was daraus folgt und wo es hinführt: Fast jeder Redebeitrag wird vom Blatt gelesen, ohne Manuskript tritt niemand an, und nur die größten Könner gönnen sich und ihren Zuhörern gelegentliche Abschweifungen. Von freier Rede, wofür die Redefreiheit schließlich da ist, keine Spur. Das ist anderswo tatsächlich anders, und wiederum kann man über die kulturellen Hintergründe dieser Verschiedenheit nachgrübeln.

An angelsächsischen Universitäten beispielsweise wird die freie Rede systematisch trainiert. Es ist nicht ungewöhnlich, in einem Oxforder College am schwarzen Brett Anschläge zu finden, mit denen Studenten Geld und Mittagessen für Kommilitonen anbieten, die bereit sind, ihnen zuzuhören, damit sie ihre rhetorischen Fähigkeiten an ihnen schulen und erproben können. Zum Disputieren gibt es eigene Vereine, angefangen mit der berühmten Oxford Union, in deren Debating Hall die Mitglieder den verbalen Schlagabtausch gleichsam als Sport betreiben. Nicht weniger als sieben Präsidenten dieses Studentenclubs wurden später in Großbritannien oder anderswo Premierminister: von Gladstone bis zu Heath und von Bandaraneike bis zu Benazir Bhutto.

Auch in Frankreich steht die freie Rede in höherem Ansehen und größerer Blüte als bei uns. Da schon das nationale Selbstverständnis der Franzosen zum Teil sprachlich definiert ist – Franzose ist, wer französisch kann, und je besser er es kann, um so mehr ist er Franzose –, wird auch mehr Wert auf die Vorführung von Zungenfertigkeit gelegt. Und die beruht nun einmal auf jenem perlenden Parlando, das französische Politiker, Wirtschaftsführer, Intellektuelle, Akademiker und Medienstars so unvergleichlich gut beherrschen.

Was aber bedeuten diese sozusagen ethnolinguistischen Verschiedenheiten vor dem Hintergrund der These, daß freie Rede und Redefreiheit untrennbar zusammenhängen? Die Frage führt uns auf ein Feld politischer Kultur, das jedenfalls in Deutschland ziemlich uneben und schlecht beleuchtet ist. Denn wir haben zwar inzwischen einen ansehnlichen Status in Sachen Meinungsfreiheit vorzuweisen, doch von Redefreiheit verstehen wir im Grunde nicht sehr viel, weil wir uns mit den Imponderabilien der Mündlichkeit nicht arrangieren, mit dem Geflatter des »verba volant« nicht abfinden können. Unser Verhältnis zum Wort ist ein philologisch-autoritäres, wir sind eine Nation von Wortklaubern, nicht von Wortspielern.

So kommt es, daß zum Beispiel Auseinandersetzungen weltanschaulicher Art in eine Zitatenschlacht ausarten können, bei der selbst halbprivate Äußerungen in Form von eidesstattlichen Erklärungen verschriftlicht werden, um als Munition gegen ihren Urheber zu dienen. Dies ist ein Verfahren, das in liberaleren Gesellschaften nicht nur völlig undenkbar, sondern auch einfach witzlos erscheint, da es dort als eine schiere Selbstverständlichkeit gilt, daß man ungeschützt vorgetragene Äußerungen nicht im Mund herumgedreht bekommt.

Philatelisten konnten Anfang der achtziger Jahre einen äußerst aufschlußreichen Vergleich zwischen deutschen und amerikanischen Demokratiesymbolen anstellen. Damals legten nämlich sowohl die USA als auch die BRD Briefmarken-Sonderserien zu diesem Thema auf. Während die deutschen Exemplare nur aus einem durch Versalien noch besonders gravitätisch wirkenden Textbrocken bestanden, zeigten die amerikanischen Marken sozusagen Utensilien der Demokratie: eine Wahlurne, eine Schreibfeder sowie – ein Rednerpult. Darum herum die Worte: »Freedom to Speak Out – A Root of Democracy«.

Die Tragweite dieser Devise ist in der Tat enorm und von deutscher Warte aus gar nicht so einfach zu erfassen. Die amerikanische Freiheit des öffentlichen Aussprechens deckt zum Beispiel auch Monstrositäten, die zu verlautbaren bei uns strafrechtliche Folgen hätte. Das sind freilich Extremfälle. In der Hauptsache geht es darum, daß die Freiheit des Wortes nur auf dem Boden einer Tradition gedeiht, die es auch duldet, daß man sich in den Worten vergreift. Der berühmte Krimi-Satz: »Ab jetzt kann alles, was Sie sagen, auch gegen Sie verwendet werden«, bezieht seine beklemmende Wirkung für das angelsächsische Publikum genau daher, daß er im übrigen Leben (und vor allem dem öffentlichen) eben nicht gilt. Dort gilt vielmehr, daß mündliche Auslassungen von vornherein einen gewissen Risikobonus genießen.

Denn zu jener erhabenen und erstrebenswerten Konstellation, die Jürgen Habermas den »herrschaftsfreien Diskurs« nannte, gehört nicht zuletzt die grundsätzliche Anerkenntnis der Vorläufigkeit alles Gesagten. Diese Vorbedingung für wirklich freies und erprießliches Reden ergibt sich nicht nur aus dem allzumenschlichen Unvermögen, immer gleich die treffende Formulierung zu finden, sondern auch und noch mehr aus der Notwendigkeit, die Tragfähigkeit der eigenen Gedanken durch Verlautbarung zu testen. Nichts anderes beschrieb der mit dem deutschen Naturell heftig hadernde Heinrich von Kleist in seinem Aufsatz »Über die allmähliche Verfertigung der Gedanken beim Reden«.

Die Zumutungen des Mündlichen gehen aber über das Problem sprachlicher Unbeholfenheit oder sachlicher Unausgegorenheit weit hinaus. Es kommt nämlich noch eine Art Provokation hinzu, die darin besteht, daß die freie Rede gleichsam systematisch übers Ziel hinausschießt: Sie ist das Medium der Übertreibung schlechthin. Sie rückt damit freilich in eine Dimension des Unernstes, welche mit deutscher Denkungsart nicht gut vereinbar ist. Die Vorstellung, daß der Dollpunkt eines fundamentalen Freiheitsrechtes im Bereich des Scherzes und der Albernheit liegt, erscheint in der Tat merkwürdig. Aber die in praktizierter Liberalität wahrlich erfahrenen Engländer wissen sehr wohl, daß

Redefreiheit zuerst und zuletzt Narrenfreiheit ist. Nicht von ungefähr gehört gerade dieses närrische Element unabdingbar zu dem
weltberühmten Londoner Symbol der Redefreiheit; die Hyde-
Park-Corner-Folklore demonstriert an jedem Sonntag seit über
hundert Jahren, daß das Abstruse und Groteske bei der Anwendung hehrer Prinzipien der Ernstfall sein kann.

Und in bezug auf freie Rede vielleicht sogar sein muß. Denn es
handelt sich bei dieser Demonstration nicht so sehr um Ausrut-
scher, um Abweichungen oder Ausnahmen vom Prinzip, sondern
um dessen konsequenteste Verwirklichung. Radikale Redefreiheit
erwächst aus Lust an der Leichtigkeit im Umgang mit dem Wort.
Redefreiheit ist daher kein Gut, das nur der Staat gewähren kann
und soll, sondern etwas, das eine entsprechende Mentalität vor-
aussetzt. Zu den Grundbedingungen zählt hierbei, daß man ein
Gefühl für die Flüchtigkeit gesprochener Worte hat.

Denn das, was gesagt wird, ist nicht einfach ein anderer Aggre-
gatzustand dessen, was geschrieben steht. Es ist von kategorisch
anderer Qualität. Insofern erscheint die dauernde Verschriftlichung des Mündlichen, die sich bei uns im gesamten öffentlichen
Leben beobachten läßt, als ein ziemlich bedenklicher Prozeß –
und zwar in mehrfacher Hinsicht.

Erstens – und das ist nichts Neues – hört sich der Wortauswurf
der meisten öffentlichen Funktionsträger wie festgefroren an. Die
Sprache, die sonst immer und nicht von ungefähr mit Metaphern
der Liquidität bedacht wird (man sagt: »flüssig reden« oder »flie-
ßend sprechen«), erstarrt bei ihnen zu einem kalten Kanzleijar-
gon; wenn sie nur den Mund aufmachen, fällt die klapprige Syntax
von Schriftsätzen heraus.

Zweitens ist die Verschriftlichung im Einzelfalle dann prekär,
wenn es darum geht, jemanden für eine mißglückte, anstößige
Formulierung haftbar zu machen, indem man sie zitiert. Zweifellos stellt das Zitieren eine der bedeutendsten Kulturtechniken seit
der Erfindung der Schrift dar. Man zitiert zum Ausweis seiner
Belesenheit sowie der intellektuellen Redlichkeit, man zitiert sogar zum Zeichen der Reverenz vor dem Originaltext, wenn man
ihn verehrt, und sicherlich ist die mißmutige Ablehnung des Zitie-

rens, die sich als Kreativität geriert, ein grundsätzlich barbarisches Verhalten.

Aber zitierfähig ist prinzipiell nur der in eine endgültige Fasson gebrachte, das heißt der in die Schriftform gegossene Text. Mündliche Äußerungen auf diese Weise und zu diesem Zweck zuzubereiten, ist genuine Polizeiarbeit. Wer frei redet, der gibt nichts zu Protokoll; wer frei redet, der will Gehör und kein Verhör. Wenn dies nicht allerseits akzeptiert wird, dann muß man sich nicht wundern, daß niemand mehr etwas spontan dahersagt und jeder nur noch Protokolle ausspuckt.

Das ganze Thema wäre weniger interessant, hätten wir es nicht heute mit einem noch nie dagewesenen Kult der Mündlichkeit zu tun, der eigentlich dem bisher Gesagten diametral zu widersprechen scheint. In der Tat hat die Entwicklung der Kommunikationstechnologie den mündlichen Verkehr begünstigt wie nichts sonst. Seitdem es das Telephon gibt, klagen die Historiker darüber, daß sich immer weniger geschichtswichtige Entscheidungen in Briefwechseln und Aktennotizen niederschlagen. Seitdem es das Radio gibt, hat sich der Originalton als eine Art Nachrichtenqualität sui generis durchgesetzt. Und seitdem es das Fernsehen gibt, ist der Mensch mit mehr öffentlichen Gesprächssituationen konfrontiert als je zuvor.

Trotzdem hat sich der alte deutsche Argwohn gegenüber der freien Rede kaum vermindert. Im Gegenteil: Man fühlt sich durch die Möglichkeiten der elektronischen Medien anscheinend sprachlich derart in die Ecke getrieben, daß die Angst, ein falsches Wort zu sagen, zu den phantastischsten Verbal-Verrenkungen führt.

Für diese Angst gibt es allerdings auch gute Gründe, denn die Massenmedien sind eine trügerische Sache. Nur zum Schein schaffen sie Gesprächssituationen, nur zum Schein fördern und verbreiten sie die freie Rede. In Wirklichkeit tut die inszenierte Intimität der Radio- und Fernsehveranstaltungen der mündlichen Kultur den größten Abbruch. Denn so sicher wie der Testfall aller Liberalität stets die Entgleisung ist, so unbedingt müssen Entgleisungen in den Medien verhindert oder geahndet werden. Die Kanäle der elektronischen Massenkommunikation haben eine solche manipulative Macht erlangt, daß es dort nur eine kontrollierte und dosierte, also genaugenommen keine Redefreiheit geben kann. Selbst im redefrohen Frankreich wurde inzwischen eine Behörde geschaffen, deren Hauptaufgabe darin besteht, ständig alle Radiostationen daraufhin zu überwachen, ob nicht irgendwo Verbotenes gesagt wird, und dieses, wenn es denn geschehen sollte, durch eigens angefertigte Programm-Mitschnitte zu beweisen.

Eine wirklich freie Rede setzt eine andere Konstellation voraus, eine, bei der die physische Präsenz der Hörenden die wichtigste Rolle spielt. Nicht, daß sie gleich in Widerrede verfallen müßten, aber die bloße Möglichkeit sollte bestehen. Das hat schon Platon dargelegt, der von Sokrates gelernt hatte, daß Rede eigentlich Anrede sei und ihr Korrektiv im Verständnis des Angeredeten finde. Nur dann, so meinte er, lasse sich überhaupt ein Gedanke formulieren. Aber dann könne und solle es auch ein gewagter sein. Denn dann, so möchten wir aus heutiger Perspektive hinzufügen, gibt es nichts Häßlicheres und Gemeineres als im Nachhinein über das von einem anderen gesprochene Wort zu verfügen, es gleichsam kaltzumachen und in Zitate zu zerschneiden – gerade so, wie wir Journalisten es berufsmäßig tun.

Anschläge – Unser Verhältnis zur Staatsgewalt

Es ist für einen liberal denkenden Menschen mit Recht schockierend, wenn er sich selbst dabei ertappt, die Polizei zu zögerlich zu finden. Der Ruf nach einer starken Staatsgewalt erscholl in der Bundesrepublik immer von rechts – und zwar so vehement, daß er die politische Szenerie über Jahrzehnte hin geradezu obsessiv beherrschte. In keinem anderen Parlament der Welt war so häufig von »innerer Sicherheit« die Rede wie im Deutschen Bundestag, in keinem anderen Land kam der Begriff so häufig in den Medien vor.

Nicht daß die anderen Staaten von der dahinter stehenden Problematik, von Aufruhr, Terrorismus, Kriminalität, unberührt geblieben wären. Im Gegenteil: Auch England oder Frankreich haben allen Anlaß, sich um ihre »innere Sicherheit« Sorgen zu machen; allein, sie tun es nicht in der Weise, daß man den Eindruck hat, die moralischen Grundlagen des Staatswesens stünden ständig zur Disposition. Das ist in der Tat eine deutsche Spezialität, und sie hat natürlich historische Wurzeln. Die längeren von ihnen führen in die Staats- und Rechtsphilosophie des 18. und 19. Jahrhunderts; die kürzeren entspringen aus den Erfahrungen des Dritten Reichs.

Zweifellos besitzen wir, als späte Schüler von Professor Hegel, eine ausgeprägte Neigung, den Staat als ethisches Gebilde zu betrachten, und sind dementsprechend irritiert, wenn sich herausstellt, daß die Staatsräson mit den meisten Ethik-Normen eigentlich kaum kompatibel ist. Diese erschreckende Erkenntnis zieht in der Regel eine von zwei Folgerungen nach sich: Entweder man setzt doktrinär den Staat als höchstes Gut und sich damit allen Gefahren des Totalitarismus aus, oder man leidet ewig unter der prinzipiellen Unvereinbarkeit beider Bereiche – des politischen und des moralischen. In diesem Fall kommt das zustande, was Regierung, Parlament und Öffentlichkeit hierzulande seit Jahr und Tag vorführen: die Rhetorik des besseren Menschen – genannt »political correctness«. Die dritte Möglichkeit, der fröhliche Zynismus unserer Nachbarn, ist uns anscheinend mentaliter verwehrt; in England oder Frankreich jedenfalls löst sich die Aporie im Pomp der Repräsentation, im Chaos der Alltagspraxis und in einer gewissen Indolenz gegenüber kategorischen Imperativen auf.

Der deutsche Hang zur Moralisierung des Politischen hat aber noch eine andere Wurzel. Er ist die Konsequenz der zwölfjährigen Herrschaft des Bösen, die unseren Staatsbegriff bis heute affiziert. Als nach dem Ende der Nazizeit der Parlamentarische Rat der Bundesrepublik unter den Auspizien der West-Alliierten das Grundgesetz aus der Taufe hob, war ihm aus guten Gründen daran gelegen, einen relativ schwachen, von obrigkeitlichen Attitüden möglichst weit entfernten Staat zu konstruieren.

In den Augen konservativer Kritiker lief das jedoch auf einen schweren Geburtsfehler hinaus. Tatsache ist, daß der traditionellen Vergötzung des Staates in Deutschland nun das genaue Gegenstück, nämlich die Verteufelung folgte, was aber einen ähnlichen Effekt erzeugte. Er bestand und besteht in der enormen Scheinheiligkeit, mit der staatspolitische Fragen erörtert wurden und werden. Den absoluten und in der westlichen Welt fassungslos bestaunten Höhepunkt dieser Hypokrisie stellte vermutlich die Regelung dar, von Postbeamten und Lokomotivführern ein besonderes Treuegelöbnis zu dieser freiheitlichen Verfassung nicht nur zu verlangen, sondern dessen Aufrichtigkeit auch noch mit geradezu geheimdienstlichen Mitteln nachzuprüfen. Ebenso ist der ganze hysterische Diskurs über »innere Sicherheit«, der sich durch die Geschichte der Bundesrepublik zieht, ein Zeichen für die brisante Vermischung und Verwechslung von Werten und von Zwecken, von ethischen und etatistischen Kategorien.

Welchem Wessi klingen nicht die Ohren von der ständigen Beschwörung der »wehrhaften Demokratie«? Die letzten zwanzig Jahre lang hörten sie die Parole und sahen mit Unbehagen, wozu sie jeweils diente: zur Schaffung von Notstandsgesetzen und Rasterfahndungskonzepten, zur Einengung des bürgerlichen Freiheitsspielraums. Dabei war das Geschrei der Linken über die Bundesrepublik als Polizeistaat nicht minder überzogen als das der Rechten über die angeblich drohende Anarchie. Beides führte indes dazu, daß die hehre Vorstellung von *volkseigener* Staatsgewalt unwiderruflich in die Brüche ging.

Tatsächlich heißt es im Artikel 20 des Grundgesetzes: »Alle Staatsgewalt geht vom Volke aus.« Die Formulierung hat etwas Hypnotisches; man könnte mit Karl Kraus sagen: »Je näher man sie anblickt, desto ferner blickt sie zurück.« Denn was bedeutet sie konkret? Ist etwa das Volk aufgefordert, Polizei zu spielen? Mitnichten. Der Staat besitzt bekanntlich das Gewaltmonopol; nur er darf Zwang ausüben, zur Sicherung von Frieden und Freiheit und Gesetz und Ordnung. Zu diesem Zweck verfügt er über eine schlagkräftige Truppe, die ebenfalls als Staatsgewalt firmiert.

Diese begriffliche Konfusion hat schon viele Regalmeter staatsrechtlicher Abhandlungen hervorgebracht. Sie kommt hauptsächlich daher, daß die deutsche Sprache für Herrschaftsgewalt (lateinisch: *potestas*, französisch: *pouvoir*, englisch: *power*) und für Brachialgewalt (lateinisch: *violentia*, französisch: *violence*, englisch: *violence*) ein und dasselbe Wort benutzt. Dabei ist gerade ihre Unterscheidung der Ausgangspunkt moderner Staatsphilosophie – etwa in Hannah Arendts grundlegendem Essay über »Macht und Gewalt«.

Die sprachliche Zweideutigkeit ist allerdings für unser ambivalentes Verhältnis zur Staatsgewalt sehr charakteristisch. Auf der einen Seite haben wir die Staatsautorität eindeutig mehr verinnerlicht als andere Völker. Auf der anderen Seite jedoch sind wir dagegen offenbar allergischer als sie geworden. Auf der einen Seite käme in Frankreich eine Sympathie-Werbekampagne der Polizei mit dem Diktum »dein Freund und Helfer« nicht einmal als Witz in Betracht, so weit ist die Aura des »Flics« von jeder gesellschaftlich wünschenswerten oder auch nur akzeptablen Funktion entfernt. Auf der anderen Seite können sich die Franzosen über die deutsche Datenschutz-Paranoia, die ja ein phantastisches Mißtrauen gegenüber dem Staat und seinen Organen verrät, nur wundern.

Sicher, grundlos ist das alles nicht. Der tatsächliche Gebrauch der Staatsgewalt stellt nicht nur in der Geschichte der DDR, sondern auch der BRD ein durchaus unerfreuliches Kapitel dar. Angelpunkt der Erfahrungen einer ganzen, die politische Szenerie jetzt weitgehend bestimmenden Generation waren im Westen die Studentenproteste der sechziger Jahre. Nur anderthalb Jahrzehnte, nachdem die Bundesländer mit dem Neuaufbau von kasernierten Polizeieinheiten begonnen hatten, schlugen diese auf die ersten Demonstranten ein und bewiesen damit, was letztere just bewiesen sehen wollten, nämlich daß die souveräne Staatsgewalt und die knüppelschwingende, *potestas* und *auctoritas*, noch immer eine höchst prekäre Einheit bilden.

Noch immer heißt: trotz des 1949 eingeführten grundgesetzlichen Moralanspruchs, an dem viele damals schlicht verzweifelten. Er hat wahrhaftig die Enttäuschung und Enttrüstung allenthalben verschärft, er gab der (west)deutschen Situation ihre besondere Note und wirkte noch ex negativo in der beispiellosen Selbstgerechtigkeit der (west)deutschen Terroristen nach. Die Enttäuschung über das Grundgesetz beziehungsweise das, was in der politischen Praxis daraus wurde, dominierte die Gefühlslage der (West-)Nation in weiten Teilen und war etwas Einzigartiges.

Anderswo wurde zwar auch demonstriert und auch geknüppelt, aber gewissermaßen sachlicher. Es stand jedenfalls keine »freiheitlich-demokratische Grundordnung« auf dem Spiel, die von Politikern und Richtern zu einem solchen Popanz aufgeblasen wurde, daß eine ganze Generation nicht mehr anders als ironisch davon reden kann. In Ländern, die in Sachen parlamentarische Demokratie über einige Erfahrung verfügen, käme einfach niemand auf die Idee, die Sphäre staatlichen Agierens mit solch hochmoralischen Dingen wie »Grundwerten« zu besetzen.

Es gibt also philosophisch-kulturelle und es gibt politisch-zeitge-

schichtliche Gründe für unser, sagen wir ruhig: neurotisches Verhältnis zur Staatsgewalt. Doch neben der bisher skizzierten Entwicklung vollzog sich eine weitere, die schwerer darzustellen ist,
weil es keine klar bestimmbaren Ereignisse und Etappen gibt, die
sie kennzeichnen könnten. Es handelt sich vielmehr um Wahrnehmungen auf dem unsicheren Feld der Sozialpsychologie. Die Rede
ist von einem allmählichen Bewußtseinswandel, der in den siebziger und achtziger Jahren stattfand und eine Handhabung des
Themas Gewalt bewirkte, die einem mittlerweile schon fast unwahrscheinlich vorkommt.

Immerhin sieht es zur Zeit so aus, als wüchse eine gewaltbereite,
gewalttätige und – am schlimmsten wohl – gewaltgewohnte Jugend auf, die das Thema auf völlig neue Art lanciert. Insofern steht
ihr Verhalten in genauem Gegensatz zu dem ihrer Vorgänger aus
zwei Dezennien. Wenn etwas die Nach-Achtundsechziger-Zeit
auszeichnete, dann war es die Ablehnung, die Ächtung und sogar
die Tabuisierung von Gewalt schlechthin. Das mag auf Anhieb
abwegig klingen, denn von den halstuchbewehrten Kämpen der
frühen Hausbesetzerszene bis zu den hochgerüsteten Anarchos
auf den Schlachtfeldern bei Wackersdorf und Mörfelden gab es
gewiß genügend Ausbrüche von Gewaltgeilheit, um das Bild einer
eher friedliebenden, fast schüchternen Generation Lügen zu strafen.

Und doch: Wer in der Bundesrepublik als Achtzehnjähriger
seinen Eintritt ins staatsbürgerliche Aktivleben nicht nur mit dem
Gang zur Wahlurne, sondern dem Akt der Wehrdienstverweigerung besiegelte, wer dabei einer Prüfungskommission schriftlich
und mündlich – und womöglich in Beantwortung hinterhältiger
Fangfragen – dartun mußte, daß er nicht etwa die Bundeswehr,
sondern die Ausübung von Gewalt an sich verabscheue, der war
zwar nicht notwendigerweise der Engel, als der er sich der Jury zu
präsentieren hatte, doch er war in die Thematik eingedrungen und
hatte Stellung bezogen. Von da mochte ihn sein weiterer Weg in
die Friedensbewegung und später zu den Lichterketten führen, die
alle typische Produkte dieser Sozialisation sind.

Selbst den von manchem Innenminister so genannten Sympathisantensumpf der Terroristen kann man getrost demselben Phänomen zuschlagen; es ist nämlich nicht wahr, daß das diffuse Wohlwollen, das viele junge Leute für die RAF aufbrachten, tatsächlich Sympathie für deren Anschläge gewesen wäre. Es handelte sich vielmehr um eine pervertierte Form des Strebens nach Gewaltfreiheit, um eine Art Appeasement nach innen. Der Pazifismus, mit dem die deutsche Friedensbewegung auf außenpolitischem Parkett die Besserung der Welt betreiben wollte, hatte hier seine Entsprechung: Getreu der sozialpädagogischen Devise, daß sich gesellschaftliche Konflikte nicht mit der Staatsgewalt lösen lassen, forderte man eher Abrüstung und Rückzug der Polizei, als sich im vermeintlich eigenen Lager unbeliebt zu machen.

Der Mechanismus ist bekannt: Einer wirft einen Stein und hundert schauen zu. Vielen ist dabei mulmig, die meisten würden keinen Stein werfen, aber niemand stellt sich dem Steinwerfer entgegen. Denn das Steinewerfen liegt sozusagen in der Luft, und wer jetzt aus der Gemeinschaft ausschert, riskiert stark, das nächste Opfer zu werden. Der Mechanismus ist zumal in Deutschland wohlbekannt: So nämlich fing die große, die größte überhaupt mögliche Barbarei an – mit ganz kleinen SA-Trupps, die komplette Wohnviertel und Dörfer in den Bann der Gewalt zogen.

Denn von den Hunderten, die zuschauen und keinen Finger rühren, haben fast alle Angst – eine durchaus begründete, durchaus berechtigte, ja sogar ehrenwerte Angst, insofern sie gerade zeigt, daß denen, die sie empfinden, Gewalt eigentlich nicht liegt. Aber genau darin besteht das Geheimnis des überwältigenden Erfolgs aller Gewalttäter: daß die anderen Menschen keine sind. Sie sind eben bloß Zuschauer, bloß träge Masse – aus Feigheit, Naivität oder aus guten Absichten; selten aus wirklicher Sympathie mit den Tätern.

Feigheit, Naivität und gute Absichten waren es also, die den sogenannten Sympathisantensumpf wesentlich bewässerten; Feigheit, Naivität und gute Absichten sind es, die heutzutage die Reaktionen unserer Öffentlichkeit auf die anschwappende Gewaltwelle prägen. Dabei dürfen die ersten beiden Merkmale wohl als anthropologische Konstanten und somit als verzeihlich gelten;

die brisante deutsche Komponente sind wieder mal die guten Absichten. Der nachgerade grandiose Goodwill, mit dem Gewaltkriminalität entweder zu »abweichendem Verhalten« minimiert oder zum Ausdruck eines »gesellschaftlichen Defekts« hochstilisiert wird, hängt mit der geschilderten Friedfertigkeitskultur eng zusammen.

Für einen liberal denkenden Menschen ist es verständlicherweise schockierend, wenn er sich selbst dabei ertappt, nach einer starken Staatsgewalt zu rufen. Es ist ja bereits ein Tabubruch, über die Staatsgewalt nachzudenken, da dieses Nachdenken den illusionslosen Blick auf einen gern verleugneten Aspekt der menschlichen Natur einschließt. Mit dem bloßen Ruf nach der Polizei ist es nicht getan; vor allem gilt es jetzt, das Unbehagen zu erörtern, das man bei diesem Ruf empfindet. Wir müssen der Wahrheit ins Auge sehen, daß wir *zum Glück* unfähig sind, selbst Gegenwehr – und das heißt: Gegengewalt – auszuüben. Das bloße Vorhandensein der Staatsgewalt erinnert uns ständig unangenehm daran. Deshalb sind wir mit ihr so zerfallen. Doch wenn es soweit kommt, daß die Politiker dem Volk beherztes Zupacken bei der Abwehr von Verbrechen als Ausweis von Bürgersinn empfehlen, dann darf, dann muß man darauf hinweisen, daß es ein staatlich zu schützendes Bürgerrecht auf ein Leben in Frieden *und Feigheit* gibt.

Nachwort:
Nachrichten im Crashtest

> Ich denke seit längerem darüber nach, einen
> satirischen Roman über zeitgenössischen
> Journalismus zu schreiben. Aber wenn ihr mich
> ordentlich bezahlt, lasse ich es sein.
>
> *Umberto Eco auf der Leipziger Buchmesse 1996*

Die Allgemeine Biologisch-Demographische Journalismustheorie
(ABDJ) lautet: Alles Veröffentlichte wird immer dümmer, weil es
von immer jüngeren Autoren stammt. Das liegt nicht nur daran,
daß es immer mehr junge Journalisten gibt – was übrigens auch
wahr ist und klar benennbare Gründe hat: Erstens ist die Lebens-
erwartung in dem Beruf ohnehin nicht sehr hoch, zweitens wächst
die Anzahl der Kanäle, Sender, Programme, Magazine, Beilagen,
Redaktionen, Dienste und Ausgaben unausgesetzt, so daß in dem
Metier viele junge Menschen Beschäftigung finden, die drittens für
die Medienunternehmer den Vorteil haben, billiger zu sein als alte
Routiniers. Der Hauptgrund für die Richtigkeit der ABDJ besteht
jedoch darin, daß die Produktivität der Jüngeren ungleich höher
ist, da Nachdenklichkeit, Geistesschwäche und Führungsaufgaben
mit dem Alter zunehmen und beim Schreiben hinderlich sind.

So erklärt es sich, daß selbst eine seriöse Tageszeitung heute zur
Hälfte wie von Volontären verfaßt wirkt, ganz zu schweigen vom
Output der elektronischen Medien. Wenn etwa die Fernsehzuschauer bloß eine Ahnung hätten, wieviel Lebenserfahrung den
als Stimmen im Off so autoritativ wirkenden Dokumentarfilmern
tatsächlich zu Gebote steht, würde wahrscheinlich eine Revolte
ausbrechen. Daher denn gleich der erste praktische Vorschlag, wie
der Medienmärchenmisere beizukommen wäre: Man füge in der

Autorenzeile stets das Alter des (oder der) Betreffenden an, in Klammern oder Kommata, wie es der »Spiegel« mit den Menschen, über die er schreibt, zu tun pflegt. Dann weiß die Öffentlichkeit wenigstens, was beispielsweise von politischen Bewertungen oder abschätzigen Darstellungen, die mit »(22)« gekennzeichnet sind, zu halten ist.

Nach einigen heftigen Skandalen und angesichts dramatischen Vertrauensschwunds seitens der Konsumenten haben amerikanische Fernsehanstalten es sich wenigstens angewöhnt, Archivaufnahmen als solche zu markieren. Man könnte um des schieren Unterhaltungswertes willen daran denken, mit gefälschten Aufnahmen genauso zu verfahren. Eine diskrete Einblendung des Wortes »Fälschung« in einer Bildschirmecke würde vollends genügen. Die deutschen Medienanstalten haben jedenfalls im Februar 1996 damit begonnen, eine Erhebung durchzuführen, wie viele und welche gefälschten Beiträge im Fernsehen gelaufen sind. Da sie für ARD und ZDF keine Zuständigkeit besitzen, konnten sie dort freilich nur um freiwillige Auskunft bitten.

Es kam ja in der jüngsten Zeit ein wenig happig, und nicht von ungefähr hat unter Praktikern und Didaktikern frenetisches Nachdenken über die Verfassung unseres Medienbetriebs eingesetzt. Auf Akademietagungen werden kluge Vorträge über manipulative Macht, Techniken der Täuschung und die Naivität des Nachrichtenwesens gehalten. An Vorschlägen zur Bemeisterung der Krise herrscht kein Mangel. Ein Weg ist derjenige der Pädagogik: Die Menschen sollen zweifeln lernen, das heißt im Klartext, während sich die Instrumente zur Erfassung des geschichtlichen Geschehens ständig verfeinern, wird es gleichsam unter den Augen von Millionen Zeugen weich und vage; Leser, Hörer sowie Zuschauer täten deshalb gut daran, gleich ganz auf die Wahrheit zu pfeifen, wenn sie nicht als Narren enden wollen. Ein anderer Weg ist derjenige der Pragmatik, will sagen, wenn der Journalismus sich nicht drastisch bessert, dann ist es um seine gesellschaftliche Funktion, wie um sein Renommee und seine Privilegien, geschehen.

Aber wie sähe besserer Journalismus aus, und wodurch ließe

sich der Journalismus bessern? Zweifelsohne liegt an der Ausbildung vieles: Neben den üblichen Fächern sollten vielleicht künftig ein paar Kurse über Volksglauben, Physik und Physiologie angeboten werden, denn in den meisten Medienlügen kehren bestimmte Mythen wieder, die für Ethnologen alte Bekannte sind, und die Stories spotten jeder naturwissenschaftlichen Betrachtung. Nötig wäre allerdings auch ein grundsätzlich anderes Verhältnis zum journalistischen Produkt. Die Ware Nachricht sollte einen gewissen sicherheitstechnischen Standard aufweisen. Sicherheitstechnik ist immer latent destruktiv, Sicherheitstechnik entsteht nur durch negatives Denken. Sie kommt zwar erst im Falle eines Unfalles zum Zuge, doch es gilt als ein Zeichen von Klugheit, sich – etwa beim Autokauf – rechtzeitig damit zu beschäftigen. Die Crashzonen der Karosserie sind auch für jemanden, der sie nie wirklich erproben will, von Interesse und Bedeutung. Genauso gilt es, Crashzonen bei Nachrichten vorzusehen, welche der Möglichkeit Rechnung tragen, daß die Wirklichkeit doch anders ist. Solche Sollbruchstellen sollten für den Nachrichtenempfänger, -konsumenten, -benutzer gut erkennbar sein; das ist wiederum eine Frage der Sicherheitstechnik und versteht sich im Land von TÜV und ASU eigentlich von selbst.

Noch ist es im Journalismus hierzulande absolut unüblich, dem Zweifel Raum zu geben. Man mauert aus Gründen der Weltanschauung, aus Arroganz und Angst. Letztere ist nicht ganz unberechtigt: Wehe, wenn die Dämme bersten! Es gibt in unserer Epoche zunehmender Fälschungsmöglichkeiten und wachsender Fälschungsbereitschaft auch einen neuen Puritanismus, ein geradezu totalitäres Wahrheitspathos, eine Offenbarungssehnsucht, die sich auf die Dauer als noch gefährlicher erweisen könnten denn die derzeit gängigen Medienmärchen. Ist es nicht schon ein Krisenzeichen, wenn jemand wie Peter Glotz die Errichtung einer Art Bundeswahrheitsinstitut »für Nach-Recherche, Hintergrundinformationen und kommunikative Intervention« befürwortet, um mit dem ganzen medialen Lügengezücht aufzuräumen?[223]

Wer liberal denkt, fürchtet manchmal an Mißständen den Backlash am meisten. Die Besorgnis, der gegenwärtige Gesinnungs-

Schmus der Medien könne bei den Massen auf die Dauer Über-
druß auslösen und zu einer Gegen-Reaktion führen, ist sicherlich
nicht unberechtigt. Von dieser Besorgnis ist das vorliegende Buch
geprägt. Es stellt nicht zuletzt den Versuch dar, aus dem Dampf-
kessel des öffentlichen Bewußtseins ein wenig Wahn entweichen
zu lassen, denn wenn es dem Verfasser vor etwas noch mehr graut
als vor dem linksökologischen, multikulturellen, politisch korrek-
ten Meinungsterror von heute, dann ist es derjenige von morgen
mit den umgekehrten Vorzeichen.

Anmerkungen

Auf Klärung aus

1 Der Spiegel v. 16., 23. und 30. November 1981
2 Der Spiegel v. 14. Februar 1983, Stern v. 24. März 1983 (»Schauen Sie ihn noch mal an ... bald gibt es diesen Wald nicht mehr«)
3 Laut »Waldzustandsbericht 1995 der Bundesregierung«, hg. v. Bundesministerium für Ernährung, Landwirtschaft und Forsten
4 Welt am Sonntag v. 21. Januar 1996
5 Rudi Holzberger: Das sogenannte Waldsterben. Zur Karriere eines Klischees: Das Thema Wald im journalistischen Diskurs. Bergatreute 1995
6 Rudi Holzberger: »Besten Willens schrieb ich mit am Tod des Waldes« in: MediumMagazin 1/96
7 Die Woche v. 5. Januar 1996
8 Neue Zürcher Zeitung v. 16. Juli 1986; weitere Artikel mit ähnlichem Tenor erschienen am 27. September 1988 (»Zum Stand der Waldschadensforschung in der Bundesrepublik Deutschland«) und am 18. November 1988 (»Stirbt der Wald oder stirbt er nicht?«)
9 Focus v. 24. Oktober 1994
10 So der Forstwissenschaftler Heinrich Spiecker, zit. n. Reuters v. 22. November 1994
11 Neue Zürcher Zeitung v. 22.Februar 1995
12 Reuters v. 22. November 1994; »Ökologische Briefe« Nr. 49 v. 7. Dezember 1994
13 Le Monde v. 13. April 1994
14 Siehe Helmut Klein: »Von Strabo bis Strauß. Kleine Geschichte der Luftverschmutzung« in: Bartholomäus Grill/M. Kriener (Hg.): Er war einmal. Der deutsche Abschied vom Wald?, Gießen 1984, S. 31 f.
15 In einer weiteren Spiegel-Story zum Thema lautete das Fazit: »Eine Welt geht zugrunde.« (»Waldsterben: Alarmstufe eins«, Der Spiegel v. 1. Oktober 1984). 1994 überschrieb der Spiegel seine Waldschadensstatistik einfach mit »Der Walduntergang« (Der Spiegel v. 3. Januar 1994).
16 Die Zeit v. 4. Dezember 1990
17 Geo 2/1985

18 »Will der Kanzler uns veralbern?«, Editorial von Rolf Winter, Stern v. 5. Juli 1984

19 Holzberger, a.a.O., S. 199

20 Darin ist die Cree-Frau eine würdige Nachfolgerin des Papalagi-Häuptlings Tuiavii, dessen zivilisationskritische Einsichten seit 1920 zu den Heiligen Schriften der deutschen Alternativbewegung zählen. Noch heute wollen viele Gläubige nicht wahrhaben, daß sie aus der Feder eines schwärmerischen Südseereisenden namens Erich Scheuermann stammen.

21 Die Eidgenössische Forschungsanstalt für Wald, Schnee und Landschaft in Birmensdorf verdreifachte die Zahl ihrer Mitarbeiter innerhalb weniger Jahre von 100 auf 300 (Le Monde v. 13. April 1994).

22 Ebenda

23 »...und weiter sterben die Wälder« in: Die Zeit v. 19. Oktober 1984

24 Der Stern hatte die Bilder im Artikel »Deutschland... bald ein Land ohne Wald« am 5. Juli 1984 publiziert.

25 »Der Förster sieht rot« in: Die Zeit v. 30. November 1984

26 »Große Unkenntnis und große Blindheit« in: Der Spiegel v. 22. Oktober 1984

27 »Waldsterben: Alarmstufe eins« in: Der Spiegel v. 1. Oktober 1984

28 »...und weiter sterben die Wälder« in: Die Zeit v. 19. Oktober 1984

29 Der Spiegel v. 3. Januar 1994

30 Albrecht Kellerer: »Kernenergie in Europa und ihre radiologischen Folgen« in: atw, Juli 1993, S. 513–516

31 dpa v. 26. Februar 1996

32 Angabe von Firmensprecher Heinz Brylla gegenüber dem Autor.

33 Süddeutsche Zeitung v. 29. April 1996

34 10 Jahre nach Tschernobyl: Information der Strahlenschutzkommission zu den radiologischen Auswirkungen und Konsequenzen insbesondere in Deutschland. Hg. im Auftrag des Bundesministeriums für Umwelt, Naturschutz und Reaktorsicherheit, Stuttgart 1996

35 dpa ließ die Angabe des Zeitraums von 50 Jahren natürlich weg. (Meldung v. 25. April 1996)

36 »Nachtjournal spezial« v. 21. April 1996

37 Der Brief erschien auszugsweise in der Frankfurter Allgemeinen Zeitung v. 9. April 1996.

38 Vielleicht vertat sich Josef Riedmiller auch nur in der Formulierung, als er schrieb, die Schätzung von 60 000 Krebstoten sei »von der Wirklichkeit um das Doppelte überboten worden« (Süddeutsche Zeitung v. 28. April 1995).

39 »Pro und Contra« (SDR) v. 22. September 1994

40 J. A. Read: »Influences on public perception« in: Radiat. Prot. Dosimetry, 60 (1995), S. 117 f.

41 Klaus Becker: »Zehn Jahre danach. Das Erbe von Tschernobyl« in: Elektrizitätswirtschaft, Jg. 95 (1996), Heft 3, S. 95–98

42 Frankfurter Rundschau v. 20. April 1996

43 Martin Urban: »Zahlenspiele um die Opfer« in: Süddeutsche Zeitung v. 4. Mai 1995

44 Frankfurter Rundschau v. 20. April 1996

45 Süddeutsche Zeitung v. 26. April 1996

46 Süddeutsche Zeitung v. 12. Mai 1995

47 Frankfurter Rundschau v. 20. April 1996

48 Persönlich (Schweizer Zeitschrift für Marketing) v. 26. April 1996

49 DCTP-Sendung »News & Stories«, gesendet am 25. April 1994 auf SAT1

50 Im Gespräch mit dem Verfasser.

51 Siehe Editorial in: Radiat. Prot. Dosimetry, 63/1 (1996), S. 4

52 Im Gespräch mit dem Verfasser.

53 Im Gespräch mit dem Verfasser.

54 »Mord nicht ausgeschlossen. Illegaler Handel mit Organen« in der Reihe »ARD exklusiv« (NDR)

55 Der »Prix Albert Londres« wird seit 1933 vergeben und ist eine der wichtigsten Auszeichnungen im französischen Journalismus. Seit 1985 wird neben dem »besten Reporter« der Presse auch derjenige der elektronischen Medien gewählt. – Voraussetzung: Er (oder sie) darf nicht älter als 40 Jahre sein.

56 Correio Braziliense v. 24. Juli 1994

57 Marie-Monique Robin: Voleurs d'organes. Enquête sur un trafic, Paris 1996

58 »The Body Parts Business« von Judy Jackson und Bruce Harris; Erstausstrahlung: BBC, 21. November 1993

59 Diario 16 v. 26. März 1996

60 Hans-Ulrich Stoldt: »Die unendliche Legende. Baby-Organ-Handel: Karriere einer Falschmeldung« in: Die Zeit v. 28. Oktober 1988

61 The Sunday Times v. 16. Juli 1995

62 Véronique Campion-Vincent: La greffe, la rumeur et les médias: Les récits de vols d'organes. (Etude réalisée pour l'Etablissement Français des Greffes), Paris 1996; dies.: Légendes urbaines, rumeurs d'aujourd'hui, Paris 1993; dies.: »Bébés en pièces détachées: une nouvelle »légende« latinoaméricaine« in: Cahiers Internationaux de Sociologie, vol. XCIII, 1992

63 La Tribuna (Tegucigalpa, Honduras) v. 2. Januar 1987

64 Prawda v. 5. April 1987

65 L'Humanité v. 14. April 1987

66 In Kuba ist man dem Thema immer treu geblieben: 1993 erhielt Marie-Monique Robins Reportage auf dem Filmfestival von Havanna den Preis des besten ausländischen Films.

67 Todd Leventhal: The child organ trafficking rumor: a modern ›urban legend‹. Bericht an den UN-Rapporteur für Kinderhandel, Kinderprostitution und Kinderpornographie, vorgelegt von der United States Information Agency im Dezember 1994

68 Léon Schwartzenberg, der eigentlich als Krebsspezialist am Pariser »Hôpital Paul Brousse« praktizierte, machte sich mit zwei Büchern – Changer la mort (1977) und Requiem pour la vie (1985) – einem großen Publikum bekannt. Nachdem er von der Sozialistischen Partei bei den Wahlen für das Europäische Parlament 1993 nicht mehr nominiert worden war, versuchte er vergeblich, als Listenführer der »Sarajewo-Partei« (siehe S. 178 in diesem Buch) auf seinen Sitz in Straßburg zurückzukehren. Sein Stern als Sympathieträger verblaßte noch mehr, als Anfang 1996 bekannt wurde, wie tief er in den Finanzskandal der französischen Krebshilfeorganisation ARC verwickelt ist.

69 »Trade in organs and torture«: Auch hier wurde der Fall des Argentiniers Pedro Reggi wiederholt, der schon Monate zuvor geklärt worden war. Über Kolumbien schöpfte Sottas sein Wissen aus Maite Piñeros »Monde Diplomatique«-Artikel, und aus Honduras berichtete er, Staatspräsident Rafael Callejas habe am 18. April 1993 öffentlich seiner Besorgnis Ausdruck verliehen, daß in seinem Land mit Kinderorganen gehandelt werde. Sottas verschwieg allerdings, daß Präsident Callejas daraufhin die Materie untersuchen ließ und zu dem Schluß kam, ein solcher Schwarzhandel mit Organen sei in Honduras technisch unmöglich.

70 Seine Mitarbeiterin Myriam Tebourbi erklärte gegenüber Newsweek (Ausgabe v. 26. Juli 1995): »Wir hatten niemals einen richtigen Beweis. Es gab jede Menge Vermutungen, aber nichts Konkretes.«

71 UN-Dokument E/CN.4/1994/84

72 Tribunal de Grande Instance de Paris, 1ère chambre, 1ère section, Aktenzeichen RG 19 451/94; gegen das Urteil wurde Berufung eingelegt.

73 Laut dem Leventhal-Bericht (siehe Anmerkung 67) wurden 1993 von den Vereinigten Staaten 5042 Hornhäute zu Transplantationszwecken exportiert, davon 2689 nach Lateinamerika, 1564 nach Asien, Afrika und in den Nahen Osten sowie 789 nach Europa.

74 Siehe auch Bengt af Klintberg: Den Stulna Njuren [Die gestohlene Niere], Stockholm 1994, sowie Rolf Wilhelm Brednich: Die Spinne in der Yucca-Palme. Sagenhafte Geschichten von heute, München 1990

75 Das indische Parlament verabschiedete 1994 ein Gesetz, das den Handel mit menschlichen Organen verbietet. Doch dieses Gesetz muß, um in den einzelnen indischen Staaten wirksam zu werden, dort ratifiziert werden. Das ist erst in einigen Staaten geschehen.

76 Siehe Vargas Llosa: Tod in den Anden, Frankfurt 1996; Juan Villoro: Die Augen von San Lorenzo, Stuttgart 1993: Carlos Fuentes: Las dos orillas, Mexico 1990

77 Jutta Ditfurth: Blavatzkys Kinder, Bergisch Gladbach 1995
78 Interview mit dem Freiburger Kultur-Joker (Ausgabe v. 1.-14. März 1996)

Die Solidaritäter

79 Selbst der Indienkorrespondent der Neuen Zürcher Zeitung zeigte sich außerstande, zwischen Argumenten und Attentaten zu unterscheiden, als er am 21./22. Oktober 1995 schrieb: »Müller-Ullrich arbeitet munter mit denselben Schemata weiter wie vor ihm die islamischen Hexenmeister«.
80 Libération v. 29. Dezember 1988 (Dank an Lothar Baier für den Hinweis.)
81 Congress of Local and Regional Authorities of Europe, 2nd Session, Resolution 17 (1995)
82 Eine Retourkutsche fährt Bernhard-Henri Lévy in seinem Buch: Le lys et la cendre. Paris 1996, S. 404 f.
83 Bernard Brigouleix: Histoire indiscrète des années Balladur: Matignon durant la seconde cohabitation, Paris 1995
84 Taslima Nasrin: Scham. Lajja. Hamburg 1995
85 Noch im Juni 1996 hieß es in der ZDF-Sendung »Nachbarn«: »In ihrem letzten Roman ›Schande‹ behandelt sie [Nasrin] religiöse Konflikte und prangert die Hinduverfolgung durch die Moslems am Beispiel der Moscheezerstörung [?] im indischen Ahodja im Dezember 1992 an. – Die Folge: Todesstrafe wegen Blasphemie.« – Die »Todesstrafe« wurde jedoch von einer Sekte, nicht vom Staat, verhängt, und sie war nicht Folge des Buches, sondern eines Zeitungsinterviews.
86 Der Spiegel v. 12. Juni 1995
87 Siehe etwa die Artikel von Katharina Rutschky in der Frankfurter Allgemeinen Zeitung v. 11. Februar 1995 oder des Verfassers in der Badischen Zeitung vom 24. August 1995 und der Süddeutschen Zeitung v. 23./24. September 1995
88 The New Yorker v. 12. September 1994
89 Frankfurter Allgemeine Zeitung v. 26. September 1996
90 Der Spiegel v. 4. und 9. Oktober 1995
91 Die Zeit v. 6. Oktober 1995
92 Emma, Heft 12/95
93 tageszeitung v. 29. September 1995
94 Le Point v. 18. November 1995
95 Le Monde v. 24. November 1995
96 Wie am 5. November 1995 geschehen.
97 Das bekam er ausgerechnet von den Gesinnungsgenossen des »Humani-

stischen Verbands« unter die Nase gerieben: in der Zeitschrift »diesseits« 3/95.

98 Peter Priskil: Taslima Nasrin. Der Mordaufruf und seine Hintergründe, Freiburg 1994 – Die zweite Umschlagseite enthält den Hinweis: »Bestellungen an den Verlag werden innerhalb einer Woche bearbeitet. Nichtantwort beweist NATO-Postzensur.«

99 dpa v. 1. August 1995

100 Am 9. Juli 1996 hielt er in Berlin einen Vortrag über die Lüge in den Medien.

101 Le Monde v. 9. August 1995

102 Frankfurter Rundschau v. 13. Januar 1996

103 Mumia Abu-Jamal: ... aus der Todeszelle, Bremen 1995

104 The New York Times Magazine v. 16. Juli 1995

105 Junge Welt v. 24. Mai 1996

106 Berliner Zeitung v. 17. August 1995

107 Überschrift des Deutschen Sonntagsblatts v. 23. Juni 1995

108 Passauer Neue Presse v. 17. Mai 1995

109 Das Greenpeace-Buch, hg. v. Greenpeace e.V., München 1996, S. 285

110 Die Zeit, zit. n. Die Ereignisse um Brent Spar in Deutschland, hg. v. Deutsche Shell AG, Hamburg 1995, S. 231

111 Der Spiegel v. 8. Mai 1995

112 Der Spiegel v. 19. Juni 1995

113 5000 Tonnen Rohöl sind etwa 36 000 Barrel, die zu den Preisen von 1995 einen Wert von 513 000 US-Dollar darstellen. (Angabe laut »Brent Spar – A strange affair«, hg. v. Chris Cragg, Financial Times Energy Economist, Juli 1995)

114 Ebenda

115 Der Spiegel v. 26. Juni 1995

116 Das Greenpeace-Buch, a.a.O., S. 249

117 Der Spiegel v. 19. Juni 1995

118 Der Vize-Vorsitzende der Hamburger Rechtsanwaltskammer und Experte für Wettbewerbsrecht, Walter Klosterfelde, erläutert in einem dpa-Interview, daß der Aufruf zum Boykott ein Verstoß gegen die Gewerbefreiheit sei. Vgl.: Die Ereignisse um Brent Spar in Deutschland, hg. v. Deutsche Shell AG, Hamburg 1995, S. 66

119 Rhein-Neckar-Zeitung v. 14. Juni 1995

120 Jochen Vorfelder: Brent Spar oder die Zukunft der Meere, München 1995, S. 163 f.

121 Ebenda, S. 194 f.

122 Flensburger Tageblatt v. 20. Juni 1995

123 Spiegel special, November 1995

124 Horst Stern: »Es fehlte nur der Papst« in: Die Woche, 30. Juni 1995

125 Die Zeit v. 8. September 1995

126 Frankfurter Allgemeine Zeitung v. 7. September 1995
127 Leserbrief von Axel H. Zeitz in der Frankfurter Allgemeinen Zeitung v. 1. Juli 1995
128 P. Müller: Des Berner Stadtarztes Wilhelm Fabricius Hildanus Leben und Wirken, Leipzig 1883
129 Zit. n. Robert v. Hippel: Die Tierquälerei in der Strafgesetzgebung des In- und Auslandes, Berlin 1891
130 So in den Sendungen »Live aus dem Schlachthof« (BR, HR) v. 11. November 1991, »Veto« (BR) v. 1. Dezember 1992, »Sixteen« (WDR) v. 19. März 1993
131 »Freitagnacht« (SFB) v. 30. März 1990
132 Medien in Europa: Angst als publizistische Strategie?, Erlangen 1993, S. 117
133 »Studio 1« (ZDF) v. 18. August 1992
134 Stuttgarter Zeitung v. 22. Mai 1996
135 »Panorama« v. 16. Juni 1991
136 »Die Reportage im Ersten« v. 8. März 1996
137 Albert Lorz: Tierschutzgesetz, 2. Aufl., München 1979
138 Süddeutsche Zeitung v. 20./21. Januar 1994
139 Leitartikel von Johann Georg Reißmüller in: Frankfurter Allgemeine Zeitung v. 22. Januar 1996
140 Konrad Adam in: Frankfurter Allgemeine Zeitung v. 26. Januar 1996
141 Paul Yonnet: La machine Carpentras. In: Le Débat, November 1990
142 Daniel Lindenberg: Silence sur Carpentras. In: Esprit, Winter 1990
143 dpa v. 11. Januar 1994
144 Die Zeit v. 14. Januar 1994
145 Stuttgarter Zeitung v. 12. Januar 1994
146 Badische Zeitung v. 17. Januar 1994
147 Kriminalistik 8/94
148 Die Zeit v. 21. Januar 1994
149 Neues Deutschland v. 19.Januar 1994
150 Die Zeit v. 21. Januar 1994
151 Die Woche v. 20. Januar 1994
152 Kriminalistik 8/94
153 Die Woche v. 20. Januar 1994
154 »Nachfrage« in: Stern v. 17. August 1995
155 Robert Leicht in: Die Zeit v. 5. Juli 1996
156 Die Woche v. 19. April 1996
157 Frankfurter Rundschau v. 6. Juli 1996
158 Badische Zeitung v. 11. Juni 1996
159 Süddeutsche Zeitung v. 4. Juli 1996
160 Süddeutsche Zeitung v. 6. Juli 1996
161 Süddeutsche Zeitung v. 3. Juli 1996

162 Junge Welt v. 3. Juli 1996
163 »Erklärung« der Internationalen Unabhängigen Kommission v. 23. Juni 1996

Die Toten zählen

164 Le Monde Diplomatique, März 1990
165 Die Zeit v. 29. Dezember 1989
166 Der Spiegel v. 1. Januar 1990
167 John R. MacArthur: Die Schlacht der Lügen. Wie die USA den Golfkrieg verkauften, München 1993, S. 83
168 Über den Aufstieg der Firma zu einer der mächtigsten PR-Agenturen Washingtons siehe Susan B. Trento: The Power House. Robert Keith Gray and the Selling of Access and Influence in Washington, New York 1992
169 Diese Frage warf zuerst Alexander Cockburn in einem Artikel für die Los Angeles Times auf, der in der Ausgabe vom 17. Januar 1991 erschien, als die Bomben bereits fielen.
170 MacArthur, a.a.O., S. 86
171 Arthur E. Rowse: »Hill and Knowlton Inc. – Moral and ethical aspects« in: Columbia Journalism Review, Vol. 31 (Sept.-Okt. 1992), S. 28–30
172 Ted Rowse: »Kuwaitgate« in: Washington Monthly, Vol. 24/9 (Sept. 1992), S. 16–19
173 Transatlantik, Februar 1991
174 tageszeitung v. 6. Februar 1991
175 Quick v. 7. und 14. Februar 1991
176 Das Interview mit dem gefangenen Soldaten Borislaw Herak wurde unter den Augen seiner moslemisch-bosnischen Bewacher geführt. Dabei verstieg er sich zu der abenteuerlichen Behauptung, auch der damals kommandierende General der Uno-Schutztruppen (Unprofor), Lewis MacKenzie, habe zahlreiche junge Moslemfrauen vergewaltigt. Die Passage wurde laut Brock (siehe Weltwoche v. 20. Januar 1994) in der New York Times allerdings unterschlagen.
177 Maclean's v. 28. Dezember 1992
178 Interview mit Marcel Ophüls in: Cinéaste, Sommer 1995
179 Mira Beham: Kriegstrommeln. Medien, Politik und Krieg, München 1996
180 Newsweek v. 11. Januar 1993
181 Jacques Merlino: Les vérités yougoslaves ne sont pas toutes bonnes à dire, Paris 1993, S. 62
182 Weltwoche v. 5. November 1992: »Demütigung als Waffe: In Bosnien-Herzegowina wird systematisch vergewaltigt, um die Moral des Gegners zu untergraben«
183 Titelgeschichte in Stern Nr. 49/92: »Vergewaltigung als Waffe«

184 Frankfurter Rundschau v. 8. November 1993

185 Weltwoche v. 10. März 1994

186 Lewis MacKenzie: Peacekeeper. The Road to Sarajewo

187 Commandant Franchet: Casque bleu pour rien. Ce que j'ai vraiment vu en Bosnie, Paris 1995, S. 107

188 Le Monde v. 16. und 19. März 1994

189 Laure Adler: L'année des adieux. Paris 1996, S. 175

190 David Binder in: Foreign Policy, Winter 1994. Diesen bereits im Frühjahr 1994 geschriebenen Artikel konnte der Washington-Korrespondent der New York Times in seinem eigenen Blatt nicht unterbringen. Die Weltwoche veröffentlichte ihn am 16. Juni 1994.

191 David Binder in: The Nation v. 2. Oktober 1995

192 Yossef Bodansky: Offensive in the Balkans, London 1995, S. 17

193 The Sunday Times v. 1. Oktober 1995

194 Bodanski a.a.O., S. 18

195 Newsweek v. 17. August 1992

196 Atlanta Journal v. 28. Februar 1993

197 Für die zweite Jahreshälfte 1992 ausführlich dokumentiert in Beham, a.a.O., Seite 170ff.

198 Merlino, a.a.O., S. 127f.

199 Weltwoche v. 20. Januar 1994

200 Hanspeter Born in: Klaus Bittermann: Serbien muß sterbien, Berlin 1994, S. 74ff.

201 Ebenda, S. 80

202 Siehe Anmerkung 68

203 Bernard-Henri Lévy: Le lys et la cendre, Paris 1996

204 Etwa in: The New York Book Review v. 21. Oktober 1993; The Observer v. 24. Oktober 1993; Libération v. 2. November 1993; Lettre international, Winter 1993; Performing Arts Journal, Mai 1994

205 Michael Born: »Ich klage an« in: Playboy 6/96

Bewußt Schein

206 Michael Born: »Ich klage an« in: Playboy 6/96

207 Süddeutsche Zeitung v. 10. Feburuar 1996

208 Süddeutsche Zeitung v. 20./21. Januar 1996

209 »Monitor«-Chef Klaus Bednarz in »Talk im Turm« (SAT1) am 28. Januar 1996

210 Georg Hohmann, Redakteur der Süddeutschen Zeitung, erwirkte im März 1996 gegen »Spiegel TV« eine Einstweilige Verfügung, die nicht angefochten wurde.

211 Siehe S. 120

212 TV Today, 4/96

213 Ebenda

214 Le Monde v. 15. April 1996

215 tageszeitung v. 25. Januar 1996

216 Siehe Alain Jobert: Fotos, die lügen. Politik mit gefälschten Bildern, Frankfurt 1989

217 Der Spiegel v. 22. April 1996

218 The Roswell Report: Fact or Fiction in the New Mexico Desert, Washington (Government Printing Office) 1994

219 Selbst ein ausgebuffter Außerirdische-Experte wie Johannes v. Buttlar tendiert »eher zu der Annahme, daß [bei dem Santilli-Film] eine raffinierte Fälschung im Spiel ist«. (In: Die Außerirdischen von Roswell. Bergisch-Gladbach 1996, S. 179) Nach dem Modell, daß eine Geistererscheinung eine andere verdeckt, geht seine Vermutung dahin, daß dieser Film dazu dient, »das wahre Geschehen des Roswell-Zwischenfalls zu vertuschen«.

220 Einzelhandelskaufmann Jürgen H. in der RTL-Sendung von Bärbel Schäfer. Laut Bild am Sonntag v. 25. Februar 1996 erklärte er dazu: »Ich wollte mal ins Fernsehen.«

221 Gordon Stein: Encyclopedia of Hoaxes, Detroit/Washington D.C./London 1993; Fred Fedler: Media Hoaxes, Ames (Jowa) 1989

222 Arthur Schütz: Der Grubenhund. Experimente mit der Wahrheit, hg. v. Walter Hömberg, München 1996 (zuerst Wien/Leipzig 1931), S. 71

Nachwort

223 Peter Glotz: »Der Fall Handke« in: Die Woche v. 16. Februar 1996

Register